찬성 vs 반대

자유학기 토론수업

찬성 vs 반대 1

초판 3쇄 발행 | 2022년 6월 10일

지은이   유레카편집부
책임편집   이소은
디자인   블랙페퍼디자인

펴낸이   김지나
펴낸곳   (주)유레카엠앤비
            주소 | 서울시 종로구 자하문로 37-1 서촌사랑빌딩 2층
            전화 | 070-4224-3856(편집부) 02-558-1844(마케팅)
            팩스 | 02-558-1847
            E-mail | eureka_plus@naver.com
출판등록   2005년 11월 8일
등록번호   제16-3757
값   2만원

ISBN 978-89-92522-39-7
ISBN 978-89-92522-38-0(세트)

자유학기 토론수업

찬성 vs 반대

유레카 편집부

(주)유레카엠앤비

"토론에 능숙하다는 사실은 사고력, 논리력, 리더십의 탁월함을 보증한다"

사고思考라고 하면 왠지 어렵고 막막하다. 영어든, 수학이든 모든 과목을 공부할 때 가장 기초가 사고력이라면서 사고력을 향상시켜야 한다고 강조한다. 그런데 사고력을 어떻게 키워야 하는지 방법론에 대해서는 구체적이지가 않다. 그럼 사고라는 말을 생각이라는 말로 대체해보자.

우리는 늘 생각을 하고 살아간다. 아침에 잠에서 깨어나는 순간부터 생각을 시작한다. 오늘은 어떤 옷을 입을지, 학교나 학원을 갈 때 걸어서 갈지 버스를 타고 갈지 생각한다. 생각은 선택을 위한 행위다. 어떤 옷을 입을지, 무엇을 타고 이동할지 선택할 때 언제나 근거가 있다. 친구들과 영화관을 가기로 한 날은 학원갈 때와 다르게 조금 멋을 내본다. 버스를 탈지 지하철을 탈지 정할 때도 움직이는 시간대와 가고자 하는 장소에 따라 달라진다. 이처럼 우리는 매 순간 생각하고, 그 생각에 따라 움직인다. 중국집에 가면 짜장면을 먹을지 짬뽕을 먹을지 늘 오락가락이다. 누구도 이 결정을 대신해주지 않는다. 중요한 선택은 물론이고 사소한 선택에도 우리는 늘 흔들린다. 인문계와 자연계, 태블릿과 노트북, 기호 1번과 기호 2번 사이에서. 이걸 남이 결정해준다면 얼마나 편할까?

하지만 그것은 내 삶을 남에게 맡기는 행위다. 내 삶은 내 것이어야 한다. '내가 스스로 판단하는 것'은 내 삶을 내 것으로 만드는 소중한 행위다. 내 판단을 남에게 맡길 때 나는 리모콘으로 조종당하는 존재가 된다. 생각하는 힘은 나를 인간으로 만드는 힘이다. 멀쩡한 휴대폰을 버리고 '신상'을 새로 살 때, 혹여 내가 광고에 세뇌된 것은 아닌지, 꼭 필요한 것인지 생각하는 사람은 손해보지 않는다. 또 다수가 지지하는 정책이라고 해도 타당성을 갖췄는지, 포퓰리즘은 아닌지 생각하는 사회는 퇴보하지 않는다.

생각은 이성을 가진 인간만이 할 수 있는 본성이지만, 이 사고 속에는 개인의 이익과 선입견, 가치관, 관습 등에 얽매인 왜곡된 것들이 스며 있다. 선입견과 편견은 종종 사물과 사실을 있는 그대로 보지 못하게 하고 우리의 현실을 왜곡한다. 인간의 삶은 간단치 않고 우리는 종종 복잡한 문제에 직면한다. 진통제에만 의존한 채 극심한 신체적 고통을 호소하는 말기 암을 앓는 아버지를 아들이 누나와 엄마가 지켜보는 가운데 목을 졸라 죽음에 이르게 한 사건이 있었다. 이 일로 가족들은 실형을 선고받았다. 당신이 판사라면 어떤 판결을 내리겠는가?(존엄사를 둘러싼 논쟁은 몇 년에 걸쳐 이어졌고, 2016년 1월 국회 본회의를 통과, 2018년 시행 중이다.)

우리 인간은 이처럼 복잡한 상황에 종종 놓이게 된다. 사고력, 즉 생각의 힘은 비단 학문의 영역뿐 아니라 사회생활 전반에서 어쩌면 가장 절실하게 필요한 능력일 수 있다. 하지만 사고력을 키우는 일이 쉽지 않다. 해야 할 공부의 양이 태산 같으니 머리를 쓰는 일은 웬만하면 피하고 싶다. 그러나 IT 기술 발전이 급격한 사회변화를 초래하면서 사회가 요구하는 인재상이 달라졌다. 정보가 넘쳐나니 이 정보를 금맥 삼아 새로운 가치를 만들어낼 줄 아는 창의성, 합리적 결론을 이끌어낼 줄 아는 커뮤니케이션 능력, 광속도로 변화하는 사회 흐름을 선도하는 깊이 있는 안목을 갖춘 인재를 요구한다. 이와 같은 능력의 기초가 바로 사고력이다.

《자유학기 토론수업 찬성 vs 반대》 시리즈는 우리 사회를 비롯한 전 세계에서 찬성과 반대 의견이 격렬하게 맞서는 테마를 다루고 있다. 인문교양 매거진 〈유레카〉의 '논쟁' 코너를 묶은 것으로 찬성과 반대 논거를 풍부하면서도 쉽게 정리하려고 노력했다. 사고력의 향상은 상반된 주장들이 날카롭게 대립하는 그 지점에서 생겨난다.

원자력 에너지 문제를 보자. 이 에너지의 위험성이 인류를 공멸시킬 수 있다는 것은 과장된 견해일까? 대체 에너지가 부족한 상황에서 무조건 원자력 에너지를 포기할 수 있을까? 첨예하게 대립된 논쟁을 지켜보면 머릿속에 무수한 의문들이 떠오른다. 이 의문이 사고력을 키우는 출발점이다. 각각의 입장을 주장하는 근거들을 읽다보면 애초의 의문들이 더욱 풍성해지면서 결국에는 자신의 사고를 세우는 믿음직한 기둥이 되어준다.

《자유학기 토론수업 찬성 vs 반대》는 우선 논리적 사고력을 튼튼히 하는 데 도움을 줄 것이다. 나아가 대학이라는 좁은 문을 통과하는 데도 유용할 것이다. 수능과 내신의 영향력이 줄어들면서 학생들의 면접 역량이 중요해졌다. 면접관 앞에서 자신의 의견을 당당하게 발언할 수 있는 힘은 탄탄한 사고력에서 출발한다.

마지막으로 입사 면접을 대비하는 데도 긴요하게 쓰일 것이다.

삶에서 '짬짜면'은 없다. 이 책을 읽고, "추운 겨울에는 뜨끈한 국물이 있는 짬뽕을 먹을 거야"라고 스스로 판단할 수 있는 힘을 기르길 기대한다.

<유레카> 편집부 일동

차례

TABLE 1

개인과
사회

안락사,
인정해야 할까

1975년 식물인간 상태의 카렌 앤 퀸란의 부모는 딸이 '존엄을 갖춘 죽음'을 맞이할 수 있게 해달라며 소극적 안락사를 원했고, 미국 대법원은 부모의 손을 들어주었다. 여전히 안락사에 대해서는 수많은 국가에서 첨예하게 논쟁 중이다. 2013년 청각장애를 가진 벨기에의 쌍둥이 형제는 시각마저 잃게 되자 마흔셋이라는 젊은 나이에 적극적 안락사를 선택해 세상을 떠났다. 이에 안락사 반대론자들은 명백한 '안락사 남용'이라며 비판하고 나섰다.

안락사는 개인의 자유와 생명의 존엄에 대한 가치판단이 충돌하는 것으로, 이를 둘러싼 논쟁의 층위도 복잡할뿐더러 사회적으로도 합의하기 어려운 윤리적 쟁점이다. 인간은 스스로 죽을 권리를 선택할 자유가 있을까? 과연 안락사를 인정하고, 제도적으로 허용해야 하는 걸까?

키워드로 읽는 논쟁

1. 안락사란?

안락사는 죽음에 임박한 불치병 환자의 고통을 덜어주기 위해 인위적으로 죽음에 이르게 하는 일을 말한다. 안락사는 영어 'euthanasia'를 번역한 말인데, '좋은 죽음'이라는 뜻의 그리스어를 영어권에서 차용한 것이다. 주요 국가에서 안락사 인정 여부를 두고 찬반 논란이 심하지만 안락사를 인정하자는 경우에도 명확한 기준으로 대상을 한정해야 한다는 의견이 강하다.

법원에서 인정하는 경우도 ①사기死期가 확실히 절박할 때 ②심한 육체적인 고통 때문에 죽음 이외에는 그 고통을 제거할 방법이 없을 때 ③환자의 진지한 동의가 있을 때 ④방법이 적당할 때 등으로 제한하고 있다. 안락사는 고통이 극심한 말기 불치 환자에게 행해지는 경우가 많은데, 상황에 따라 다양하게 구분할 수 있다.

2. 안락사는 어떻게 구분하는가?

우선 적극적 안락사와 소극적 안락사가 있는데, 적극적 안락사는 한 사람을 안락사시킬 때 타인이 적극적으로 개입하는 경우로, 회복 가능성이 없는 상태에서 극심한 고통에 시달리는 말기 환자에게 약물 투여 등의 직접적인 행위로 환자를 죽음에 이르게 하는 것이다.

반면에 소극적 안락사는 생명을 연장하는 인위적인 장치를 제거함으로써 자연적인 경과에 따라 죽게 하는 것이다. 소극적 안락사를 두고 존엄사라고도 하는데, 이런 구분이 명확한 건 아니다. 우리나라에서는 연명치료 중단을 존엄사라고 하지만, 서양에서는 '존엄하게 죽을 권리'라는 의미로, 불치의 시한부 삶을 살면서 감당할 수 없는 고통을 겪는 환자가 스스로 의사의 도움을 받아 죽음을 택하는 적극적 안락사와 같은 개념으로 사용된다. 대부분의 국가에서 적극적 안락사는 불법인 반면, 소극적 안락사는 일부 국가에서 허용되고 있는 추세다.

3. 우리나라는 안락사를 허용하고 있나?

우리나라는 안락사를 허용하지 않는다. 고통을 줄이기 위해 인위적으로 생명을 단축시키는 행위는 형법상 촉탁살인죄나 자살방조죄가 성립한다. 그러나 소생 가능성이 없는 식물인간 상태의 환자에게서 인위적인 생명연장 장치를 제거하는 것 같은 소극적 안락사는 실제 병원에서 암묵적으로 행해지고 있는 실정이다. 이러한 상황을 반영해 존엄사법에 대한 입법화 작업이 본격화되었다. 존엄사법이란 임종을 앞둔 환자가 자기 의사로 연명치료를 중단하는 연명의료결정법을 말한다.

2013년 7월 국가생명윤리심의위 특위가 임종에 접어든 환자에 대하여 무의미한 연명치료를 중단하는 존엄사를 법제화할 것을 권고했고, 2016년 2월 국회 본회의를 통과해 존엄사 합법화의 길이 열렸다. 2017년 10월 23일부터 2018년 1월 15일까지 시범시행을 거쳐 2018년 2월 4일 정식으로 본격 시행되었다.

4. 다른 나라들은 안락사에 대해 어떤 입장을 취하고 있나?

1994년 미국 의사 잭 케보키언*이 환자 130명의 자살을 도운 것을 인정하고

＊잭 케보키언

잭은 인턴시절 암으로 고통받는 환자를 보고 안락사에 관심을 갖게 되었다고 한다. 이후, 의료계에 염증을 느껴 의료계를 떠나기도 했고, 말년에는 시간제 의사로 일하며 안락사를 연구하고 실천했다. 1989년 자살장치를 만들어, 1990년부터 1999년까지 약 130여명을 안락사시켰다. 이 때문에 '희대의 살인마' '죽음의 의사'라는 악명을 갖게 되었고, 안락사에 대한 격렬한 논쟁이 촉발되었다. 1999년 잭은 살인죄로 기소, 25년형을 받았지만 더 이상 안락사를 돕지 않는다는 조건으로 2007년 석방되었다. 이후 조용히 지내다 2011년 세상을 떠났다. 〈유 돈 노우 잭〉(2010)은 그의 삶을 다룬 영화다.

유죄 판결을 받았을 때만 해도 스위스를 제외하고 법적으로 안락사를 허용한 나라는 없었다. 하지만 그후 베네룩스 3국(벨기에, 네덜란드, 룩셈부르크)에서 안락사가 합법화되었다. 네덜란드의 경우 2000년 안락사를 인정하는 법안을 통과시켰는데, 안락사 허용을 위해 세 가지 조건이 제시되었다. 대상자가 불치의 환자여야 하고, 고통이 견딜 수 없을 만큼 심하며, 환자가 이성적인 판단으로 안락사에 동의해야 의사가 실행에 옮길 수 있도록 하고 있다.

미국은 40개주가 엄격한 요건 아래 생명보조장치를 제거하는 수준의 소극적 안락사를 인정하고 있는데, 최근 캘리포니아 주의회가 존엄사법을 통과시키면서 존엄사를 허용하는 다섯 번째 주가 되었다. 그 외에도 독일, 프랑스, 이탈리아, 일본 등에서 제한적으로 존엄사를 허용하고 있다. 각종 여론조사에서는 존엄사에 찬성이 늘고 있지만 여전히 많은 나라에서 안락사를 인정하지 않고 있다.

플러스 상식 ⊕ _____

"존엄사에 대한 사회적 합의 폭넓지만, 안락사는 사회적 논란 거세"

존엄사란 회생 가능성이 없는, 혼수상태나 뇌사상태에 있는 환자들이 생명 연장 장치를 달지 않고 편안하게 죽음을 맞이하도록 하는 것을 말한다. 할 수 있는 치료를 다했지만 회복이 불가능한 경우 무의미한 연명치료를 중단하는 것으로, 인공호흡기 등의 생명 연장 장치를 제거해 자연스럽게 죽음에 이르게 하는 것이다. 예전에는 사고를 당하거나 질병에 걸렸을 때 의식을 잃은 후 죽음에 이르는 시간이 짧았는데, 의술의 발달로 '의식은 없지만 살아 있는 기간'이 길어지게 되면서 논쟁이 되어왔다. 무의미한 연명치료는 환자 본인뿐 아니라 가족과 주위 사람들의 고통을 가중시켜왔지만 연명치료를 중단할 경우 의사와 가족이 형사처벌을 받아야 했기 때문이다.

인간이 존엄성을 해치지 않고 품위 있는 죽음을 맞기 위한 선택이란 점에서 존엄사는 안락사와 같지만, 안락사는 회복 불능의 환자가 극심한 고통을 겪을 때 의료적인 조치를 취해서 죽음에 이르게 한다는 점에서 다르다. 안락사의 경우 자연스러운 죽음이 아닌, 치사량의 모르핀을 주사하는 등 직접적인 행위가 수반돼, '조력 자살'이라는 비난을 면하기 어렵다. 따라서 존엄사에 대해서는 사회적 합의가 폭넓지만 안락사에 대해서는 사회적 논란이 거세다. 섣부른 자살을 합법화하는 것이라는 반대의 목소리가 만만치 않아, 안락사에 대해서는 부정적이지만 존엄사에 대해서는 허용하는 추세다.

"안락사 인정해야"

1 불치병 환자가 겪는 극심한 고통을 방치하는 것은 부도덕하고 비인간적이다

영화나 외국 드라마를 보다보면, 애마가 심하게 다쳐 회복가능성이 없을 경우 눈물을 머금고 총으로 쏘아죽이는 장면이 나온다. 누구나 다친 말을 죽이지 않고 자연스럽게 죽기를 기다리는 것은 잔인한 일이라고 생각한다. 말에게는 그렇게 하면서 불치병으로 극심한 고통 속에 있는 환자의 죽음을 돕는 것을 문제 삼는 것은 인간생명의 신성함이란 교리에 대한 우리의 잘못된 존경에서 비롯된 것이다.

인간의 생명이 신성하고 침해될 수 없다는 것은 인정하지만 삶의 질 또한 못지않게 중요하다. 죽음보다도 못한 삶을 살 경우, 인간은 품위 있는 죽음을 선택할 수 있어야 한다. 어떤 사람이 오랜 기간 생존할 수 있기는 하지만 끊임없이 고통을 겪어야 한다고 가정해보자. 평생을 고통 속에서 신음하는 삶이 과연 가치 있는 삶이라 볼 수 있는가? 더 이상 치료방법이 없는 환자의 존엄성을 지키기 위해서는 무익한 치료를 중단하고 자연스럽게 죽을 수 있도록 해야 한다. 의사는 건강을 회복시키는 것뿐만 아니라 아픔과 괴로움을 경감시킬 의무도 있다. 따라서 불치병 환자들이 겪는 실제적인 고통을 '생명의 신성함'을 내세워 방치하는 행위야말로 부도덕하고 비인간적이다.

2 환자가 자신의 삶에 대해 내리는 자율적인 결정은 존중돼야 한다

안락사에 반대하는 사람들이 내세우는 것은 인간의 생명에 대한 경건함이다. 중세 기독교 교리의 핵심은 인간의 생명은 신에게서 부여된 것이며, 따라서 탄생과 죽음을 결정하는 것은 인간에게 허락되지 않는다는 것이다. 안락사 반대자들은 이미 근대를 거쳐 개인의 자율성을 확보한 현대인들에게 중세적, 기독교적 사고를 강요하고 있다. 인간의 삶의 목적이 생존뿐이라고 보는 것은 인간의 삶을 지나치게 단순화한 것이다.

인간은 누구나 자신의 운명을 결정할 수 있다. 우리에게는 살아갈 권리만 있는 것이 아니라 행복하게 살 권리도 있는 것이다. 생명을 유지하는 것이 행복한 게 아니라 생존 자체가 고통을 의미할 때는 차라리 자신의 목숨을 끝내는 것이 행복이고, 우리에게는 그런 행복을 누릴 권리가 있는 것이다. 누구에게도 인공연명장치를 이용해서라도 마지막 숨을 쉴 수 있을 때까지 생존하라고 강요할 수 없다. 더구나 현대에 와서는 의학의 발달로 자연스럽게 죽음을 맞아야 할 존재의 생명을 연장함으로써 고통을 가중시키고 있고, 따라서 환자가 자신의 삶에 대해 내리는 자율적인 결정이 더 존중되어야 한다. 선거의 권리에는 기권의 권리가 포함돼 있고, 말할 수 있는 권리에는 침묵할 수 있는 권리가 있다. 따라서 살 수 있는 권리에는 죽음을 선택할 권리도 포함되어 있다는 사실을 알아야 한다.

3 안락사 남용은 제도를 통해 막을 수 있다

안락사 반대자들은 안락사가 정책적으로 남용될 소지가 크다고 주장한다. 죽을 권리의 확대가 삶의 의지를 무력화시킬 수 있다고 말한다. 즉, 안락사가 사회적으로 허용될 경우 환자들이 살고자 하는 의욕을 쉽게 잃을 수 있고, 치명적인 병에 대한 두려움 때문에 이성적인 판단을 못하고 안락사를 선택할 수 있다고 경고한다.

하지만 이러한 우려는 제도를 정교하게 만들어서 충분히 막을 수 있다. 적극적 안락사를 허용하는 법안을 통과시킨 네덜란드의 경우를 보자. 네덜란드 법안은 안락사 허용을 위해 세 가지 조건을 충족시켜야 한다고 못박았다. ①대상자가 불치병환자로 견딜 수 없는 고통에 처해 있고 ②환자가 이성적인 판단으로 안락사에 동의해야 의사가 실행에 옮길 수 있으며 ③이 모든 과정에 대해 다른 의사와 상의하고 안락사를 결정할 경우 국가에 보고할 의무가 있다. 이처럼 여러 가지 제한을 두고, 여러 단계를 거치면서 환자 자신은 진정으로 자신이 안락사를 원하는지 스스로를 돌아볼 기회를 갖게 되므로 안락사 남용을 막을 수 있다.

플러스 상식 ✚ _____

안락사 논쟁 사례

1. 카렌 퀸란 사건(1975년)

식물인간이 된 딸 퀸란에게서 생명유지 장치를 뗄 권한을 달라고 아버지가 소송한 사건. 결국 대법원은 아버지의 요구를 수용해 호흡기를 떼었다. 하지만 퀸란은 신기하게도 호흡기를 뗀 상태에서 9년 남짓 스스로 호흡을 하며 생존하다 1985년 폐렴으로 사망했다.

2. 부비아 사건(1983년)

뇌성마비로 입원해 있던 25세 미국 여성 엘리자베스 부비아는 의료진에게 더 이상 살 가치가 없다며 급식 중단을 요청했다. 태어나서부터 뇌성마비였던 엘리자베스는 부모가 이혼해 돌봐줄 사람이 없어서 병원에서 혼자 살았다. 그전까지는 정부 보조금으로 대학을 졸업하고 결혼도 했지만 유산 후 남편마저 떠나자 자살을 원했고, 굶어죽기로 작정한 것. 하지만 병원은 자살을 방조해서도 안되고 급식 중단도 안된다는 판결을 받았고, 병원은 그녀에게 고무튜브로 강제급식을 행했다.

3. 테리 시아보 사건(2004년)

시아보는 15년간 식물인간으로 영양공급 튜브에 의존해 연명해 온 미국 여성으로, 생명을 중단시키려는 남편과 이에 반대하는 부모 간에 치열한 법적 공방 끝에 법원의 판결로 튜브가 제거되었다. 시아보는 튜브가 제거된 지 13일 만에 41세를 일기로 세상을 떠났는데, 이 과정에서 부시 대통령은 시아보의 생명 연장을 위한 특별법 입법을 주도하고 교황청이 나서서 생명 중단에 반대하는 등 큰 파장을 일으켰다.

4. 보라매 병원 사건(2004년)

2004년 대법원은 인공호흡기에 의지하던 의식불명 환자를 가족의 요청에 따라 퇴원시킨 해당 의사에게 살인방조죄를 부여했다. 이후 병원들과 의사들은 형사처벌을 받을까봐 회복 불가능한 임종기 환자에게도 고통스런 연명치료를 계속해왔는데, 이러한 문제를 해결하기 위해 2009년 대법원은 가족의 손을 들어주며 연명치료 중단의 법제화를 권고했다.

5. 말기암 아버지 죽인 남매 실형(2013년)

말기암으로 고통받는 아버지를 아들이 누나와 엄마가 지켜보는 가운데 목을 졸라 죽음에 이르게 한 사건. 이 사건의 피고인들은 2014년 3월 3일 국민참여재판에서 모두 실형을 선고받았다. 아들 이모 씨(28세)와 딸(32세)에게 각각 징역 7년과 징역 5년을 선고했고, 존속살해 방조혐의로 기소된 아내(56세)에게는 징역 2년에 집행유예 4년이 선고됐다. 재판에서 이들 가족은 진통제에만 의존해온 아버지가 극심한 신체적 고통을 호소해 극단적인 선택을 할 수밖에 없었다며 선처를 호소했다. 안락사 논쟁이 더욱 거세진 사건.

"안락사 인정하지 말아야"

1 생명은 인간에게 있어서 가장 중요한 선善이다

　인간의 본능은 자연스럽게 삶을 지향한다. 우리 육체의 궁극적인 목표는 생존이다. 불치병으로 극심한 고통에 허덕이는 순간에도 삶을 향한 인간의 근원적인 욕망은 사라지지 않는다. 네덜란드 요양원에서 안락사를 행하는 의사의 수기를 보면, 과연 의사 자신이 행한 안락사를 환자가 정말로 원한 것이었는지, 가족의 의사를 환자가 정말로 받아들인 것인지 회의하는 대목이 나온다. 이와 같은 회의를 하는 이유는 안락사가 삶에서 죽음으로 향하는 자연스러운 생존목표에 반하기 때문이다. 적극적인 의미의 안락사가 아닌, 소극적 안락사인 존엄사의 경우에도 윤리적 논쟁을 회피할 수 없다. 회생 가능성이 없지만 의식이 없는 환자의 경우 과연 죽음과 관련된 결정을 누가 내릴 수 있을까. 생명은 인간에게 있어서 가장 중요한 선이요, 그 자체로 가치가 있으며, 생명 안에 있는 모든 다른 선의 추구를 위한 필수 요소임을 자각해야 한다.

　또한 안락사를 지지하는 사람들은 '존엄하게' 죽을 권리를 내세운다. 무엇이 존엄한 것인가? 인위적으로 생명을 단축하고, 늙고 병들어 감에 따라 겪게 되는 신체적, 정신적 고통을 피하는 것이 존엄한 것인가? 정말로 존엄한 것은 이 모든 과정을 순리에 따라 받아들이며 자신에게 주어진 최후의 길을 가는 것이다. 생명은 존엄하고 귀한 것이며, 인간이 자율적으로 죽을 권리 같은 것은 없다. 따라서 안락사를 제도적으로 허용해서는 안 된다.

2 안락사는 환자에게 도움이 되지 않는다

자살과 안락사에 대한 책《이젠, 죽을 수 있게 해줘》를 보면, 저자 스캇 펙 박사의 할머니 이야기가 나온다. 할머니는 혼수상태로 증상이 심각했고 더 이상 주사바늘을 꽂을 데가 없어 정맥 절개 수술을 해 겨드랑이에까지 주사를 꽂아야 할 상황이었다. 당시 여든네 살의 할머니에게 행한 의학적 조치가 과도하다고 여겼는데, 할머니는 기적적으로 살아나 건강을 되찾고 아흔 살까지 살았다고 한다. 만일 이 경우 안락사를 선택했다면, 이는 품위 있는 죽음이 아닌, 의학적 살인일 수 있는 것이다. 이처럼 불치병이 기적적으로 치유될 경우가 있는데, 만일 안락사가 제도적으로 허용된다면 이 모든 가능성이 차단되는 것이다.

또한 이렇게 극단적인 경우가 아니더라도 안락사 허용은 결코 환자들의 이익에 도움이 되지 않는다. 만일 안락사가 제도적으로 허용돼 있다고 하면, 불치병이나 심각한 병에 걸린 환자들은 더욱 쉽게 삶을 포기할 수 있다.

심각한 병을 치료할 때 무엇보다 중요한 것이 환자의 의지인데 안락사 허용은 이런 치료의지를 약화시키는 것이다. 뿐만 아니라 치명적인 병에 걸린 환자들은 두려움에 몰려 비합리적으로 사고하고 그 결과 안락사를 결정할 수도 있다. 더구나 현대 의학이 발전했다고는 하지만 완벽한 것이 아니다. 불치병이라고 잘못 진단돼 안락사가 시행된다면 그 죽음을 어떻게 설명할 수 있겠는가.

3 안락사 법제화는 안락사 오남용으로 가는 '미끄러운 경사길'에 한 발 내딛는 것이다

안락사의 세계적인 추세를 보면, 점차 허용범위가 확장되고 있고, 그 방법에 있어서도 소극적 안락사에서 적극적 안락사까지 허용하는 길로 가고 있다. 안락사는 인간의 자율성 존중이라는 인도적 차원에서 시작됐지만, 점차 인간 생명을 가볍게 생각하는 방향으로 흐르고 있다. 즉, 죽을 권리의 확대가 삶의 의지를 무력화시키는 방향으로 가고 있는 것이다.

벨기에 쌍둥이 형제*의 경우를 보자. 이들의 병은 불치병이긴 하지만 생명에 지장을 주는 것도 아니었고, 참을 수 없는 고통으로 보기도 어렵다. 이것이 적극적 안락사인지, 자살 방조인지 경계를 정하기조차 모호하다. 안락사를 제도적으로 입법화하게 되면 사람들은 안락사를 정당한 법적 권리로 받아들이고, 그 범위는 점차 확대될 것이며, 안락사 오남용이 더욱 심해지는 '미끄러운 경사길'(미끄러운 경사면 오류. 일명 도미노 오류. 미끄럼틀을 한번 타기 시작하면 끝까지 미끄러져 내려간다는 점에서 연쇄반응 효과의 오류라고 할 수 있다)에 발을 내딛게 되는 것이다. 제도의 완비를 통해 이런 문제를 막을 수 있다고 말하지만, 도대체 회복불가능한 사망단계의 기준을 어떻게 정할 수 있단 말인가? 의식불명 환자가 죽고 싶어하는지 아닌지를 판단할 권리가 누구에게 있으며, 병원비 부담을 이유로 강제된 죽음을 선택한 것이라면 그것을 어떻게 구분할 수 있겠는가.

＊ 벨기에 쌍둥이 형제
선천적 장애로 청각을 잃은 45세의 벨기에 쌍둥이 형제는 같은 아파트에 살면서 구두수선공으로 함께 일하는 등 평생 서로를 의지하며 살아왔다. 그러나 시력을 잃을 위기에 처하자 안락사를 요청했고, 벨기에 의사협회는 "청각과 시각을 제외하고는 건강한 상태이지만 듣지도 보지도 못하고 사는 것은 가혹하다"며 이를 승인, 2013년 안락사가 시행됐다. 주치의에 따르면 이들은 마지막 커피 한 잔을 마시고 "다른 세상에서 만나자"며 가족들에게 작별인사를 한 뒤 편안하게 죽음을 맞이했다고 한다.

토론해 봅시다 💬

1. 여러분이 불치병으로 고통받고 있다고 가정해봅시다. 의식이 남아 있어 선택권이 주어졌을 때 여러분은 안락사를 스스로 선택할 것인지 아닌지 토론해봅시다.

2. 안락사를 찬성하는 사람들은 불치병과 극심한 고통에서 생을 마감할 것이 아니라 존엄하게 죽을 권리가 있다고 주장하고, 반대하는 사람들은 존엄하게 죽는다는 것은 고통 없이 죽는 것이 아니라 생명의 자연스러운 사멸을 따르는 것이라고 말합니다. 여러분은 둘 중에 어느 쪽의 생각에 더 가까운가요. 찬반으로 나누어 토론해봅시다.

실전 gogo ✏️

벨기에 쌍둥이 형제의 안락사 논쟁에 대해 찬반의견을 정한 후 자신의 생각을 논리적으로 정리해봅시다. (500자)

경쟁 없는 사회를
만들 수는 없을까

경쟁은 인류가 시작되면서부터 인간사회에 있었다. 인류
는 경쟁을 통해 개인과 사회의 발전을 촉발해 현재와 같
은 풍요를 이뤄냈다. 하지만 자본주의 시대에 접어들면서
경쟁은 격화되기 시작해, 현재 우리는 무한경쟁의 파고에
휩쓸려 버렸고, 과도한 경쟁으로 인해 인간적인 삶을 빼
앗겨 버렸다. 그러나 경쟁에 대해 날선 비판을 하면서도
경쟁 없는 사회는 상상하기 어렵다. '경쟁'이라는 화두를
통해 인류가 정말로 경쟁을 통해 발전해왔는지, 현대사회
에서 경쟁은 불가피한 것인지, 다른 대안은 없는지 고민
해보자.

키워드로 읽는 논쟁

1. 경쟁이란 무엇인가?

경쟁이란 같은 목적 혹은 동일한 대상을 두고 서로 겨루는 행위이며, 각종 대회나 경기, 시험 등이 경쟁의 가장 일반적인 예이다. 현대사회에서는 거의 모든 영역에서 경쟁이 펼쳐지고 있다. 시장경제 메커니즘 역시 경쟁의 원리에 의해 작동되고 있고, 기업들 역시 다른 기업과의 경쟁에서 살아남기 위해 고군분투하고 있다. 이처럼 경쟁은 모든 조직생활의 원리요, 부를 창출하는 주요 원천이라고 할 수 있다. 경쟁의 반대개념은 협동으로, 같은 목적을 위해 힘을 합치는 행위를 말한다. 그런데 본래 경쟁의 라틴어 어원에도 '최선의 결론을 얻기 위해 함께 한다'는 의미가 포함돼 있었는데, 자본주의 시대를 거쳐 신자유주의의 무한경쟁시대에 접어들면서 공동의 목적을 추구한다는 경쟁의 의미가 승리자가 모든 것을 독식하는 개념으로 변질되면서, 경쟁의 폐해가 늘어나 문제가 되고 있다.

2. 인간은 왜 경쟁을 하는가?

사람들은 여러 사회집단의 구성원으로서 살아가게 되고, 각각의 사회는 자신들이 요구하는 목적을 효율적으로 달성하기 위해 경쟁이라는 도구를 사용한다. 대표적인 경우가 우리가 흔히 보는 시험이다. 일반적으로 사회집단은 시험을 통해 보다 능력 있는 인재를 선발하고, 구성원들의 능력을 키워간다.

하지만 한 사회의 목적을 달성하기 위한 도구로서의 경쟁은 많은 문제점을 안고 있다. 경쟁을 조직하는 쪽에서는 항상 극단적인 상황을 만듦으로써 경쟁의 효율성을 극대화하려는 경향을 강하게 보이고, 이 때문에 경쟁에 참가하는 개인들은 경쟁의 과열로 인해 수많은 병폐를 안게 된다. 무엇보다 자신의 정체성을 잃고 쉽게 수동적인 존재로 전락할 위험성이 있으며, 과도한 경쟁은 집단 자체의 붕괴를 가져올 수도 있다. 이러한 예는 주위에서 얼마든지 찾아볼 수 있는데, 시험기간에 교과서, 필기노트, 참고서 등이 도난당하는 사건 등이 이에 속한다. 교육 효과를 높이려고 만든 시험이 오히려 친구들 간의 신뢰와 우정 등을 배반하는 결과를 초래하는 것이다. 현대에 와서 경쟁이 문제가 되는 이유는 경쟁의 격화 현상에 있다.

3. 현대사회 경쟁의 특징은?

신자유주의가 등장하고 한층 경쟁이 더 치열해지기 전까지만 해도, 경쟁은 일종의 '선(善)'이었다. 경쟁의 문제점은 있었지만 경제발전의 원동력이라고 보고 비판의 대상으로 삼지 않았다. 특히 자본주의 초기에는, 자원은 적은데 인구가 기하급수적으로 증가할 것이라고 보았기 때문에 경쟁을 불가피한 원리로 받아들였다. 그러다 사회주의가 몰락하고 전 세계적으로 신자유주의 시대가 열렸다.

신자유주의를 한마디로 설명하기는 어렵지만 과거에 비해 각종 규제를 풀고 시장의 기능을 극대화하는 것으로, 세계화와 합세하면서 훨씬 강력한 힘을 얻는다. 국가 간의 장벽을 넘어 상품과 노동이 오가야 한다는 신자유주의 사상은 세계화의 이론적 바탕이 되었고, 오직 시장만이 경제와 삶의 밑받침이 된다는 생각을 확장시켰다. 이후 세계는 극도의 경쟁 상태에 이르게 되었다. 특히 신자유주의는 환경파괴, 사회적 불평등, 극단적 민족주의 등의 문제를 불러왔고, 경쟁이 격화돼 인간의 기본적인 삶을 위협하고 있다는 비판을 받게 되었다.

4. 경쟁이 일으키는 폐해

경쟁은 속성상 가속화될 수밖에 없고, 그 결과 경쟁에 임하는 사람들이 도구화되거나 수동적인 존재가 될 수밖에 없다는 비판이 있다. 경쟁은 어쩔 수 없이 그 자체가 목적이 되는 가치 전도현상을 일으키게 되고, 따라서 심각한 사회문제를 일으킨다는 지적이다.

경쟁에 대해 비판적인 이들은 경쟁은 결코 효율적인 시스템이 아니고 인간 본성에까지 나쁜 영향을 끼친다고 주장한다. 따라서 경쟁보다는 협동이나 상호부조가 오히려 사회와 인류의 진보에 더 큰 도움을 주는 인간적인 시스템이라고 말한다. 특히 현대에 들어서면서 경쟁이 한층 더 격화돼 여러 가지 문제들을 일으키자 경쟁에 대해 회의적인 견해들이 부각되기 시작했다. 자유경쟁체제라고 불리는 자본주의 시스템은 과도한 경쟁 논리를 불러왔고, 그 결과 사회적 불평등, 물질주의, 결과주의를 조장했다는 것이다. 하지만 한편에서는 이러한 비판을 일축한다. 이와 같은 문제들은 경쟁 자체의 문제가 아니며, 경쟁환경을 공정하게 조성하면 충분히 극복할 수 있다는 것. 경쟁을 둘러싸고 두 주장이 팽팽하게 맞서고 있다.

5. 공정한 경쟁은 어떻게 가능한가?

공정한 경쟁에 대해서는 여러 가지 시각이 있다. 흔히 어떤 규제나 간섭 없이 단순히 기회를 균등하게 주는 것을 공정한 경쟁이라고 생각한다. 즉, 경쟁 과정에서 반칙이나 규칙에 위배되는 게 없다면 문제될 것이 없다는 시각이다.

하지만 현실의 삶에서 보면 기회 균등이 경쟁의 공정성을 담보하기 어려운 게 사실이다. 장애를 가진 사람과 비장애인이 똑같은 출발선에서 달리기를 할 수 없는 것처럼 사회적 경쟁에서도 이와 비슷한 사례가 너무 많기 때문이다. 즉, 경쟁에 참가하는 사람들의 조건이 다르다면, 불평등한 조건을 조정해주어야 공정한 경쟁이 된다는 시각이다. 더 나아가 역차별적인 요소를 더해 결과까지 보상해주어야 한다는 시각도 있다. 남녀차별의 역사를 인정하고 기업이나 선거에서 여성에게 일정한 자리를 할당해주는 것과 같은 경우가 이에 해당한다.

이와 같은 견해들은 어쨌든 경쟁이 공정하게 진행된다면 가장 효율적인 결과를 낳는 시스템이라고 생각한다. 그러나 한편에서는 경쟁으로 인해 일어나는 여러 폐해와 문제점을 강조, 애초에 공정한 경쟁이란 없다며 경쟁이 결코 효율적인 시스템이 아니라고 보는 시각도 있다.

플러스 상식 ✚

《경쟁의 종말》 중에서

"수컷 말코손바닥사슴의 세계에서 거대한 뿔은 가장 중요한 무기다. 그것은 천적으로부터 자신을 보호하기 위한 것이 아니다. 오로지 짝짓기 경쟁에서 승리하기 위한 도구일 뿐이다. 수컷 말코손바닥사슴들은 미친 듯이 뿔의 크기를 키웠다. 그 결과 경쟁에서 이기고 암컷을 차지했지만, 큰 뿔로 인해 기동력이 떨어져 모든 수컷들은 결국 늑대에게 잡아먹힐 위기에 처하고 말았다."

"무한경쟁을 외치며 모든 규제를 반대하는 세력들은 경쟁이 개인의 이기심을 집단의 이익으로 이끈다는 애덤 스미스의 '보이지 않는 손'의 원리를 들이민다. 그러나 현실은 어떤가? '좋은 것'이 아닌 '남보다 더 좋은 것'이 최고인 자유 시장경제는 유례없는 소득격차와 멈출 수 없는 레이스만을 남겼을 뿐이다. 결국 개인의 이익이 집단 전체를 파멸의 위기로 몰아넣은 말코손바닥사슴의 비극이 일어난 것이다."

《경쟁의 종말》(로버트 프랭크, 웅진지식하우스)

경쟁 없는 사회를 만들 수는 없을까

"경쟁 없는 사회는 불가능해"

1 경쟁심리는 본래부터 인간에게 있었던 자연스러운 본성이다

현대에 오면서 경쟁이 심해져 여러 가지 문제점들이 생기고 있는 것은 인정한다. 하지만 그렇다고 해서 경쟁의 원리를 없앨 수는 없다. 왜냐하면 인간의 경쟁심리는 사회시스템처럼 외부의 강요에 따라 생겨난 게 아니라 본래부터 있어왔던 인간의 본성이기 때문이다. 각자 자신들의 마음을 들여다보면 알 것이다. 누구나 다른 사람보다 더 나아보이고 싶고, 더 잘하고 싶은 마음이 있을 것이다. 수렵시대에는 남보다 사냥을 잘 하고 싶어했고, 농경시대에는 추수를, 현대사회에는 더 많은 돈을 벌고 싶어한다. 이러한 경쟁심리는 너무나 자연스럽고 당연한 것이다.

우리는 타인과 경쟁을 하고, 경쟁을 통해 성취감도 느끼고, 스스로에 대한 존재감도 확인하게 된다. 경쟁에서 즐거움을 느끼는 것만 봐도 알 수 있다. 인류의 삶이 시작되는 순간부터 사람들은 스포츠를 즐겨왔다. 스포츠는 우리가 경쟁 자체를 즐긴다는 사실을 보여주는 명백한 예이다.

이처럼 경쟁심리는 인간의 본성에 속하는 것이므로, 이것을 인간의 삶에 유리한 방향으로 발전시키는 것이 올바른 태도이지, 경쟁에 대해 좋다 나쁘다라고 평가하는 것은 그야말로 무의미한 행동이다.

2 경쟁은 인류 발전의 동력이며, 인간의 존재양식이므로 경쟁 없는 사회는 불가능하다

옆집과 농토의 규모가 똑같고, 그곳에서 똑같은 품종을 가지고 농사를 짓는다고 상상해보자. 만일 옆집 수확량이 우리보다 두 배가 많다면 어떤 생각이 들겠는가? 원인이 무엇인지 분석해서 내년에는 옆집만큼 혹은 옆집보다 더 많이 수확하려 할 것이다. 삼성과 애플의 스마트폰 경쟁을 봐도 마찬가지다. 두 기업 모두 시장 점유율을 높이기 위해 기능과 디자인 등을 향상하려 치열하게 연구하고 개발한다. 더 많은 수확량을 얻기 위한 경쟁심, 다른 기업보다 더 많이 팔리는 상품을 만들어내기 위한 노력을 통해 인류는 눈부신 기술 진보를 이뤄냈고, 생산성을 향상시켜 오늘날과 같은 풍요로움을 맞이하게 된 것이다. 이와 같이 경쟁은 부를 창출하는 주요한 수단임과 동시에, 인간사회의 존재양식이라고 볼 수 있다.

우리가 속해 있는 사회조직을 보면, 기업이든 학교든 그들 고유의 목적을 효율적으로 달성하기 위해 경쟁이라는 수단을 사용한다. 만일 시험이 없고, 성적을 매기지 않는다면 학습동기 유발이 어렵고, 학업성취도가 떨어질 수밖에 없을 것이다. 경쟁이 없는 사회조직이 정체되고 도태되는 예가 얼마나 많은가. 더구나 경쟁은 단순히 목적을 이루기 위한 수단으로서의 역할만 해온 것이 아니다. 인간은 경쟁을 통해 자아 성취와 사회적 성공을 도모하는 한편, 스스로를 완성시키기 위해 적극적으로 행동하는 방법을 습득한다. 즉, 경쟁은 사회적 동물로서의 인간의 존재양식인 것이다. 따라서 인간사회가 거대한 경쟁 체제를 이루고 있는 것은 지극히 당연한 귀결이라고 할 수 있다.

3 경쟁의 폐해는 경쟁의 공정성을 통해 해결할 수 있다

일부 사람들은, 경쟁이 인간을 도구화하고, 인간관계의 긴장을 초래하며, 사회정의를 실현하는 데 걸림돌이 된다는 점 등을 경쟁의 폐해로 꼬집는다. 그중 가장 문제되는 것은 아마도 공정하지 않은 경쟁이 사회불평등을 심화시켜 결국에는 사회정의 실현을 가로막는다는 점일 것이다.

하지만 이것은 경쟁에 대한 일면적인 비판이다. 경쟁이란 본질적으로 경쟁에 참여한 사람들이 일정한 규칙을 지키는 한에서 자유롭고 공정하게 겨루는 행위다. 이러한 경쟁을 통해 개인은 자신의 자발성과 창의성을 마음껏 발휘하여 애초의 목적을 달성해나간다. 경쟁을 규제할 공정한 규칙과 규제가 없는 완전경쟁 상황은 이론적으로만 존재할 뿐 현실의 경쟁이 아니다. 그런데도 사람들은 모든 경쟁이 그 자체에 불평등을 가지고 있다고 비난한다. 불평등의 문제는 경쟁의 공정성을 지키기 위한 여러 가지 방안을 마련함으로써 해결할 수 있다. 경쟁의 규칙을 정하고 규칙을 준수하도록 규제하고, 경쟁력이 부족한 사회적 약자의 경우 직접적인 보호를 통해 경쟁을 규제한다면 경쟁의 공정성을 지켜낼 수 있다. 공정한 경쟁은 사회와 개인 모두를 발전시킬 수 있다.

플러스 상식 ⊞ _____

경쟁학습과 학업 성취율

협동 학습은 학생들이 한 집단 내에서 서로 협동하여 하는 학습 방법으로 성적이나 등수 경쟁을 통한 경쟁 학습과 대비된다. 협동 학습은 여러 학생들이 한 프로젝트를 공동으로 수행하는 것과 같은 학습을 통하여 서로 도우며 배운다.

한국의 대부분의 교육은 학교에서 그리고 학원에서 경쟁 학습으로 진행된다. 그리고 학습은 각 학생의 진정한 실력이나 인성의 발전을 중시하기보다는 상대 평가를 통해 등수로 평가한다. 이 교육에서는 어떤 프로젝트를 공동으로 완성하는 작업에서 필요한 협동, 의견 교환, 분쟁 해결, 상호 이해 등의 지적 발전과 함께 사회생활에서 요구되는 여러 중요한 발달이 무시된다. 경쟁 학습에서는 협동이나 친구들과의 의견 교환 등이 필요 없고 각 개별 학생이 고립되어 수행한다.

경쟁 학습은 사회 활동에서 도움이 되는 여러 방면의 발달을 저해할 뿐더러 학업 성취 면에서 역시 협동 학습보다 열등하다. 박일수(한국교원대학교 박사 과정)는 그의 연구 논문 '협동 학습의 학업 성취 효과에 관한 메타 분석'에서 협동 학습은 경쟁 학습에 비해 학생들의 학업성취에 효과적인 교수 방법이며, 학생들의 학업 성취를 15.77% 향상시킨다고 밝혔다.

'경쟁에 집착할수록 성적-실적-연봉 다 떨어져'(프레시안)

"경쟁 없는 사회 가능해"

1 경쟁심이 인간의 본성이라는 주장은 근거가 없고 학습된 것이다

사람들은 어떤 행동의 원인을 설명하기 어려우면 손쉽게 인간의 본성이라고 주장한다. 하지만 경쟁이 인간의 본성이라는 근거는 어디에도 없다. 경쟁이 본성인 것처럼 생각되는 이유는 스포츠, 전쟁, 경제, 국제정치 등 경쟁이 개입하는 전형적인 서구문화가 보편화되었기 때문이다. 더구나 지금처럼 무한경쟁시대에 사는 우리에게는 경쟁이 당연한 것처럼 여겨지지만, 경쟁은 후천적으로 학습된 것일 뿐이다.

스포츠 심리학에서도 경쟁은 학습된 현상이라고 말한다. 사람은 경쟁하려는 의지가 아니라 활동 성향만을 갖고 태어났을 뿐이고, 경쟁 심리는 사회환경에 영향을 받은 면이 크다. 경쟁만이 아니라 협동과 상호부조, 협력도 인간의 자연적 성향이다. 인간관계에서 협동을 체험한 사람들은 협동을, 경쟁 방식을 습득한 사람은 경쟁의 방식을 가지고 살아가게 된다. 실제로 다양한 문화권을 살펴보면 문화에 따라 경쟁심의 정도가 극히 다르다는 것을 알 수 있다. 이것은 경쟁이 인류 보편적인 현상이 아니라 학습된 것임을 말해주는 것이다.

2 경쟁보다 상호부조의 정신이 인류 발전에 더 많이 기여했다

경쟁이 발전의 동력이라고 하는데, 협동하는 것보다 경쟁적으로 일할 때 더 생산성이 높다고 단언할 수 있을까? 경쟁이 생산성을 키운다고 여기게 된 것은 경쟁 원리가 지배적인 사회에서 자라온 탓이 크다. 교육 분야에서 행해지는 경쟁 시스템에 대해 조사한 결과를 보면, 경쟁과 학업성취 간에 큰 상관관계가 없는 것으로 나타났다. 게다가 과제가 어렵고 복잡할수록 협동이 더 효과적이다. 실제로 공동의 목표를 주고 서로 힘을 합쳐 과제를 성취하도록 했을 때 훨씬 효과적으로 목표를 이뤄내는 경우가 많다. 경쟁이 효율성을 높이는 것은 아니다.

인간은 자신에게 주어진 일을 더 완벽하게 해내려는 욕구가 있다. 인류의 생산력 향상은 경쟁에서 비롯된 것이라기보다는, 발전하고자 하는 본연의 마음에서 비롯된 것이다. 기업에서 사원들 간의 경쟁을 강조할 경우 인간관계가 파괴되고 오히려 일의 결과가 정확하지 못한 경우가 많다. 최선을 다해 노력하는 것과 남을 이기려고 일하는 것은 분명 다르다. 서로의 힘과 머리를 더해 협동하여 목적을 달성하는 것이 더 큰 성과를 가져올 수 있음은 당연하다. 한 사람의 능력만으론 한계가 분명하기 때문에 최근 들어 기업에서도 업무를 처리할 때 팀을 구성한다. 인간의 가슴속에는 경쟁보다 타협, 상호부조의 정신이 자리 잡고 있다. 적자생존식 경쟁 논리보다 상호부조의 협력 원리가 역사 진보에 기여한 경우가 더 많다.

3 경쟁은 본질적으로 공정하기 어렵고, 따라서 사회적 불평등을 재생산할 뿐이다

경쟁이 발전의 동력이라고 믿는 사람들은 선의의 경쟁이 개인과 사회를 발전시킨다면서 공정한 경쟁 시스템으로 경쟁의 문제를 해소할 수 있다고 주장한다. 하지만 모든 경쟁은 본질적으로 공정하기 어렵다. 규칙을 정하고 지키도록 규제한다고 공정해지는 것은 아니다. 100미터 달리기와 같은 스포츠 경기는 그럴 수 있지만, 사회 안에서 벌어지는 경쟁은 이와 다르다. 사람들은 제각각 자연적, 사회적 불평등을 안고 있다.

외모 위주의 사회는 실력과 외모를 동시에 겸비한 경쟁자의 손을 들어준다. 경쟁의 규칙에는 겉으로는 실력에 대한 것만 드러내놓고, '외모'라는 기준은 감추어둔다. 더구나 실력조차 사회적 조건이 좋은 사람에게 유리하다. 좋은 조건에서 더 좋은 교육을 받은 경쟁자를 안 좋은 환경에서 실력을 쌓아온 학생이 이기기란 쉽지 않다. 명문대 진학률만 봐도 교육여건 및 가정환경이 풍족한 강남 학교가 강북 학교들에 비해 높은 것으로 나타난다. 따라서 대부분의 경쟁은 경쟁 참여자들의 자연적, 사회적 상황에 따라 경쟁의 결과가 미리 결정될 수밖에 없다. 따라서 개인들 간의 경쟁은 결국 특정 개인들의 사회적 지위 향상을 가져오고, 이것은 사회적 불평등을 제도화하기에 이른다. 따라서 경쟁 체제는 실질적으로 강자가 지배하는 독점적 체제 내지는 사회적 불평등을 재생산하는 제도로 전락할 수밖에 없다.

플러스 상식 ✛ _____

경쟁적인 스포츠가 학생의 품성에 미치는 영향

오랫동안 경쟁적인 스포츠가 품성을 키우는 데 도움이 된다는 생각이 지배적이었다. 인류학자 미러클 박사는 이것이 사실인지 확인해보기 위해 고3 남학생을 표본으로 설정, 이들을 대표팀 운동선수단에 입단시킨 후 학생들의 인성을 분석했다. 그 결과, ①공격성 증가 ②흥분하는 마음가짐 ③정직성 감소 ④자제심 감소 ⑤독립심 감소 ⑥자존심 약간 증가로 나타났다.

즉, 공격성과 흥분성은 증가했고, 정직성과 자제력은 오히려 감소한 것. 긍정적이라고 판단할 수 있는 유일한 변화는 자존심의 증가였다. 하지만 이 자존심이 어디에서 비롯된 것인지 만일 그것이 우월감에 기초해서 커진 것이라면 자만심과 이기주의, 공격성을 기를 수 있어서 우려할 요소가 있다.

이외에도 15세에서 18세의 소년들과 소녀들 1000명을 대상으로 뉴질랜드에서 한 조사 연구를 보면 경쟁적인 스포츠에 열중하는 청소년들의 범죄가 더 많다는 걸 알 수 있다. 이 연구를 보면, 15세 때 스포츠를 매우 열심히 하는 소년들은, 18세가 되었을 때 동료들보다 비행을 저지를 확률이 2배나 높으며, 15세에 운동을 열심히 하는 소녀들은 18세가 되면 그들의 동료들에 비해 비행을 저지를 확률이 거의 3배나 된다. 이렇게 공격적인 행동들을 일으키는 경쟁적인 스포츠들은 럭비, 크리켓, 농구, 축구, 아이스하키 등이었다.

토론해 봅시다 💬

1. 현대사회를 살아가는 우리들에게 경쟁은 매우 친숙하고 당연한 것처럼 보입니다. 경쟁이란 진정 인간의 본성에 가까운 것일까요? 아니면 사회 시스템 속에서 학습된 것일까요? 토론해봅시다.

2. 현대사회에서 경쟁체제는 불가피한 것인지, 아니면 다른 대안적인 방식이 주류로 자리잡을 수 있을지 토론해봅시다.

실전 gogo ✏️

사회 전반에 경쟁 시스템이 사라지거나 크게 축소된 미래 사회가 나타났다고 가정하고 그와 같은 사회에서 목표를 추구하는 다양한 방법을 상상해서 적어봅시다. (400자)

징병제 폐지,
모병제 전환

윤 일병 구타 사망 사건 이후, 국민개병제國民皆兵制 즉 징병제가 흔들리고 있다. 입대 예정 아들을 둔 부모들은 자식을 군대에 보내고 싶지 않다며 '입영 거부 서명운동'을 벌이는가 하면, 각종 인터넷 포털사이트에서는 '모병제 청원 서명운동'을 벌였다. 징병제에서 모병제로 전환하면 군대 내 가혹행위가 근절될 것이고 20대의 사회진출도 앞당길 수 있어서 국가경제에도 도움이 될 것이라는 주장이다. 하지만 한편에서는 우리나라와 같은 분단 상황에서 모병제 도입은 시기상조라고 맞선다. 징병제를 유지해야 할지, 모병제로 전환해야 할지 토론해보자.

키워드로 읽는
논쟁

1. 국민개병제 = 징병제

흔히 징병제라 부르는 국민개병제는 쉽게 말해 국민 모두에게 병역의 의무를 부여하는 제도이다. 우리나라의 경우에는, 헌법 제39조 제1항에서 "모든 국민은 법률이 정하는 바에 의거 국방의 의무를 진다"고 규정하고 있고, 병역법 제3조에서는 "대한민국 국민인 남자는 헌법과 이 법이 정하는 바에 따라 병역의무를 성실히 수행하여야 한다"고 돼 있다. 우리의 병역제도는 이러한 규정에 따라 국민개병주의 원칙에 입각한 전면징병제를 채택하고 있다. 따라서 관련 법령에서 정하는 일정 연령이상의 국민은 반드시 징병 검사를 받은 후 군인으로 일정 기간 복무해야 한다.

한편 근대 이전의 징병제는 전쟁 때 필요한 인력을 동원하기 위한 긴급 소집의 의미였는데, 20세기로 접어들면서 세계 대전과 같은 전쟁이 발발해 총력전이라는 개념이 생겨났다. 이때부터 전문적인 군인들에게만 의존하는 것이 아니라 성인 남성 모두를 최대한 전투에 동원하는 국민개병제라는 방식이 확산되었다.

2. 징병제를 채택하는 나라는?

징병제를 채택한 나라들은 우리나라를 비롯해 이스라엘, 그리스, 핀란드, 우크라이나, 조지아, 베트남, 몽골, 싱가포르, 태국 등이다. 이들 나라의 공통점은 국가 안보가 안정 궤도에 올라 있지 않다는 것이다. 우리나라는 북한과 휴전 상태에 있으며, 이스라엘은 중동의 아랍국가들과 분쟁중이고, 그리스는 터키와, 핀란드는 우크라이나와, 베트남과 몽골은 중국과 외교적으로 첨예한 대립 상태에 있다. 하지만 징병제는 세계적으로 폐지되는 추세에 있다. 징병제의 대표적인 국가로 꼽

혔던 대만도 2010년부터 모병제로 전환하기 시작해 2014년 징병제가 폐지되었다. 터키는 2020년 이전까지 징병제를 폐지할 예정이며, 러시아도 중장기적으로 모병제로 전환할 계획이라고 한다. 냉전체제가 무너지면서 대부분의 나라에서 적대국이 사라지고, 그만큼 대규모 전쟁 발발 가능성이 낮아져 징병제였던 국가들이 모병제로 점차 전환한 경우가 많다. 그러나 우리나라의 경우 분단 상황을 극복, 통일을 이룬다고 해도 중국과 일본 등 주변국들과의 분쟁 가능성이 높아 징병제 폐지가 어려울 것으로 전망된다.

3. 대한민국 군대

1948년 창설된 대한민국의 국군은 앞서 말했듯 징병제를 채택하고 있으며, 군사비 규모도 큰 편이다. 2016년 현재 우리나라의 군사비 지출 규모는 세계 10위. GDP 대비 국방비를 살펴보면, 2014년 기준 2.62%이다. 여기에 주한미군 분담금까지 포함하면 3.5% 정도에 이른다. 정부재정대비 14.7%를 차지하고 있는 셈. 따라서 GDP 대비 군사비 비중이 높은 편에 속한다.

이처럼 군사비 비중이 높은 이유는 지정학적 위치와 깊은 관련이 있다. 대륙으로 들어오고 해양으로 나가는 길목인 반도라는 지형 탓에 주변의 강대국들이 역사 이래 끊임없이 우리 땅을 침략해 왔고, 이에 맞서 싸워오면서 군사력 확충에 대한 의지가 높은 편이다. 즉, 다른 나라에 비해 강한 군대를 보유해야 한다는 의식이 상대적으로 높은 편이다. 더구나 일본의 식민 지배를 받아온 데다 6·25 전쟁을 거치면서 지금까지 휴전 상태인 분단 국가가 되면서 군사력이 강한 군대를 갖는 것이 필수적인 일로 여겨지게 되었다.

4. 모병제

모병제募兵制는 징병제와 대척점에 있다. 국민들을 일방적으로 징병하는 것이 아니고 직업군인이 되겠다는 본인의 지원에 따라 병사를 모집, 군대를 유지하는 병역제도이다. 물론 모병제를 채택한다고 해도(군대가 아예 없는 나라를 제외하고는) 전시에 모든 나라가 민간인을 징병할 권한이 있다. 현재 모병제를 채택한 나라들은 미국과 유럽의 선진국들이 대부분으로, 이들 국가들은 대체로 적대적인 강대국과 영토를 맞닿지 않는 경우가 많다. 한편 선진국은 아니지만 병력 대비 인구가 많고, 직업군인 외에 딱히 일자리가 없는 국가에서도 모병제를 채택하고 있다. 모병제를 채택한 나라들로는 미국, 영국, 프랑스, 캐나다, 오스트레일리아, 독일, 중국, 인도 등이 있다.

모병제는 군대에서 꼭 필요한 인원만 선발하므로 인재활용이 효율적이며, 현대적인 전투에 필요한 전문 인원을 갖출 수 있다는 장점이 있다. 이밖에도 탈영률, 군 내부 사고율(특히 자살)이 현저히 낮고, 가혹행위, 병영 부조리, 기수열외 같은 인권 침해의 가능성도 상대적으로 적다고 한다. 심심찮게 일어나는 총기사건과 윤 일병 폭행사망 사건이 잇따르면서 모병제 논의가 본격화되고 있다.

"모병제 도입해야"

1 가혹행위를 비롯한 군대 내 인권 문제를 해결하기 위해서는 모병제로 전환해야 한다

입대 예정 자식을 둔 부모들이 '입영거부 서명운동'을 벌이는가 하면, 네티즌들은 각종 인터넷 포털사이트에서 '모병제 청원서명운동'을 하고 있다. 군대 내 가혹행위, 자살률, 총기사건 같은 사고가 잇따르고 있기 때문이다. 2014년 총기사고를 일으킨 임 병장 사건 발생 후 한달, 하루동안 A급 관심사병 두명이 자살했다. 총기사고를 비롯한 군대 사건 사고가 심심찮게 일어나 자녀를 군대에 보내야 할 부모님들의 근심이 이만저만이 아니다.

징병제를 폐지하고 모병제를 도입해야 하는 가장 큰 이유는 군의 전문화와 관련이 깊다. 하지만 최근 모병제 도입이 논란이 된 배경을 보면, 군대 내 인권침해가 위험 수위에 다다라서인데, 이에 대한 유일한 해결책이 모병제로의 전환이기 때문이다. 지금과 같은 군 체계 아래서 '군대 내 인권의식 향상을 위한 교육' 같은 형식적 대안으로는 도저히 군대 내 인권침해를 막을 수 없는 지경에 이른 것이다.

우선 모병제로 전환하면 일차적으로 복무 부적합자를 무조건 복무시키지 않을 수 있으며, 당연히 부적합자가 입대할 확률이 상대적으로 낮아질 수밖에 없다. 군대 내 자살자 10명 중 4명이 관심사병이라고 한다. 군에 부적합한 성향인데도 국민의 의무라는 짐을 질수밖에 없는 상황에서 부대 내 사고가 비롯된 경우가 많다. 또한 군인 전체가 직업군인으로서의 전문성을 갖추게 되면 당연히 징병제에 비해 구타 및 가혹행위가 현저히 적어진다. 베트남 전쟁 때 미군 영내에서도 폭력과 마약 복용 등 규율 위반이 급증했는데, 1973년 모병제로 전환하면서 규율과 교육을 강화하고, 문제가 발생했을 때 계급 강등과 급여 삭감 등의 불이익을 주자 현저히 줄어들었다고 한다.

2 첨단 무기의 전쟁이라고 할 미래 전투에서는 전문화, 숙련화된 직업정신이 투철한 직업군인이 필요하다

징집제로 본인 의지와 무관하게 끌려오다시피 한 병사보다 직업군인이 더 강하다는 것은 이미 역사가 증명하고 있다. 고대 지중해 패권을 쥐었던 로마의 중장 보병이나 세계 패권국인 미국의 병사는 모두 직업군인이다. 직업군인은 복무기간이 길어 숙련도가 높고 스스로 선택한 일이므로 책임감이 높다. 또 모병제를 택한 나라의 군인들은 예우가 좋아서 사명감과 명예심도 투철하다.

뿐만 아니라 현재 우리 군의 복무기간은 21개월인데, 이 기간 동안 전문화된 우수한 전투원을 양성하기를 기대하기는 어렵다. 그렇다고 복무기간을 늘릴 수도 없다. 하지만 현대에 오면서 군 장비는 갈수록 첨단화하고 있다. 당연히 이를 다루는 병사들도 전문가가 되어야 한다. 공군과 해군이 간부를 중심으로 군조직을 움직이는 이유는 복잡한 장비를 다루는 업무가 많아서이다. 현재 지상군의 상황도 이와 다를 게 없다.

미래의 전투는 첨단무기의 전쟁이라고도 부른다. 당연히 전문화된, 숙련된, 직업정신이 투철한 군인을 필요로 한다. 게다가 저출산 시대를 맞이하여 현역으로 활용할 병사 수도 줄어들고 있는 형편이다. 소규모 인원으로 국가 안보를 지켜야 하는 상황인 것이다. 당장 모병제를 도입하는 것이 어렵다고 해도 전문 병과 위주로 모병제를 시행하고, 점차 확대해나가는 것이 바람직하다.

3 선진화된 군대를 위해서는 단계적으로 모병제를 도입해야 한다

모병제를 반대하는 사람들도 대부분은 모병제의 타당성을 인정하고 있다. 직업군인이 되면 그만큼 의무에 대한 소임이 강하고, 자신의 처지에 대해서 비관하지 않으며, 가혹행위도 당연히 근절될 것이라고 말한다. 이렇게 모병제가 이상적이라고 하면서도 가장 크게 반대 이유로 내세우는 것이 경제적 부담이다.

우리는 경제학자들이 말하는 '재정 착각'에서 빠져나와야 한다. 똑같은 일을 더 많은 인원이 하는데 개인마다 들어가는 돈이 적다고 국방비 지출이 적어지는 게 아니다. 우선 징병제는 한창 경제활동을 해야 할 젊은이들을 몇 년 동안 군복무를 하게 하므로 넓게 보면 경제적 손실을 초래할 수 있다. 더구나 지금과 같은 경제상황에서 직업군인은 청년실업 해소의 대안이 될 수 있다. 그리고 신병을 교육시키고 전역시키는 데 드는 비용과 징집 과정의 재교육비도 감안해야 한다.

한편 병력감축을 통한 전력증강은 세계적인 추세다. 하지만 우리 국방부는 말로는 '작지만 강한 군대'를 육성하겠다고 하면서 한번도 병력 감축을 시도한 적이 없다. 실익이 없다는 이유를 내세우지만 다른 꿍꿍이가 있는 것 아니냐는 의혹을 받고 있다. 병력 감축을 가장 반대하는 것은 육군인데 병력이 줄면 그만큼 장성의 숫자도 줄어야 하기 때문이 아니냐는 것.

전쟁의 양상이 달라졌다. 현대화된 강한 군대로 가기 위해서 모병제는 꼭 도입해야 한다. 경제적 부담을 내세워 모병제를 반대해서는 안된다. 당장 시행하기 어렵다면 치밀한 계획을 세워서 단계적으로 추진하는 것도 방법일 수 있다. 모병제를 외면하면 결국에는 시대에 뒤처진 낙오된 군대가 될 수 있다는 사실을 명심해야 한다. 모병제 도입에 대해 경제적 부담을 앞세우는 것은 일종의 '재정 착오'일 수 있다.

"징병제 유지해야"

1 모병제는 군대 내 인권문제의 유일한 대안이 아니다

구타, 왕따, 총기사고 등 자녀를 군대에 보낸 부모의 심정을 모르는 바는 아니다. 이 문제를 해결하기 위한 대안으로 징병제를 폐지하고 모병제를 도입하자는 주장은 언뜻 그럴듯해 보이지만, 탁상공론에 불과하다. 모병제를 주장하는 사람들은 1973년 모병제를 도입한 미군의 예를 드는데 미군 내 가혹행위는 지금도 여전히 문제가 되고 있다. 미 하원에서 감사원이 직접 실태조사를 하도록 하는 법안을 의결했다고 하니 그 심각성을 알만하다.

병영이 인권의 사각지대가 된 현실은 복잡한 역사적 맥락과 얽혀 있다. 또 군 조직은 일반 사회와 달리 아랫사람은 무조건 윗사람의 명령을 그대로 따라야 하는 상명하복上命下服 집단이다. 이 모든 것을 감안한 근본적인 변화 없이 인권 수준을 높이기란 쉽지 않다. 단순히 모병제를 한다고 군 간부들의 인식과 군대 문화가 달라지기란 어렵다. 인권 감수성을 키우기 힘든 조건은 그대로인 셈이다.

한편 더 나빠질 소지도 있다. 병영 내 인권 실태가 국민적 관심사가 되는 이유는 우리 모두의 일이기 때문이다. 직업군인이 아무리 많은 것을 보장한다고 해도 매력적인 직업이기는 어렵다. 부유한 고학력자가 직업군인이 되겠다고 할 리 만무하다. 당연히 사회 취약계층 출신이 지원할 텐데, 만일 이들이 모여 있는 군대에서 문제가 발생했을 때 지금처럼 전국민적 관심을 받을 수 있을까. 더구나 미국의 경우 모병제 전환 이후 병사들의 호전성이 더 높아졌다는 연구 결과도 나와 있다.

2 분단 현실을 감안할 때 징병제 유지해야

필요할 때 국가가 시민들에게 복무를 요청하는 것은 하나의 권리다. 평시의 징집도 이와 다를 바 없다. 더구나 우리나라처럼 적대적인 국가와 대치해 있는 상황일 경우는 두말할 것도 없다. 그런데 징집제라고 해서 끌려가다시피 군대를 간다고 보는 것은 국가에 대한 의무를 낮춰보는 것이나 다름없다. 군대 내 가혹행위 등이 있다고 해서 징집제 자체를 무가치한 것으로 폄훼해서는 안 된다. 모든 국민이 함께 국가를 지킨다는 숭고한 의식을 갖는 일은 국가를 통합시키는 일이며, 공공생활에 헌신하는 바람직한 사회의 모습이다.

현대전이 첨단무기화가 기본이라 전문인력이 필요하다고 말하는데, 우리는 교전국에 평화유지군을 투입하는 미국과는 다르다. 또한 우리나라는 국토가 좁아서 소수 병력만 최전방에 두고 전쟁발발시에 예비군을 동원해 반격할 수 있는 상황이 아니다. 휴전선인 임진강과 서울시청까지 거리가 40km 남짓이다. 전방이 무너지면 순식간에 수백만 인구가 밀집한 지역이 피해를 입을 수밖에 없다. 따라서 대규모 병력을 유지해 전방을 방어하는 도리밖에 없다. 모병제를 하는 유럽과 미국 같은 국가는 냉전 이후 주요한 적이 사라진 셈이다. 이와 달리 우리나라는 110만이 넘는 병력을 갖춘 북한과 대치중이다. 최첨단 무기를 사용할 수 있는 전문화된 병력도 중요하지만, 분단이라는 우리 현실에서는 최전방을 방어할 대규모 병력이 필요하므로 징병제는 유지해야 한다.

3 모병제 전환을 위한 경제적 부담을 감당할 수 있는 상황이 아니다

모병제가 장점이 많다는 사실은 인정한다. 하지만 그렇다고 모병제를 도입해야 한다는 주장은 현실을 도외시한 이상적인 주장에 가깝다. 현실적인 계산을 따져봐야 하는데 현재로서는 실현 가능하지 않다.

모병제 전환의 가장 큰 걸림돌은 경제적 부담이다. 현재 북한은 핵 개발이 거의 완성 단계에 있다. 이런 북한과 대치해야 하므로 육군의 대폭 감축은 어렵다. 더구나 현재 65만명의 병력이지만 2020년대에는 출산율 감소로 인해 50만명으로 떨어질 것으로 예상되고 있다. 만약 50만명의 병력을 유지하면서 모병제로 전환하면 매년 12만명 가량을 충원해야 한다. 이 경우 연간 6조원의 예산이 필요하다.

국방대 김준섭 교수는 모병제로 할 때 국방예산을 25% 증액해야 하는데 늘어나는 복지재원을 감안하면 불가능하다고 분석하고 있다. 더구나 병력이 줄면 장비의 질이 좋아져야 하므로 국방예산은 더 늘어날 수밖에 없다.

한편 예산문제가 아니더라도 병사 모집이 쉽지 않다. 인구가 3억2000만명인 미국의 병력은 142만명, 1억 3000만명인 일본의 병력은 23만명이다. 미국의 경우 병력이 모자라 불법 이민자들에게 시민권을 준다는 당근책마저 제시하고 있다. 이들 나라는 봉급과 복지혜택이 좋은 데도 이런 상황이다. 하지만 우리나라 인구는 5000만명이다. 평생 직업의 보장도 없이 3~5년 단기복무를 전제로 48만명을 모집할 수 있을까? 이상과 현실은 다르다.

대체복무제 alternative service

징병제를 채택한 국가에서 군복무를 하는 대신 군복무에 해당하는 기간 또는 그 이상을 사회복지요원
또는 사회공익요원, 재난구호요원 등으로 일하게 함으로써 군복무를 대체할 수 있도록 하는 제도이다.
2004년 기준 세계적으로 징병제를 실시하고 있는 국가는 80여 개국으로, 이 가운데 헌법 또는 법률로
대체복무를 허용하는 국가는 러시아·오스트리아·덴마크·타이완·쿠바·폴란드·이스라엘 등 40여 개국이
다.
국제연합인권위원회도 1997년 결의를 통해 어떤 정치적·종교적 이유, 또는 종교 내 어떤 교파이든 신념
의 이유로 양심적 병역거부자가 차별받아서는 안 된다고 규정하고 있다.
한국에서도 오래전부터 대체복무제를 도입하자는 의견이 시민단체들을 중심으로 전개되어 왔다.
2004년 5월 21일 법원에서 양심적 병역거부에 대해 무죄판결이 나오면서 국민적 관심사로 등장하였
다. 이후 대체복무제에 대한 찬반 논란이 끊이지 않고 계속되고 있다.

한경 경제용어 사전

양심적 병역거부 conscientious objector

병역·집총(執銃)을 자신의 양심에 반하는 절대악이라 확신하여 거부하는 행위.
이것을 권리로서 주장할 때 양심적 병역거부권, 양심적 집총거부권, 양심적 반전권(反戰權)이라 한다. 이
에 관한 입법례를 보면, 미국·영국·프랑스·독일·스웨덴·노르웨이·핀란드·네덜란드·이스라엘·캐나다·호
주·뉴질랜드 등은 헌법 또는 법률로서 양심적 병역거부권을 인정하고 있다.
오늘날 일반화되어 가는 추세에 있는 양심적 병역거부권은 각국의 특수한 여건이나 상황에 따라 그 구
체적인 내용에 차이가 있으나, 기본적으로는 다음과 같은 경향을 보여주고 있다. ①양심적 병역거부의
근거가 종교적인 이유 외로도 확대돼가고 있고, ②양심적 병역거부자들이 과연 진실로 양심에 따라 병
역이나 집총을 거부하는 것인가의 여부를 심사하는 심사기관을 설치하고 있으며, ③양심적 병역거부권
을 인정하는 거의 모든 국가에서 대체역무(代替役務)를 과하고 있다는 점이다.
양심적 병역거부에 관하여 한국의 판례는 '그리스도인의 양심상의 결정으로 군복무를 거부하는 행위
는 병역법의 규정에 따른 처벌을 받아야 하며, 양심상의 결정은 헌법에서 보장하는 양심의 자유에 속하
는 것이 아니다'라고 한 바 있다(1969.7.22. 대법원판례 69도 934).

두산백과

토론해 봅시다 💬

1. 윤 일병 구타사망 사건 등 해마다 군대 내 가혹행위가 심심찮게 발생해 모병제가 군대 내 인권 문제의 대안이라는 주장이 제기되고 있습니다. 이에 대해 여러분은 어떻게 생각하나요? 자신의 주장을 펼쳐봅시다.

2. 징병제를 채택한 나라들 중에 군복무 기간 동안 다양한 사회봉사의무로 군복무를 대체할 수 있는 대체복무제를 채택한 나라들이 많습니다. 징병제를 채택한 우리나라에서도 오래전부터 대체복무제를 도입하자는 의견이 전개되고 있는데, 대체복무제를 도입해야 할까요? 찬반으로 나누어 토론해봅시다.

실전 gogo ✏️

징병제와 모병제는 모두 장점과 단점을 가지고 있습니다. 현재 모병제를 도입하자는 주장이 나오고 있는데요, 모병제를 도입해야 할지, 징병제를 유지해야 할지 자신의 입장을 정하고 근거를 세워 주장을 펼쳐봅시다. (400자 내외)

성형문화,
바람직한가

우리나라는 세계에서 성형수술을 가장 많이 하는 나라로 알려졌다. 보톡스나 필러를 주입하는 시술은 성형 축에도 끼지 못할 만큼 흔하고, 쌍꺼풀이나 코, 눈의 앞트임 뒤트임 정도의 수술은 별 망설임 없이 의사 손에 맡기는 경우가 흔하다. 몸매나 미모를 위해 위험한 수술을 감행하다 목숨을 잃었다는 뉴스도 종종 볼 수 있다. 특히 방학이 되면 성형외과를 찾는 청소년들의 발걸음이 해마다 늘고 있다는 것은 어제 오늘의 얘기가 아니다. 미美를 창조하는 성형문화. 과연 바람직한가, 지나친 것은 아닌가.

키워드로 읽는 논쟁

1. 성형수술은 언제부터 시작되었을까?

우리가 일반적으로 생각하는 성형수술은 좀 더 아름다워지고 싶은 욕망이나 나이가 들면서 생기는 노화현상을 늦춰서 젊음을 유지하려는 욕망을 충족시켜주는 수술을 말한다. 이것은 성형의 한 부분으로 미용성형이다. 본래 성형의 시작은 없거나 잘못된 신체의 중요한 부분을 복원하는 수술, 즉 재건성형으로부터 시작되었다.

인도의 전설적인 외과 의사이자 수술의 아버지로 불리는 수스루타Susruta가 남긴 기록에 의하면, 기원전 6세기경에 이미 쿠마스Koomas라는 의사가 뺨이나 이마의 피부를 이용해 코를 복원하는 수술을 시행했다. 당시 귀와 코를 베는 형벌이 있었기 때문에 복원수술이 생겨나고 발달한 것으로 보인다. 이것이 최초의 성형에 관한 기록이다. 이 기술은 종교나 문화 교류를 통해 유럽으로 전달되어, 1세기경 로마에서 셀수스Celsus가 같은 방법으로 성형수술을 한 것으로 알려지고 있다. 또 진시황 때 언청이(구순구개열이라고 하며 윗입술이나 입천장이 태어날 때부터 세로로 찢어진 사람을 낮잡아 부르는 말) 환자를 교정했다는 기록이 있는데, 이를 보면 이미 기원전 3세기경 중국에서도 성형수술이 행해졌음을 알 수 있다.

성형이 비약적인 발전을 하게 된 것은 20세기 초반으로, 1·2차 세계대전을 통해 수많은 부상자들이 속출하면서 그 치료를 위해 성형기술 역시 발전해 왔다. 또 항생제의 개발도 성형수술 발전에 한몫 거들었다. 미용성형이 등장한 것도 이 무렵이다.

2. 고대 가야인들도 성형을 했다

부산대학교 박물관 팀은 지난 1976년부터 1980년까지 김해 예안리 고분을 발굴한 적이 있다. 183기의 고분에서 210구의 1600년쯤 된 가야인 유골을 발견했는데, 이 유골 중 10구의 머리가 편두(일명 납작머리로 불리며 인공적으로 변형시킨 두개골)였다. 10구 중 7구는 여성으로, 이마 부분이 들어간 대신 뒷머리가 튀어나온 형태라는 공통점이 있었다. 요즘 말로 소위 뒤짱구다. 학자들은 이것을 중국 고서 《삼국지 위지 동이전》과 연관시켜 해석한다. 3세기에 편찬된 이 책에 "진한 사람들은 아이가 태어나면 돌로 머리를 누른다. 머리를 납작하게 하려는 것이다. 지금 진한 사람은 모두 편두다. 왜와 가깝다보니 남녀가 문신도 한다"는 대목이 있기 때문. 진한은 삼한의 하나로 가야의 옛 지역을 가리킨다.

《삼국지 위지 동이전》이 쓰인 시기가 발굴된 유골보다 200년 내지 300년 앞선다는 사실을 감안하면 이전에는 더 많은 사람들이 편두를 했을 것으로 추정할 수 있다. 그렇다면 이들은 왜 편두를 했을까? 예안리 편두의 인골을 복원해보니, 정수리가 돌출하면서 미간이 눌려 눈 안쪽이 아래로 처지고, 눈초리는 치켜 올라갔다. 또 코는 오뚝해지고 턱이 유난히 작아 마치 성형을 한 현대여성 같은 얼굴이었다. 갓난아이의 머리에 무거운 돌을 얹는 것으로 위험한 성형을 시도한 것이다. 이밖에도 이를 뽑거나 돌 구슬을 이용해 이를 연마하는 등 성형 흔적들이 곳곳에서 발견되었다. 물론 다른 해석을 하는 학자들은 이것이 액막이를 위한 종교적 관습이었다고 주장한다.

3. 미스코리아가 원시시대에는 왕따?

미인의 기준은 시대에 따라 다르다. 원시시대에는 빌렌도르프의 비너스 상처럼 풍만함을 미의 기준으로 삼았다. 굶주림에 대비하고 풍요와 다산을 기원하는 염원이다. 따라서 이 시기는 풍만한 가슴과 배, 뚱뚱한 엉덩이를 가진 절구형 몸매를 선호했다. 건강한 인체미를 중시했던 그리스시대에는 탄력 있는 몸매, 사과형 가슴, 화장기 없는 얼굴이 인기를 끌었고, 물질적으로 풍부했던 로마시대에는 미에 대한 관심도 커져서 야한 화장이 유행했는가 하면, 일자 눈썹과 하얀 치아에 날씬하고 털이 없는 몸을 가진 여성이 미인이었다. 욕망을 억제하며 살던 중세에는 순결함을 연상시키는 작은 가슴과 엉덩이, 흰 살결, 금발에 넓은 이마, 즉 성녀처럼 느껴지는 여성을 아름답게 여겼다.

인간이 삶의 중심에 서게 된 르네상스시대에는 원뿔형으로 솟은 가슴과 통통한 턱, 풍만한 허벅지를 가진 성숙한 여성이 미인으로 불렸는가 하면, 19세기말은 세기말적 분위기에 걸맞게 핏기 없는 피부에 야윈 몸매, 퀭한 눈, 움푹 파인 볼을 미의 기준으로 삼았다. 전쟁으로 인구가 급속히 감소한 20세기 전반에는 다산의 욕구에 따라 큰 가슴과 굴곡 있는 풍만한 몸매, 뇌쇄적인 표정을 가진 여성이 미인으로 각광받았고, 후반에는 자연스런 피부 톤을 드러내는 내추럴한 화장에 지적이면서도 섹시함을 겸비한 여성이 눈길을 끌었다. 현재는 뚜렷한 이목구비와 성적인 매력을 미인의 조건으로 꼽지만 불확실성의 시대에 걸맞게 정형화된 이미지를 단정하긴 힘들다. 분명한 것은 자신의 콤플렉스까지도 장점으로 드러낼 수 있는 자신감과 뚜렷한 개성만큼은 필수.

4. 한국, '성형왕국'으로 꼽히다

국제성형의학회 ISAPS 보고서에 의하면 2011년 인구 대비 성형수술 횟수를 비교한 결과 한국이 1위를 차지했다. ISAPS의 보고서에서 한국은 2011년 인구 1000명당 성형수술 횟수가 13건을 넘은 것으로 집계돼 1위에 올랐는데, 한국인 77명 중 한명꼴로 성형수술을 받은 셈이다. 이처럼 한국의 성형열풍 때문에 성형수술 노하우가 뛰어난 것으로 알려져 주변 나라에서 한국으로 '원정 성형'을 오는 사람들이 늘고 있다.

우리 나라가 유독 성형을 많이 하는 이유는 외모를 중시하는 사회 분위기와 무관하지 않다. 외모가 뛰어날 때 연애, 결혼, 취업, 승진 등에 유리하고, 그렇지 못할 때 불이익을 받는다는 사회인식이 강하기 때문이다. 당연히 이러한 사회분위기는 외모지상주의를 부추기게 되는 데다, 최근 SNS에 자신을 노출하는 빈도수가 높아지면서 성형을 자기 관리의 과정이라고 생각하는 사람이 늘고 있다.

한편 미국 시사주간지 〈뉴요커〉는 2015년 3월호에 '세계 성형수술의 중심지'라는 제목의 기사를 실었는데, 이 기사는 한국의 성형 수술 열풍을 다루면서 외형적인 것을 중요시하는 한국과 한국문화를 비난, 조롱하는 어조였다. 이처럼 〈뉴요커〉뿐 아니라 서양 언론매체에서는 한국의 성형실태 기사를 빈번하게 다루고 있는 추세인데, 문제는 이들 기사들이 한국의 성형문화를 조롱하는 한편, 아시아 문화 전체를 비판하는 소재로 삼기까지 하고 있다는 것이다. 성형문화에 대한 우리들의 인식을 되돌아봐야 할 때다.

플러스 상식 ✜ _____

성형plastic이란 단어의 유래는?

성형plastic이라는 단어는 그리스어인 프라스티코스plastikos에서 유래한 단어다. 이 프라스티코스plastikos라는 단어는 프라스세인plassein이라는 동사에서 유래된 것인데, '모양을 만들다' 또는 '형태를 만든다'는 뜻의 동사다. 따라서 성형수술 또는 성형외과란 '원래의 모양을 변형하거나 만들어 내는' 수술이나 외과라는 뜻이다.

"성형, 괜찮다"

1 아름다움은 인간의 원초적 욕망이다

아름답고 싶은 마음은 남녀노소, 동서고금 구별이 없다. 인간이 지닌 보편적인 본능이기 때문이다. 원시시대부터 인간은 얼굴에 채색을 했다. 그것이 용맹을 나타내고자 했든 유혹을 위한 것이었든, 자신을 외적으로 표현하는 행위였다. 화장과 치장은 고대 이집트에서는 벽화를 통해, 고대 그리스에서는 문학작품이나 그림을 통해 확인되고 있다. 기원전 5세기경에 이미 다양한 화장법에 관한 기록도 남겼다. 성형도 마찬가지다. 기원전부터 동서양을 막론하고 성형수술을 했다는 기록이 있고, 현재의 기술이 그로부터 비롯되었다는 데 많은 전문가들이 동의한다. 이처럼 아름다움에 대한 추구는 인류의 역사와 같이 해왔다고 해도 과언이 아니다. 아름다운 사람이나 아름다운 그림, 아름다운 풍경을 보면 누구나 감탄한다. 그것이 곧 본능이다. 아름다운 대상에 대해서는 감탄하면서, 아름다움을 추구하려는 사람에 대해서는 손가락질하는 것은 모순이다.

우리 사회는 한동안 보수적인 분위기 때문에 성형에 대한 인식이 부정적이었다. 한때 유명인의 성형 전 사진을 찾아서 인터넷에 올려 망신을 주는 일이 유행처럼 번지던 때도 있었지만, 지금은 유명인 스스로 성형 여부를 당당하게 밝힌다.

또 2014년 12월 여론조사 기관 두잇리서치가 전국 남녀 4752명을 대상으로 '성형 수술에 대한 인식'을 조사한 바에 따르면, 미용 목적의 성형에 긍정적인 답변을 한 사람이 36%로 25%에 그친 부정적인 답변을 앞섰다. 경직된 사회가 변해가는 것을 보여주는 예다. 성형 반대론자들은 아름다움은 외모만으로 평가해서는 안 된다고 주장한다. 물론 동의한다. 하지만 그들이 말하는 아름다움의 조건에도, 정도의 차이는 있겠지만, 외모는 빠지지 않는다는 사실을 기억해야 한다. 내면을 보기전에 외면을 먼저 보고 평가하는 사회풍토에서 나 혼자 독불장군처럼 살아갈 수는 없다. 더욱이 누구에게 피해를 주거나 손해를 입히는 일이 아니라면 권장할 사항은 아니더라도 크게 비난해선 안 될 일이다.

2 성형은 자기관리의 수단이며, 외모도 경쟁력이다

사르트르가 남긴 "인간사회는 얼굴이 지배한다"라는 말처럼, 우리 사회에서 외모는 많은 영향을 끼친다. 첫인상과 외모로 상대를 평가하고, 이에 따라 상대를 대하는 태도도 달라진다. 깊은 대화나 오랜 교류가 있기 전까지 상대를 평가할 수 있는 것은 외모나 태도처럼 겉으로 보이는 것뿐이다. 좋은 인상은 좋은 대접을 낳는다. 좀더 솔직하게 말하자면 우리 사회는 외모지상주의가 팽배해 있다. 가령 여러분이 직장의 면접관이라고 치자. 업무 능력은 비슷한데 외모가 출중한 사람과 떨어지는 사람 중에서 누구를 합격시킬 것인가. 대부분 호감 가는 외모를 지닌 사람을 선택한다. 이 때문에 취업을 앞두고 성형을 하는 이들이 많다는 사실은 공공연한 비밀이다. 이처럼 우리 사회에서 외모는 삶의 질을 결정하기도 한다. 연애에서부터 결혼, 취업, 승진까지 막강한 영향력을 발휘하는 것이 외모이기 때문이다. 더 좋은 조건의 이성을 만나고, 더 좋은 대우를 하는 직장을 갖고, 더 빠른 승진을 위해서 외모는 곧 경쟁력이요 실력인 세상이다. 외모지상주의를 비판하는 사람도 이 같은 현실에는 동의하지 않을 수 없을 것이다.

누구에게나 외모 콤플렉스가 있다. 문제는 그것 때문에 의기소침해 하거나 성격까지 소극적으로 변하는 경우도 있다는 것이다. 이런 이들이 간단한 시술이나 수술로 콤플렉스를 교정한 뒤 스스로 만족감을 얻고 자신감도 되찾았다는 경우가 많다. 이것은 마인드컨트롤로 해결될 문제가 아니다. 이처럼 성형은 외적인 미뿐 아니라 정신적인 욕구도 만족시키는 자기관리의 또 다른 수단이다.

3 성형은 자기욕구의 표현이다

우리는 오랫동안 빈곤과 경직된 문화 속에서 살아왔다. 절대 빈곤에서 벗어나기 위해 산업화 시대에는 일에 매달렸고, 군사정부 시절에는 숨죽이며 살았다. 그러나 1980년대 후반 이후 경제발전을 이뤄 1인당 국민소득 3만불 시대를 눈앞에 두고 있다. 이제 생존이 아니라 삶의 만족을 위해 고민하고, 이를 위해 자신에게 투자를 해도 괜찮은 시대가 되었다. 2013년 발표한 국제미용성형외과협회 보고서에 따르면, 우리나라의 성형수술 건수는 연간 65만 건으로 세계 7위다. 이를 인구 1만명당 건수로 분석하면 131건으로 이탈리아(116건)와 미국(100건)을 제친 세계 1위다. 우리국민 77명 중 1명꼴로 매년 성형을 한다는 계산이다. 이런 통계는 경제적 시간적 여유로 자신에게 투자를 하는 사람들이 많아졌다는 뜻이다. 이런 현상은 성형뿐 아니라 화장, 다이어트, 패션 등에서도 나타나는데, 어느 날 갑자기 욕구가 분출된 게 아니라는 뜻이다. 그동안 후순위로 미뤄두었던 아름다움에 대한 본능의 표출이며, 보다 사람답게 살 권리를 드러낸 것이다.

이런 변화는 산업구조에도 영향을 미친다. 2014년 공정거래위원회의 분석결과를 보면 우리나라 연간 성형시장 규모는 약 5조원 수준으로, 21조원 규모인 글로벌 시장의 1/4을 차지하고 있다. 국내 화장품시장은 최근 5년 연평균 성장률이 8.8%로 매년 GDP 성장률을 뛰어넘었다. 성형은 현대인의 자기욕구에 대한 자연스러운 분출이라고 봐야 한다.

"성형, 바람직하지 않다"

1 아름다움은 외모만으로 평가되는 게 아니다

우리나라는 '성형공화국'으로 통한다. 인구 대비 성형 건수는 세계 1위다. 이 때문에 성형과 관련된 비하발언을 심심찮게 듣는다. 최근 국제올림픽위원회IOC의 공식 사이트에 올라온 '당신이 한국에 대해 몰랐을 11가지 사실'이라는 제목의 게시물에는 '한국은 기술이 왕'이라는 문구가 적혀 있다. 그리고 곧바로 '기술이 왕인 한국에서 성형수술은 왕위 계승자'라며 비꼬는 문구가 올라와 화제가 됐다. 또 '한국 여성 5명 중 1명이 성형수술을 받는다'는 문구도 덧붙어 논란이 되었다.

일본의 한 방송사는 명동거리에서 "당신은 성형을 했나요?"라는 팻말을 들고 인터뷰를 진행하고, 여러명의 사진 중에서 성형하지 않은 사람을 찾는 방송을 내보내기도 했다. 또 우리나라에서 활동하는 일본인 아이돌 가수가 "한국 연예인들은 성형 사실을 당당하게 고백하며, 성형했다고 밝히면 인기를 얻는다" "한국에서는 대학 입학 선물로 성형을 해준다"는 발언을 해 물의를 빚기도 했다.

아름다움을 추구하는 것이 인간의 본성이요 따라서 그것을 추구하는 행위역시 자연스러운 것이라는 사실은 인정한다. 하지만 지금의 성형 열풍은 지나치다. 즉 본성이나 욕망이라기보다 사회적 분위기에 의해 조장된 면이 많다. 남이 하니까 덩달아 하는 경우도 많다. 특히 안타까운 것은 성장기인 청소년에게도 성형을 허락하거나 권하는 경우다. 부모나 아이들이나 "아이들은 신체가 완전히 성숙되지 않았기 때문에 성형수술이 위험할 수 있다"고 발표한 세계의사협회의 자제 권고에 귀기울일 필요가 있다. 이런 경우까지 본능이요 욕망이라고 하기엔 지나치지 않은가.

2 외모지상주의는 극복해야 할 병폐다

아름다움은 외모에서만 나오는 것이 아니다. 교양, 지식, 습관, 태도, 말씨, 마음씨, 개성 등이 어우러져서 풍기는 독특한 자기만의 색깔이 아름다움이다. 이를 갖추려고 노력하지 않고 오로지 외모만 가꾸는 것은 향기 없는 꽃과 같다.

성형을 통해 자신감을 얻었다는 말을 자주 듣는다. 성형 찬성론자의 단골 주장이다. 그러나 동의할 수 없다. 자신감은 결코 외모만으로 생기는 것이 아니기 때문이다. 또 하나 인간은 만족에 도달할 수 없는 존재라는 점도 고려해야 한다. 미에 대한 추구가 인간의 본성이라고 말한다면 욕망 또한 본성이다. 미용성형의 경우 재건성형과 달라서 본인이 생각한 모습과 시술 혹은 수술 후의 모습이 똑같을 수 없다. 이때 불만족이 생긴다. 그리고 사람의 이목구비는 균형이 있어서 한 부분을 손대면 다른 부분과 조화가 깨져서 어색해보이기 쉽다. 그러면 이번에는 다른 부위가 불만족스러워진다. 이러다보면 성형 부위가 확산될 가능성이 높다. 성형부작용 호소, 성형중독자 기사가 끊임없이 오르내리는 것은 이런 현실의 반영이다.

찬성론자들은 외모지상주의에 관해서도 말한다. 현실이니 인정해야 한다고. 그러나 개인의 능력이나 인간성보다 외모가 더 평가받는 사회와 현실은 비정상이다. 잘못은 바로잡아야하고 비정상은 정상으로 되돌려야 한다. 그것을 성형이라는 방법으로 해결하려는 것은 현실에 굴복하고 나아가 외모지상주의를 고착시킬 뿐이다. 강조하건대 외모지상주의는 우리 사회가 극복해야 할 병폐.

3 개성은 없고 획일만 남았다

현대인이 자기 욕구를 표현하겠다는 데에 이의를 달 생각은 없다. 그것이 미를 추구하는 것이라도 좋다. 그런데 그 미의 기준을 한번 보자.

너무 획일화되어 있다는 생각이 들지 않는가. 여성의 경우 너나없이 쌍꺼풀이 있는 커다란 눈, 날렵하게 뻗은 오뚝한 코, 갸름한 V라인 얼굴에 굴곡이 뚜렷한 S라인 몸매다. 남자는 큰 키에 뚜렷한 이목구비, 근육질 몸매면 끝이다. 이런 외모를 만들기 위해 한창 영양분을 공급받아 자라야 할 청소년기부터 다이어트라는 이름의 고행을 하고, 그것이 지나쳐서 마침내 병을 얻거나 거식증에 걸리는 경우도 왕왕 보게 된다. 나이에 걸맞지 않은 체형을 목표 삼아 끊임없이 인위적인 수단과 방법에 몰두하는 데는 남녀노소가 없다.

이 획일적인 미의 기준은 어디에서 오는가. 단언컨대 매스컴이다. 광고나 드라마, 영화는 늘 새로운 역할 모델Role model을 창출하는 산실이다. 모든 사람들이 이 역할 모델의 외모나 체형을 따르려다 보니 미의 기준 자체가 획일화되는 것이다. 여기에 미인대회도 한몫을 한다. 정해진 몸매를 기준으로, 그 기준에 맞는 사람은 미인이고 그렇지 않은 사람은 비정상 취급을 하는 풍토가 생겨난 것이다. 그래서 자신의 몸매나 외모를 아무렇지도 않게 생각하던 사람들마저 "내가 너무 살 쪘나?" "종아리가 굵은가?" 자문을 하며 스스로 상처를 받고 다이어트나 성형의 유혹에 빠지게 되기 일쑤다.

아름다워지고 싶은 욕구를 표현하되 그 속에 개성을 빠뜨려서는 안 된다. 개성이야말로 남이 흉내낼 수 없는 나만의 세계요 다양성으로 가는 유일한 길이다. 며칠 전 한 텔레비전 프로그램에서 "왜 성형을 안 했냐?"는 질문에 JYP 박진영이 농담 반 진담 반으로 이렇게 답했단다. "확률 없는 데는 투자 안 해요" 곰곰이 생각해 볼 일이다. 성형 권하는 사회와 문화는 이제 끝내야 한다. 그렇지 않으면 각자의 개성이 죽는다.

토론해 봅시다 💬

1. 미스코리아는 세계 곳곳을 다니며 우리나라를 알리는 미(美)의 사절입니다. 최근 몇 년 동안 미스코리아에 선발된 수상자 가운데 성형 사실이 드러나 논란에 휩싸이기도 했는데, 성형미스코리아에 대해 어떻게 생각하세요? 찬반으로 나누어 토론해봅시다.

2. 내가 가진 장점 중에서 외모보다 더 높은 점수를 주고 싶은 것은 무엇이 있는지 세 가지를 꼽아보세요. 거꾸로 친구가 외모보다 더 나은 장점은 어떤 것이 있는지 세 가지를 꼽아보세요. 왜 그렇게 생각했는지 서로 얘기해봅시다.

실전 gogo ✏️

• 나는 성형에 절대 반대하는데 친구가 자꾸 성형을 하겠다고 합니다. 여러분은 어떻게 설득하겠습니까.
• 내가 쌍꺼풀처럼 간단한 성형을 하려고 하는데 친구가 한사코 말립니다. 여러분은 어떻게 설득하겠습니까.

위의 두 상황 중 하나를 골라 친구를 설득하는 내용의 편지를 써보세요.(400자 내외)

제도는 인간의 자유를 억압하는가

'인간은 제도 속에서 태어나고 죽는다'는 말이 있다. 자연 상태에 불완전한 존재로 태어난 인간은 자신들을 보호하기 위해 사회를 만들고 여러 가지 제도를 갖춰 제도의 보호 아래 살아간다는 의미다. 하지만 인간을 위한 제도가 점차 억압적인 권력이 되어 인간의 자유의지를 억누르기도 한다. 겔렌과 아도르노의 논쟁을 축으로 제도와 인간의 관계에 대해 살펴보자.

키워드로 읽는
논쟁

1. 제도制度란 무엇인가?

국어사전에서는 제도를 '법이나 관습에 의해 만들어진 모든 사회적 규약의 체계'라고 풀이한다. 인간이 사회 안에서 살아가기 위해서는 정치제도, 교육제도, 의료제도, 결혼제도, 가족제도를 비롯한 다양한 제도들이 필요하다. 다른 말로 하면 제도란 '사회생활에 필요한 일정한 방식, 기준 등을 정해 놓은 체계'이다.

현대사회에서 제도는 대부분 법의 형식을 띤다. 물론 제도는 법으로 규정해 놓은 것 외에 관습이나 습속習俗(고유한 관습과 풍속)에 이르기까지 그 범위가 넓다. 앞에서 예로 들었듯, 사회의 모든 영역에 제도가 자리하고 있다. 그만큼 제도는 인간의 삶에 직접 혹은 간접적으로 끊임없이 영향을 미치고 있는 것이다. 하지만 이러한 제도는 태초부터 있어온 것이 아니라 역사적인 산물이라고 볼 수 있다. 원시사회에는 제도라고 할 게 별로 없었는데 인간의 삶이 복잡해질수록 제도가 늘어났고, 오늘날에는 일상생활의 모든 영역에 이르기까지 깊숙이 파고들어와 있다.

2. 제도를 둘러싸고 논쟁이 벌어지는 이유

인간은 홀로 살아갈 수 없기 때문에 사회가 필요하고, 사회는 제도 없이 유지되기 어렵다. 몇 사람만 모여도 행동의 규칙이 없으면 무질서해지기 때문이다. 제도는 인간의 삶을 보호해주고, 각종 편의를 제공하는 한편 행동의 기준을 정해주어 격렬하게 대립해야 하는 부담과 기본적인 문제에 대해 결정해야 하는 부담에서 벗어나게 해준다. 하지만 제도는 개인의 자유를 제한할 수밖에 없으며 때로는 개인을 억압하는 권력으로 작용한다. 그래서 한편에서는 제도가 억압과 강제에 기초한 사회적 통제수단이므로, 제도를 개혁하고 제도의 범위와 영향력을 최소화해야 한다고 주장한다. 이에 대해 제도의 긍정성과 불가피성을 피력하면서 제도의 부분적인 개선만이 유일한 방법이라는 주장이 맞서왔다. 제도와 인간의 관계를 둘러싼 대표적인 논쟁은 독일의 철학자 겔렌과 아도르노의 논쟁이다. 두 사람 모두 제도의 불가피성에 대해서는 인정하지만, 아도르노는 제도가 인간의 자유의지를 억누른다는 점을, 겔렌은 인간의 안전이 중요하다는 점을 강조, 다른 결론에 이른다.

3. 겔렌의 주장: 제도는 인간 생존의 둥지

독일의 철학자 아놀드 겔렌과 테오도르 아도르노는 1950년대 제도의 문제에 대해 수차례 라디오 토론을 벌였다. 다음 구절은 제도에 대한 겔렌의 생각을 비교적 일목요연하게 보여주고 있다.

"제도는 인간의 생식과 보호, 생계유지와 같은 중요한 문제를 다루는 형식이다. 그것은 인간 상호간에 규칙적이고 지속적인 협력을 요구하며, 다른 한편 안정된 권력이 된다. 제도는 본래 불안정한 존재인 인간들이 서로 견뎌내고 믿을 수 있도록 하기 위하여 찾아낸 형식이다. 제도 안에서 삶의 목적이 공동으로 추구되고 우리가 무엇을 하고, 하지 말아야 되는지를 결정할 수 있도록 도움을 받으며 내적 삶의 안정을 획득한다. 그리하여 제도는 우리가 항상 격렬하게 대립해야 하는 부담과 기본적인 문제에 대하여 결정해야 하는 부담에서 벗어나게 해준다."《인간학적 탐구》

겔렌은 사법, 의료, 교육, 가족 등의 제도는 불안정한 인간이 생존하기 위한 둥지이며, 불안정한 인간이 자발적으로 선택한 것으로, 인간의 본성에서 온 것이라며 제도에 대해 긍정적인 태도를 보인다. 제도를 근본적으로 부정하는 것은 위험한 발상이라는 주장이다.

4. 아도르노의 주장: 제도는 인간의 자유 제한

아도르노는 프랑크푸르트학파의 중심 일원으로 근대문명에 대한 날카로운 비판으로 유명한 철학자이다. 아도르노는 겔렌과의 논쟁에서 제도가 인간을 기계 장치의 한 부속품으로 만듦에 따라 인간을 삶으로부터 소외시킨다며 제도 자체에 대한 비판을 쏟아냈다. 그는 개인은 본래 자유의지에 따라 자신의 행위를 선택할 수 있고, 그 행위에는 자발적인 책임이 따른다고 보았다. 하지만 인간의 자유를 보장하기 위해 만들어진 제도가 오히려 인간의 자발성과 창조성을 억압하는 도구로 인간을 위협하고 있다고 주장한다. 뿐만 아니라 인간이, 인간을 위해 만든 제도가 막강한 권력을 행사하며 인간 위에 군림하고 있으며, 이에 따라 인간은 거대한 제도의 권력에 저항할 힘을 잃고 스스로 복종하고 있다고 덧붙였다. 물론 아도르노 역시 제도가 인간에게 꼭 필요한 것이라고 보았다는 점에서는 겔렌과 의견을 같이한다. 하지만 제도의 발전과정이나 역할에 대해 겔렌처럼 낙관적으로 보지 않았고, 제도의 틀에 안주하며 제도가 낳은 부정의와 문제점을 안고 갈 것이 아니라 근본적인 변화가 필요하다고 보았다.

플러스 상식 ⊞ _____

겔렌의 《인간학적 탐구》 중

"이제 한걸음 더 나아가 제도가 파괴된다거나 동요될 때 본래적으로 야기되는 문제에 대해 살펴보자. 이러한 문제 정황은 역사적 파국의 시기에 언제나 일어나고 있다. 예를 들어 혁명의 시기 혹은 국가 형태나 사회 형태 또는 문화 전체가 붕괴되어버리는 때에 직면하여 일어나고, 평화적인 문화에 대한 공격적인 문화가 무력적으로 개입할 때에도 일어난다. 그 직접적인 결과는 당사자의 인격을 불안정하게 할 뿐만 아니라 마음속 깊숙이 파고 들어가 영향을 미친다. 즉 도덕적, 정신적 중심에 있는 자명한 것의 확실성이 좌초되기 때문에 도덕적, 정신적 중심이 방향을 상실하게 된다. (중략)
간단히 말하면 다음과 같다. 즉 제도가 동요된 결과로서 인간 속에 일어나는 붕괴 현상은 스스로를 원시상태로 퇴화시켜 버리고, 그 행동은 마치 귀머거리가 무엇을 이해하려고 애쓰는 긴장된 노력을 상기시킨다."

"인간의 자유 억압"

1 **인간은 불완전한 존재이긴 하지만 이성에 따라 행동하고 자신의 행동에 책임질 수 있는 능동적인 존재이다**

제도가 인간의 자유를 억압하지 않는다는 입장의 전제는 다음과 같다. 인간은 '불안전한 존재'이고, 마음속에 시기와 허영, 불신과 이기심 등 갖가지 '불안정한 심리'를 가지고 있다.

이와 같은 인간의 결함 때문에 제도라는 규제 없이 약육강식의 사회에 그냥 던져놓을 경우 여러 가지 혼란을 초래할 가능성이 높기 때문에 제도는 꼭 필요하다고 말한다. 따라서 그들에게 있어 제도란 '불완전한 인간을 안전하게 보호하는 역할과 기능'을 하는 사회적인 형식인 것이다. 그러나 이 주장은 인간을 불안정한 존재로 바라보았던 전제로부터 힘을 잃는다.

인간이 동물과 다른 존재인 것은 자유의지를 갖고 있기 때문이다. 지구상의 생물체 중에 인간만이 이성을 가지고 있으며, 자신의 행동을 의식적으로 조절하고 통제할 수 있음은 물론 자신의 행동이 낳은 결과에 대해 스스로 책임질 수 있다. 지구상에서 가장 오래된 영장류로서 아무 천적이 없는 호모사피엔스 종은 생각하는 이성의 존재로서 자연을 정복해왔다.

또한 인간은 제도나 법이 없어도 도둑질과 살인행위가 얼마나 나쁜 행동인지를 알고 있기 때문에 원시사회부터 집단 윤리가 자연스럽게 형성돼 온 것이다. 물론 그렇다고 해서 인간이 완벽한 존재란 의미는 아니다. 인간의 불안정성은 상대적이라는 얘기다. 따라서 무조건 인간이 불안정하므로 반드시 제도가 필요하고 제도의 통제를 받아야 한다는 주장은 논리적 비약이 아닐 수 없다.

2 제도는 인간의 자유와 잠재력을 억압하는 위협적인 권력이다

제도가 인간의 삶을 보호하는 역할을 하는 것은 사실이다. 그러나 본질적으로는 인간을 억압하는 요소가 더 강하다. 예를 들어 부계제 가족제도를 보자. 인류 사회에 부계제가 등장하자 이전의 모계적 전통은 철저히 파괴되었고, 남성의 지위가 강화되면서 여성들은 자유와 평등의 권리를 빼앗겼다. 이 여파로 오늘날 중동지역 여성들은 기본적 권리마저 위협당한 채 살아가고 있다. 부계제가 성립되자 이 제도의 규칙과 질서에서 벗어난 일체의 행위를 폭력적으로 금지시켰다. 이처럼 제도가 갖는 폭력성은 인간에게 순응과 복종을 강요하고, 인간을 타율적인 존재로 만들어버린다. 뿐만 아니라 제도는 사람들을 천편일률적으로 취급하여, 개인의 욕구나 개성을 무시하고 구성원 전체를 하나의 목적 집단으로 간주하는 전체주의 성격을 내포하고 있다. 이 과정에서 개인의 창의성과 자율성은 철저히 무시된다. 이조차도 제도옹호론자들은 인간이 스스로를 보호하기 위해 자율적으로 선택한 것이라고 한다.

인간을 지배하는 제도는 필연적으로 권력화된다. 그리고 인간은 이 타율적이고 위협적인 권력에 짓눌려 무기력한 개인으로 전락한다. 제도는 책임을 앞세워 순응을 강요하고, 이에 따라 인간은 본연의 자율성을 잃어 가게 된다. 제도가 인간을 안정시킨다는 주장의 이면에는 권력에 짓눌려 침묵하는 인간의 무력감이 있을 뿐이다.

3 인간 위에 군림하는 제도를 근본적으로 개혁해야 한다

제도는 인간이 스스로의 필요에 의해서 만든 것이다. 그런데 문제는 이 제도가 인간에게 감당할 수 없을 만큼 큰 짐이 되고 있으며, 막강한 권력이 되어 거꾸로 인간을 지배하고 억압하고 있다. 자본주의 시장제도로 인해 인간의 노동력은 상품처럼 취급당하고 있고, 소비자는 자신의 진정한 욕구가 무엇인지도 잘 모른 채 광고와 마케팅의 대상으로 전락하고 말았다. 의료제도를 보자. 대형화된 병원에서 환자는 컨베이어 벨트 위에 움직이는 제품과 다를 바 없는 취급을 받고 있고, 의사와 병원은 환자보다 이윤을 중시한다. 이것이 병원을 중심으로 한 의료제도의 현재 모습이다.

물론 그렇다고 자본주의 시장제도나 의료제도가 필요 없다는 말은 아니다. 최소한의 제도는 필요하지만 적어도 제도에 대한 근본적이고 비판적인 검토가 필요하다. 사람들이 서로를 믿지 못하고 제도의 권력을 용납하고 있는 것은 우려할 만한 일이다. 제도나 권력에 무비판적으로 추종하고, 타율적으로 순종하는 것은 인간의 존엄과 자율성을 포기하는 행위다. 제도가 필요하다는 이유로 제도가 가진 근본적인 문제에 대해 눈감아서는 안 된다. 제도를 근본적으로 변화시킬 경우 위험하고 불안정한 일들이 벌어질 것이라고 우려하지만, 제도를 그대로 유지한다면 심각한 불안정과 부정의가 계속될 것이다.

사회계약설과 인간본성

인간이 가진 선과 악의 본성론에 기초해서 사회현상을 설명하는 대표적인 이론이 애덤 스미스의 《국부론》이다. 그는 이기적인 목적을 가지고 합리적인 경제행위를 하는 개인을 전제로 자본주의 경제를 설명했다. 자본주의 시장경제에서는 이러한 이기적 개인의 자유로운 경제활동이 '보이지 않는 손'의 역할을 하는 시장에 의해 조절되기 때문에 국가가 개입할 경우 인간의 타고난 본성에 맞는 자연스러운 경제질서를 오히려 해치게 된다고 주장한다.

애덤 스미스 외에 인간 본성을 사회형성의 원리로 삼는 대표적인 사람들이 사회계약론자들이다. 그들은, 사회는 자연 상태의 개인들이 자신이 가진 생존과 평화, 재산, 자유 등에 대한 권리, 즉 자연권 또는 천부인권을 보존하기 위해 묵시적으로 계약을 맺어 형성된 것이라고 말한다. 홉스, 로크, 루소 등이 이에 속한다.

홉스는 자연 상태를 '만인에 의한 만인의 투쟁'이라 생각하고 사람들이 자연권을 지배자에게 양도함으로써 평화적인 상태로 들어갈 수 있다고 주장했다. 홉스는 17세기 절대왕정제를 이론적으로 옹호했다. 로크는 계약에 의해서도 생명, 자유, 재산 등의 자연권은 지배자에게 양도할 수 없다고 주장하며 입헌군주제의 이론을 선도했다. 루소는 사회계약에 입각해 개인이 자유와 평화를 누릴 수 있는 정치체제를 구상, 프랑스 혁명의 이론적 근거를 세웠다.

하지만 홉스, 로크, 루소의 사상에서 나타나는 사회계약설은 인간의 본성을 어떻게 보느냐에 따라 전혀 다른 정치체제를 옹호하는 결과를 낳는 맹점이 있다. 자연상태의 인간을 불완전하고 이기적인 것으로 보면 절대군주제와 같은 강력한 국가의 필요성을 주장하게 된다. 반면에 루소처럼 자연상태에서의 인간 본성을 선량한 것으로 보고 이를 정치체제를 구성하는 원리의 기초로 삼게 되면 직접민주제와 주권재민을 강조하게 된다.

《논술의 신》(1권), '사회는 인간본성의 산물인가' 발췌 정리

"인간을 보호"

---

1 인간은 불안정한 존재라 자유의지에 맡겨두면 멸망에 이를 수 있다

인간은 불안정한 존재로 세상에 던져졌다. 날카로운 발톱도 없고, 하늘을 나는 날개도 없다. 자연 속의 인간은 다른 동물과 비교하면 약한 존재일 뿐이다. 따라서 인간이 험악한 자연 속에서 혼자 살아가기란 불가능에 가깝다. 인간이 사회를 이루고 그 안에서 힘을 합치고, 혹은 적절히 분업을 하면서 환경과 맞서온 것은 지극히 본성적인, 자연스러운 과정이었다. 제도는 이 과정에서 생겨난 하나의 양식이다. 사냥한 음식을 배분하는 방식, 잉여 재산을 나누는 방식 등이 제도의 형식으로 정착하게 된 것이다. 이처럼 제도는 인간이 안전하게 후손을 이어가고, 생계를 유지하게 해준 둥지이다.

또한 인간은 신체 조건뿐 아니라 내면도 불안정하다. 사회 안에서 조화롭게 살기 위해서는 사람과 사람 사이에 지속적인 협력이 필요한데, 매순간 이를 개인이 선택하는 것은 고통스럽고 부담스러운 일이다. 복잡한 인간의 정신활동과 시기심, 허영, 불신, 이기심 등으로 인해 이 과정은 격렬한 대립으로 이어질 가능성이 높다. 제도는 서로 해야 할 일을 규정하고, 질서를 세워 불안정한 인간이 서로 믿고 견뎌낼 수 있게 돕는다. 만일 이러한 장치 없이 인간을 자연상태로 그대로 둔다면 아마도 인간은 만인의 만인에 대한 투쟁* 속에서 스스로 멸망할 수밖에 없는 상황에 이를 것이다.

2. 제도의 본질은 타율적이지 않으며 인간이 필요성 때문에 자율적으로 선택한 것이다

제도가 인간을 타율적으로 만든다는 주장은 어불성설이다. 지금 당장 제도가 없다고 가정해보라. 여기서 생겨나는 혼란은 인간사회 자체를 파괴시킬 수 있을 만큼 강력하다. 따라서 제도는 나약한 인간을 무자비한 자연상태로부터 보호하는 가장 자율적인 선택이다. 즉, 서로 다른 이해관계의 조화를 위해 이루어지는 강제는 타율이 아닌 자율적 선택으로 봐야 한다.

물론 제도가 인간의 자유를 속박하는 측면이 없지는 않다. 하지만 자유를 속박하는 면이 있다고 해서 제도의 본질적인 성격을 억압과 타율로 규정하는 것은 과도하다. 우리는 순수하게 개인으로서만 존재하는 것이 아니고 사회적인 삶을 살고 있기 때문이다. 따라서 개인적인 측면에서 자유의 속박은 제도라는 보호장치를 얻기 위한 불가피한 희생이라고 봐야 한다.

더구나 제도가 없이 약육강식과 같은 무질서의 사회가 펼쳐지면 개인의 자유는 더 제약받을 수밖에 없다. 제도라는 안정된 권력이 제공하는 환경이 실질적으로 인간의 자유를 확대하는 길이다. 제도는 해야 할 것과 하지 말아야 할 것을

＊만인의 만인에 대한 투쟁

토마스 홉스의 《리바이어던》 제1부 '인간에 대해서'에 있는 말. 인간은 심신의 모든 면에서 태어나면서부터 평등하며 자기 생명을 유지하기 위해 '자기가 원하는 대로 자신의 힘을 사용할 자유'를 자연권으로서 가지고 있다. 자기보존에 있어서 타자보다 우월하기 위해 가장 효과적인 수단인 힘을 더 많이 얻으려 경쟁상태에 들어간다. 허영심, 시기심, 불신감, 경쟁심 같은 정념(情念)이 힘의 획득경쟁을 격화시켜 전쟁이라는 비극적 상태를 초래하게 된다. 이것은 '자연상태'라고 하며 어디까지나 극한적 가능성으로서의 전쟁상태이다. 인간은 이 전쟁상태를 극복하기 위해 개인 상호의 계약에 의해 절대적인 주권을 갖는 리바이어던이라고 하는 국가를 구축한다.

《21세기 정치학대사전》, 한국사전연구사 참고

구분해준다. 인간은 제도를 이용하는 것이지 제도의 지배를 받는 것이 아니다. 제도가 인간의 자율적인 속성까지 억압할 수는 없다. 이는 인간이 역사적으로 부당한 제도를 끊임없이 개선해왔다는 점에서도 알 수 있다.

3 제도가 가진 문제점을 보완해 나가야지 근본적인 변화 요구는 위험한 발상이다

제도는 완벽하지 않다. 하지만 그렇다고 해서 모든 제도를 근본적으로 변화시키고자 한다면 그로 인해 인간은 심각한 상황에 처할 수도 있다. 또한 제도로부터 발생한 권력에 인간성을 상실할 우려가 있다고 해서 인간을 제도 밖의 불안과 자연상태의 무질서로 내모는 것은 위험천만한 일이다. 사유재산제도를 폐지한다고 가정해보자. 아마도 우리들은 대혼란에 휩싸일 것이고, 원치 않겠지만 전체주의를 불러올 수 있다. 지난 한 세기 동안 우리는 수많은 제도가 무너지고 사라지는 과정을 겪었고, 그 과정에서 많은 사람들이 내적 동요와 불안정한 삶에 놓인 것을 보아왔다. 예를 들자면 사회주의 혁명기에 사회 전반의 제도가 파괴되거나 흔들렸고, 덩달아 도덕적 규범이 흔들리며 혼란이 초래됐고, 사람들은 돌발적인 행동에 휩싸였다.

시대에 따라 제도는 자연스러운 변화를 겪는다. 이러한 완만하고 발전적인 변화는 인정할 수 있다. 즉, 인간은 제도를 어느 정도 개선할 수 있지만 근본적으로 개혁할 수는 없다. 현실적인 문제가 있다면 그 문제점을 보완할 방법을 찾아야 한다. 문제가 있다고 새로운 제도로 대체하거나 제도에서 벗어나려는 것은 그야말로 위험한 발상이다. 제도를 통한 사회통합과 조화의 길을 찾는 것이 더 중요하다.

1. 제도에 대한 겔렌과 아도르노의 입장을 간략히 요약 정리해서 발표해 봅시다.

2. 가장 대표적인 제도의 사례를 찾아 이 제도의 장단점을 토론 시간에 발표해 봅시다.

　(사례의 예: 가족제도, 사유재산제도, 정치제도, 의료제도 등)

실전 gogo ✏️

교육에 관한 루소의 글을 참조해, 가장 기초적인 제도인 교육제도에 억압적인 요소가 있는지, 있다면 어떤 점인지, 교육제도가 가진 구체적 사례나 특성에 비추어 자신의 견해를 논술하세요.(500자 이상)

루소의 교육에 관한 견해

루소는, 선택은 둘 중 하나라고 단언합니다. 제도화된 인간을 만들 것인가, 아니면 인간 자체에 충실한 자연인을 만들 것인가를 선택해야 한다는 것이죠. 그에게 제도적 인간은 자신의 열망보다는 국가나 사회공동체의 이해관계에 철저히 복종하는 존재를 말합니다. 예를 들어 국가나 전체가 개인에 항상 우선하고 중시되는 국가주의 혹은 전체주의에 찌든 인간이 여기에 포함되겠죠. 자연인은 자율성과 자발성에 기초하여 자기 문제를 자신의 욕구에 따라 결정하는 인간을 말하는 것이고요.

그런데 그는 시민적 질서, 즉 제도적인 질서에 예속되어 있으면서 개인의 주체성을 유지하고자 하는 사람은 자신이 얼마나 무모하고 불가능한 일을 하는지를 모르는 것과 같다고 합니다. 이 두 가지를 동시에 실현하는 것은 불가능하다는 거죠. 제도적 질서란 본질적으로 주체성을 거세하는 것을 특징으로 하기 때문에 이 둘은 공존하기 어렵다는 거예요.

이어서 루소는 이를 교육문제와 직결시킵니다. 제도적 인간을 만드는 핵심적인 도구가 우리가 흔히 공교육이라고 말하는 제도교육이라는 겁니다. 이 공교육 속에서는 절대로 자율적이고 주체적인 인간, 즉 자연인은 만들어질 수 없다는 거예요. 오직 국가나 전체가 요구하는 규범이나 지식을 충실하게 습득할 뿐이라는 것이죠. 공교육의 목적 자체가 제도화된 인간, 국가주의에 길들여진 인간을 배출하는 데 있기 때문이죠. 그래서 그는 개인을 전체의 일부분으로만 바라보는 제도교육이 아니라, 개인의 자연적 욕구에 충실할 수 있는 개별교육을 지향합니다.

《히스토리아 대논쟁 02》 중에서

인간과 철학

정당한 복수가
있을까

인간에게 복수할 권리가 있나? 이 물음에 대한 대답은 당연히 'No!'다. 하지만 가만히 돌아보면 우리의 감정은 어떤 복수에 대해서는 그럴 만하다고 받아들인다. 즉, 복수의 정당성을 용인하는 경우가 꽤 많다. 복수는 합법적 처벌로 대신해야 하는데도 왜 인간사회에서 개인적, 국가적 차원의 복수가 끊임없이 되풀이 되는 걸까? 복수심은 왜 생겨나고 복수를 행했을 때 어떤 결과가 나타날까? 과연 정당한 복수가 있을까?

키워드로 읽는 논쟁

1. 복수復讐의 개념

복수란 해害를 입은 본인이나 그의 가족, 또는 친구 등이 가해자에게 똑같은 방법으로 해를 돌려주는 행위를 말한다. 복수라는 말이 거창해보이지만, 친구에게 맞고 들어온 동생을 위해 대신 형이 가서 혼내 주는 것도 일종의 복수인 셈이다. 복수는 분노를 진정시켜주고, 복수행위로 고통을 당하는 가해자의 고통을 보며 희열을 느끼는 감정적인 행위이다. 하지만 복수를 인간의 본능적인 감정이라고 보기는 어려운데, 그 이유는 복수는 기본적으로 자존심이라는 근본적인 감정이 타격을 입었을 때 생겨나는 것으로, 자존심은 자연상태에서는 존재하지 않고, 사회생활을 영위하는 과정에서 생겨난 것이기 때문이다. 사람들은 타인이 나에게 일부러 피해를 입혔거나, 자존심에 상처를 주었을 때 복수에 대한 강한 열망에 사로잡히게 된다. 특히 사회적인 인간은 겉으로 드러난 외상이 없는 사소한 문제에도 크게 모욕을 느끼고, 그래서 복수에 대한 열망이 쉽게 사라지지 않는 것이다.

2. 복수가 복수를 부르는 이유

복수는 단순히 피해를 입은 것에 대한 단순한 보복이 아니라 자존심의 복구라는 성격이 강하다. 즉 자존심의 복구는 복수의 목적인 셈이다. 뒤마의 소설《몽테크리스토 백작》에서 주인공 단테스는 자신을 감옥에 가두고 가족을 빼앗은 주범을 처벌해 보상을 받으려 한다. 그러나 복수를 한다고 해서 그 전에 일어난 악행에 따른 결과가 복구되는 것은 아니다. 게다가 일반적으로 피를 피로 갚는 식으로 복수를 행하는데, 문제는 그 복수로 다시 피를 흘리게 된 자 역시 자신을 피해자로 느끼고 다시 복수를 결심하게 된다는 것이다. 즉, 비록 자신이 상대에게 피해를 입혔어도 상대의 복수로 인해 흘린 피를 당연한 것으로 받아들이지 않기 때문에 끝없는 새로운 갈등과 폭력이 시작되고, 복수가 복수를 낳는 구조를 낳게 되는 것이다.

3. 복수의 형태는 어떻게 변모해 왔나?

가장 오래된 성문법전 함무라비 법전에는 "눈에는 눈, 이에는 이"라는 구절이 나오는데, 이는 전형적인 동해보복형同害報復刑*으로 지금의 시각으로 보면 원시적인 보복법이다. 하지만 당시로선 응보의 정의감을 만족시킴과 동시에 가해자에 대한 재복수나 과잉보복을 규제하는 진보된 법률이었다. 한편 고대사회에는 혈수血讐라는 제도가 있었는데, 부족원이 다른 부족원에게 살해당했을 때 피해자가 속한 부족원은 가해자 부족의 누구에게라도 피의 복수를 할 수 있었다. 즉, 무차별, 무제약적으로 집단적 복수가 행해졌던 것이다. 이러한 복수는 결국 부족의 사멸까지 초래했고, 점점 국가 조직이 발달하면서 규제를 가하게 되었던 것이다. 그러다 오늘날에 와서는 국가가 형벌권을 독점해 범죄를 심판하게 되어 개인이건 단체건 피해자의 가해자에 대한 복수는 금지되었고, 복수가 어떤 범죄를 일으킬 경우 이를 처벌하게 되어 있다.

4. 복수와 관련된 역사적인 사건

홉스가 '인간은 인간에 대한 늑대'라고 말해왔듯, 인류의 역사는 전쟁의 역사

✱ 동해보복형(同害報復刑)
"눈에는 눈을, 이에는 이를"이란 말로 대표되는 보복의 법칙으로 피해자가 입은 피해와 같은 정도의 손해를 가해자에게 가한다는 응보 원칙의 가장 소박한 형태다. 원시사회에 볼 수 있는 정의 관념의 원시적 표현으로, 탈리오법칙이라고도 한다.

라고 해도 과언이 아니며, 이 수많은 전쟁의 와중에 감정적 복수가 잇달아 서로 죽고 죽이는 싸움으로 번져간 경우는 허다하다. 멀리 볼 것 없이 한국전쟁의 경우에도 남과 북의 군사적 충돌뿐 아니라 민간인들 사이에서 행해진 사적 복수로 인한 인명 피해가 어마어마하다. 북한군 점령 아래 피해를 입은 군경 가족들이 한국군 점령 아래 있을 때 북한군을 도운 가족들을 테러하거나 그 반대의 경우가 횡행했던 것이다. 중동지역에서 벌어지고 있는 이스라엘과 팔레스타인의 투쟁은 무고한 민간인들 사이의 피의 복수로 이어져 항시적인 전쟁 상황에 있는 형편이다. 또한 9·11테러로 미국 정부가 아프가니스탄에 감행한 보복 공격 역시 복수의 성격을 띠고 있다고 볼 수 있으며, IS의 중동지역 테러 및 이슬람 국가 간 전쟁 역시 서로 다른 이슬람 종파에 대한 복수라 할 수 있다. 인류의 화약고라 불리는 중동지역의 지독한 전쟁이 언제쯤 종결될지 요원한 상태이다.

"정당한 복수, 있다"

1 법적 처벌을 벗어난 악에 대한 정의의 실현일 수 있다

복수의 역사는 인간의 역사라고 해도 무방할 정도로 길다. 우리가 즐겨 읽는 고대 그리스 비극의 화두는 거의 복수에서 비롯된 것이다. 물론 복수는 여러 가지 문제점을 갖고 있다. 복수가 또 다른 복수를 낳기도 하고, 폭력을 동반하기도 하며, 과연 죗값에 대한 정당한 처벌인지도 명확하지 않다. 이런 여러 문제점들 때문에 악행에 대한 처벌을 개인이 아닌 국가가 하게 된 것이다. 그런데도 복수라는 행위가 사라지지 않는 이유가 뭘까.

세상에는 다양한 형태의 악이 존재한다. 그 모든 악에 대한 처벌이 정확하게 실현될 수 있을 정도로 인간 사회가 정의롭기는 불가능하다. 특히 악을 처벌하기 위한 인간의 법은 언제나 사회적 강자에게 관용적이라는 사실을 우리는 이미 수없이 겪고 목격했다. 게다가 법에 의한 정의실현은 고사하고 종종 악이 법에 기대 번성하는 경우도 많다. 〈돈 크라이 마미〉*라는 영화만 봐도 그렇다. 응당하게 죗값을 받아야 할 가해자들이 법망을 유유히 빠져나가지 않았던가. 설상가상 악행을 저질러놓고도 오히려 피해자를 협박하고 우롱했으며, 결국 피해자를 죽음으로 몰아가기까지 했다. 과연 이와 같은 상황에서 이성적으로 법적 처벌에만 기댈 수 있을까? 또한 법적 처벌을 피한 가해자들은 똑같은 범죄를 저지를 확률이 높다. 그렇게 되면 동일한 악의 희생양이 되는 새로운 피해자가 생겨날 수 있다.

이러한 상황에 처하게 되면 많은 사람들이 법이 구현하는 정의에 한계를 느끼고 스스로 정의를 실현할 수 있는 방법을 모색하게 될 것이다. 이것이 이성적으로는 복수라는 행위가 올바르지 않다고 생각하면서도 복수의 정당성을 인정하게 되는 이유다. 물론 복수는 주관적이며 보편성을 결여할 위험을 안고 있다. 하지만 악이 법의 테두리 내에서 이루어지고 있는 경우 정의를 실현하기 위해 사적으로 처벌할 정당한 복수가 있다고 생각한다.

2 복수심의 문제를 용서와 관용만으로는 해결할 수 없다

일반적으로 복수는 끝없이 새로운 복수를 만드는 폭력의 반복이요 악순환이라고 말하면서 용서만이 갈등의 고리를 풀 수 있다고 말한다. 내적인 평안을 위해서는 복수보다는 용서와 관용이 해결책이라고 말한다. 하지만 숱한 용서와 관용이 오히려 가해자에게 비양심적인 안위를 선사할 뿐인 경우가 많다. 인간은 누구나 자신에게 관대하기 때문에 자신이 저지른 악에 대해서도 관대하다. 악을 정당하게 처벌하는 것이 정의라고 했을 때 과연 용서와 관용만으로 해결될 수 있을까. 또한 "용서는 가장 아름다운 것이다. 하지만 복수는 너무도 큰 만족감을 준다"는 말이 있듯, 복수심은 어떤 면에서 원초적인 인간의 욕망이다. 이 욕망을 과연 용서

❋ **<돈 크라이 마미>**

미성년 가해자의 성폭행 사건을 다룬 <돈 크라이 마미>(2012)는 실화를 모티프로 한 영화라 큰 충격을 주었다. 딸 은아와 단둘이 살고 있는 이혼녀 유림. 어느 날 은아는 좋아했던 남학생 윤조한과 그 친구들에게 끔찍한 일을 당한다. 하지만 가해자들이 미성년자인데다 은아가 자발적으로 옥상에 올라간 점, 증거불충분의 이유로 무죄 선고를 받는다. 설상가상 가해자들이 성폭행 장면을 동영상에 담아 은아를 협박한 사실도 드러난다. 결국 은아는 육체적 정신적 충격을 이기지 못하고 스스로 목숨을 끊는다.

와 관용이 누를 수 있을까.

　설혹 피해자가 용서하여 가해자가 마음의 평온을 찾았다고 치자. 이때 가해자가 자신의 죄에 대해 깨우치지 못한다면 이것은 분명 제대로 된 해결책이라고 볼 수 없다. 2차 대전 당시 독일과 일본의 전범들은 자신들이 저지른 죄에 대한 양심의 가책 때문에 종교인이나 심리학자를 찾아간 경우가 별로 없었다고 한다. 그들은 자신의 악행에 대해 수치심이나 죄책감을 전혀 느끼지 않고 있다가 전범으로서의 정체가 세상에 드러난 후에야 죄책감을 느꼈다고 말한다. 이 얘기는 이들이 느낀 죄책감은 내면에서 우러나오는 것이었다기보다는 자신들이 저지른 잘못이 세상에 드러난 후 주위 사람들의 눈총을 의식한 자기방어적인 성격이 더 강한 것으로 볼 수 있다. 이 경우 다시 똑같은 상황에 처하게 되었을 때 다른 행동을 기대하기란 어려울 것이다. 용서가 피해자에게는 마음의 평화를 줄지언정 가해자들에겐 행위의 합리화를 거들 뿐인 경우가 많다.

　또한 사회와 개인의 안전을 위협하는 절대악에 가까운 존재에 대해서도 무조건적인 용서와 관용을 베풀어야 하나? 우리가 악행에 대해 용서와 관용을 베푸는 것은 그들이 동정 받을 만한 환경에 처했다거나 마음으로부터 자신의 죄를 뉘우쳤을 때에야 가능한 것이다. 하지만 모든 범죄자들이 회개하는 것은 아니다. 이럴 경우, 용서는 결코 정의의 길이라고 보기 어렵고, 오히려 인과응보의 원리와 사회 정의 실현을 제대로 보여주는 것이 최선일 것이다.

"복수의 정당성, 없다"

1 법적 처벌은 이성적 처벌이고 복수는 감정적 처벌,
정당한 복수는 없다

　모든 악에 대해 적절한 처벌이 이뤄지지 않고 있고, 현대에 와서도 사적 영역에서의 복수가 정당한 처벌로 받아들여지고 있는 것 또한 사실이다. 하지만 이것이 복수의 정당성을 용인하는 근거가 될 수는 없다. 정의로운 처벌과 복수는 언뜻 다를 게 없어 보인다. 그래서 복수가 마치 정의를 존중하는 행위처럼 착각하기 쉽다. 사람을 죽인 살인자의 생명을 사형으로 빼앗는 것은 복수의 합법성이라는 공통된 맥락에서 이해될 수 있다. 정당한 복수가 있다고 생각하는 이유는 바로 처벌이이라는 개념 때문이다. 하지만 복수와 합법적인 처벌은 명백히 다르다.

　우선 복수는 편파적이고 임의적이다. 복수를 악에 대한 처벌이라고 하는데, 처벌이란 비난할 만한 행위에 대해 벌을 내린다는 의미다. 그런데 문제는 어떤 행위가 비난할 만한 것인지 정확히 판단하기 어렵고, 처벌의 정도를 규정하기도 힘들고, 대부분 잔인한 폭력성을 동반해 또 다른 복수를 초래한다는 점이다. 물론〈돈 크라이 마미〉에 나온 가해자들은 비난받아 마땅하지만, 엇갈린 이해관계에서 비롯되는 많은 분쟁의 경우 누가 피해자고 누가 가해자인지도 명확히 가려내기 어려운 상황이다. 그리고 법적 처벌은 복수할 수 있는 적당한 권리를 제공하지만 그 이상은 금지함으로써 상호폭력을 한정한다.

　타인에 대한 처벌을 공정하고 보편적으로 행할 수 있는 이성적 인간이란 없다. 따라서 원한관계에 있는 당사자가 상대를 적절한 정도로 처벌하기란 불가능하다. 그러므로 누가 벌을 줄 것인가는 중요한 문제인데 이때 법이 필요한 것이다. 법은 개인에 따라 달라질 수 있는 처벌의 양과 성격을 규정하고 있으므로 보편성을 보장하고 예측을 가능케 한다는 점에서 피해자뿐만 아니라 가해자에게도 공정할 수 있다. 법적 차원에서 처벌이 이루어지느냐 그렇지 않느냐에 따라 가해자에 대한 동일한 처벌이 최선의 법이냐 새로운 범죄냐를 가늠한다. 법적 처벌은 이성적 처벌이지만 복수는 감정적 처벌일 뿐이다. 정당한 복수란 존재할 수 없다.

2 용서를 통해 폭력의 악순환으로 이어지는 복수의 고리 끊어야 한다

　복수에 대한 가장 큰 착각은 복수를 마치 정의를 존중하는 행위로 본다는 점이다. 하지만 복수와 합법적인 처벌은 다르다. 복수는 내가 당한 것을 타인에게 돌려주고 그의 고통을 보며 만족하는 것이다. 복수는 악행 때문에 잃은 것을 되돌려 주지 않지만, 감정적인 위로를 준다. 이 말은, 복수가 이성적 판단에 따른 행위가 아니라 인간의 원초적인 욕망에 이끌린 행위임을 의미한다. 게다가 형벌에 비해 즉각적으로 이루어지기 때문에 가해자는 전혀 자신의 잘못을 인식할 새 없이 벌을 받게 되므로 당연히 자신이 행한 일은 생각하지 못하고 자신이 당한 것만 생각하게 된다. 그래서 다시 복수를 감행한다.

　이 폭력의 악순환으로 이어지는 복수의 고리를 끊는 유일한 방법은 용서다. 악을 악으로 해결하고자 하는 노력은 더 큰 비극을 불러왔음을 역사는 잘 보여준다. 또한 복수는 하고 난 후에도 슬픔과 허무가 남는 것이라고 사람들은 말한다. 예수는 "누군가 오른 뺨을 치거든 왼뺨마저 내밀어라"는 표현으로 용서의 미덕을 강조했다. 복수의 폭력적인 악순환에 종지부를 찍어야 하는데, 현실에선 법집행이 이를 대신한다. 물론 법이 모든 갈등을 해결할 수는 없고, 미흡한 점도 많으며, 특히 심적 갈등까지 해소해주지는 못한다. 법의 미흡한 점은 법을 올바로 정립하는 것으로 보강해야 하고, 법 밖의 심적 갈등은 내적인 평화를 통해서 극복할 수밖에 없다.

내게 해를 입힌 타인뿐 아니라 삶의 비극적인 측면까지 받아들임으로써 내적인 평화에 이르는 게 용서와 관용이다. 물론 이는 쉬운 일이 아니다. 그러나 "우리의 어리석음을 서로 용서할 수 있다는 것은 자연의 첫 법칙, 인간의 전유물이다"라고 볼테르가 말했듯이 서로의 불완전함을 인정하고 과오를 용서할 때 우리는 궁극적인 평화를 실현할 수 있다. 미움과 폭력은 강인함의 표시가 아니라 상처 입었다는 약함의 증거이며 우리의 행복을 저해하는 가장 큰 요소이다. 마음의 정의인 용서를 통해 이 모든 부정적 감정을 극복할 때 우리는 진정한 행복에 이르게 될 것이다.

플러스 상식 ✛ _____

쥐는 벽을 잊어도 벽은 쥐를 잊지 않는다"

중국의 고사. 쥐는 자신의 이빨이 너무 자라는 걸 막기 위해 본능적으로 벽을 긁어대고 곧 그 사실을 잊어버리지만 벽은 자신의 몸에 상처를 낸 쥐를 절대로 잊지 않는다는 뜻. 중국 고사에서 복수의 화신으로 표현되는 오자서(伍子胥)가 월나라 왕 부차에게 한 말이다.

오자서는 초나라 평왕이 부친과 형을 죽이자 복수를 다짐하며 오나라로 도망친다. 그는 오왕 합려를 도와 초나라를 정벌하고서 이미 죽은 평왕의 무덤을 파헤쳐 그 시체에 매질을 했다고 한다. 그 후 오왕 합려가 전쟁에서 월왕 구천에게 패하고 전사하자 그의 아들 부차는 딱딱한 장작 위에 누워 자며(와신臥薪) 부친의 복수를 맹세한다. 절치부심하여 부차는 월나라왕 구천을 굴복시켰으나 그를 죽이지 않았고 나중에는 구천과 제휴하여 함께 제나라를 치기로 한다. 이때 오자서가 "쥐는 벽을 잊어도 벽은 쥐를 잊지 않는 법입니다. 어찌 월이 오를 잊을 수 있겠습니까"라고 하며 구천을 경계하라고 한 것이다. 한편 구천은 쓸개를 핥으며(상담嘗膽) 뒤로는 오나라에의 복수심을 키우고 마침내는 오나라를 평정하여 두 나라 간의 길고 긴 싸움이 끝났다. 와신상담臥薪嘗膽의 고사 또한 여기서 나온 것이다.

토론해 봅시다 💬

1. 만일 여러분이 <돈 크라이 마미>의 은아 엄마 유림이라면, 사적인 복수를 감행할지, 끝까지 법적 처벌을 위한 노력을 계속할지 토론해봅시다.

2. 최근 복수의 형태로 사이버 테러를 행하거나 인터넷상에 악성 게시물을 올리는 경우가 많아졌습니다. 이러한 복수가 가진 문제점은 무엇인지 말해봅시다.

실전 gogo ✏️

'복수는 복수를 낳는다'라는 말은 복수의 속성을 가장 잘 드러내는 말이라고 할 수 있습니다. 복수의 악순환은 어째서 생겨나는지, 이것을 단절하기 위한 구체적인 노력이 가능한지 자신의 생각을 정리해봅시다. (500자)

선의의 거짓말은
해도 되나

음식점에 음식을 배달시키고 한참동안 오지 않아 다시 전화를 하면 이런 소리를 한다. "지금 막 출발했습니다." 전화를 끊는데 "빨리 가라"는 소리가 들린다. 거짓말이다. 거짓말을 하지 말아야 한다는 것은 전 세계적으로 보편화된 도덕규범이다. 대다수 사람들이 거짓말은 나쁘다고 이야기한다. 하지만 자신의 이익을 위한 거짓말이 아닌, 다른 사람을 배려하고 그들의 이익을 위한 이른바 '선의의 거짓말'을 할 경우 상황은 조금 달라진다. 선한 의도로 하는 거짓말은 인정할 가치가 있다는 것이다. 선의의 거짓말은 과연 허용할 수 있는 것인지, 허용할 수 있다면 그 기준은 무엇인지 지금부터 함께 생각해보자.

키워드로 읽는 논쟁

1. 거짓말도 종류가 있나?

사실이 아닌 것을 사실인 것처럼 꾸며 다른 사람을 속이는 것이 거짓말인데, 거짓말에도 여러 유형이 있다. 먼저 남을 속여 자기 이익을 얻는 사기형 거짓말이 있고, 내 이익과는 상관없이 그저 악한 마음에 남을 괴롭히고 망하게 하려는 거짓말은 악질형 거짓말이라고 한다. 위장형 거짓말은 자신을 돋보이게 하기 위해 쓰는 거짓말이다. 책임이나 잘못을 피하기 위해 하는 회피형 거짓말도 있다. 이러한 거짓말들은 모두 내 이익을 위해 도덕적 양심을 저버리고 타인에게 피해를 준다는 공통점이 있다. 반면 타인의 이익을 위해 혹은 타인을 돕기 위해 하는 선의의 거짓말도 있다.

2. 선의의 거짓말 사례

선의의 거짓말이란 좋은 의도로 하는 거짓말로, '하얀 거짓말^{white lie}'이라고도 부른다. 예를 들어 간밤에 산타클로스 할아버지가 다녀갔다고 아이에게 이야기하는 것은 아이의 크리스마스 흥을 돋우기 위한 선의의 거짓말이며, 뚱뚱한 것이 콤플렉스인 친구에게 뚱뚱하지 않다고 말하는 거짓말이나, 시한부 환자에게 의사가 희망을 주기 위해 병세가 호전됐다고 말하는 것도 선의의 거짓말에 속한다. 공부를 잘 못하는 아이에게 잘했다고 칭찬해주며 조금만 더 노력하면 잘할 수 있겠다는 거짓말로 아이에게 자신감을 심어주는 교육형 거짓말도 있다. 그외 타인의 목숨을 살리기 위한 경우나 타인의 피해를 줄이기 위한 거짓말도 선의의 거짓말이다.

다른 사람을 위해 혹은 선한 의도로 하는 선의의 거짓말을 인정해야 할지에 대해서는 사람마다 의견이 분분하다. 인정해야 한다고 생각하는 쪽에서는 선의의 거짓말을 통해 지키려고 한 가치를 더욱 높게 평가한다.

선의의 거짓말은 두 가지 혹은 그 이상의 도덕적 가치가 충돌하는 딜레마적 상황이 대부분으로, 이를테면 생명을 구하기 위해 한 거짓말은 비록 거짓말을 했지만 더 큰 가치인 인간의 생명을 구했기 때문에 괜찮다는 것이다. 하지만 반대로 어떠한 상황에서도 거짓말을 해서는 안 된다는 입장도 있는데, 무슨 일이 있어도 거짓말을 하면 안 된다는 도덕규범을 지켜야 한다는 것이다. 다시 말해 '선의의 거짓말을 인정할 수 있나'라는 문제는 '도덕규범에 예외를 인정할 수 있나'라는 문제와 같은 맥락이다.

3. 도덕에 예외를 인정할 수 있다?

사람들이 도덕을 대하는 태도는 크게 두 가지로, 목적론적 윤리관과 의무론적 윤리관으로 나뉜다. 이 중 도덕에 예외를 인정할 수 있다는 입장이 목적론적 윤리관이다. 목적론적 윤리관을 주장하는 사람들은 행위의 결과가 사람에게 즐거움, 쾌락, 행복을 줄 때 선한 것이며 슬픔, 고통, 불행을 줄 때 악한 것이라고 주장한다. 이들은 사람들이 도덕을 지키는 이유가 인간답게, 양심적으로 살기 위해서라고 말한다. 때문에 이들은 도덕 그 자체가 중요해서라기보다 인간답게 사는 목적을 위해 도덕규범을 지킨다. 인간답게 살기 위한 목적을 달성할 수 있다면 도덕은 때에 따라 변하고, 예외를 인정할 수 있다고 생각하는 것이다. 그래서 목적론적 윤리관은 목적을 이루기 위한 수단이 도덕적이지 못한 것이라고 하더라도 그 의도가 선하고 결과가 많은 사람들에게 행복을 가져온다면 큰 문제가 없다는 입장을 보인다. 이들의 입장에 따르면 선한 의도로 하는 선의의 거짓말은 허용될 수 있다. 반면 의무론적 윤리관은 도덕에 어떠한 예외도 허용하지 않는다.

4. 의무론적 윤리관은 왜 도덕에 예외를 허용하지 않는가?

의무론적 윤리관은 도덕이란 선한 행위 그 자체이며 이를 지키는 것이 중요하다고 생각한다. 좋은 목적을 위해서는 반드시 좋은 수단을 사용해야 한다는 것이다. 이 입장에 따르면 아무리 동기가 선하다 해도 거짓말이라는 수단을 사용해서는 안 되며, 도덕에 예외를 두면 결국 도덕 자체가 무너진다고 생각한다. 이 입장의 대표적인 철학자는 바로 칸트로, 그는 〈인류애를 위하여 거짓말 할 권리에 대해서〉라는 논문에서 친구를 죽이려는 암살자가 쫓아와 집안으로 달아나지 않았냐고 물었을 때에도 거짓말을 하지 말라는 도덕법칙을 어겨서는 안 된다고 주장한다. 결과는 아무도 미리 판단할 수 없기 때문이다. 하지만 의무론적 윤리관을 지닌 사람 중에도 자신에게 극단적인 불이익이 돌아올 경우나 상대방에게 극단적인 불이익이 되는 경우, 약속이 사기나 폭력으로 맺어졌을 경우 등엔 예외를 허용해야 한다고 주장하기도 하는데, 키케로가 대표적이다. 하지만 이런 예외조차 가급적 허용되어선 안 되며 예외를 인정하는 경우엔 그 누구도 부인할 수 없는 정당성이 있어야 한다.

"해도 된다"

1 타인에게 유익함을 준다면
선의의 거짓말은 현명한 행위이다

　우선 거짓말과 선의의 거짓말을 구분할 필요가 있다. 거짓말은 의도가 불순한 것이지만 선의의 거짓말은 선행을 위한 말, 즉 선한 말이다. 살다보면 때로 선의의 거짓말이 필요한 상황을 맞는다. 예를 들어 친구의 행방을 알아내 해치려는 적에게는 행방을 알더라도 거짓말을 해야 한다. 거짓말을 하지 않으면 친구의 생명이 위험해지기 때문이다. 불치병에 걸린 환자에게 이를 숨기는 거짓말이 좋은 결과를 가져다줄 수 있다. 환자가 희망을 가지고 치료에 매진할 수 있기 때문이다. 실제로 설탕을 진짜 약처럼 보이게 만들어 이를 속이고 환자에게 먹게 했을 때 호전되거나 유익한 현상이 나타나는 경우가 있다. 이를 '플라시보 효과'라고 하는데 이는 처방에 대한 믿음이 신체에 영향을 미치기 때문이다. 환자는 의사가 거짓말을 해도 믿는다. 이처럼 불치병에 걸린 환자에게 하는 의사의 거짓말은 좋은 의도에서 비롯된 것이며 마찬가지로 좋은 결과를 가져다줄 수 있다. 선의의 거짓말은 타인에게 삶의 행복이나 희망을 주거나 좋은 결과를 준다. 정직이 아무리 올바른 도덕규범이라 해도, 때로는 정직함이 상대에게 오해와 고통을 준다. 그럴 때의 정직함은 현명한 방법이라고 할 수 없다. 때문에 모두가 행복해지고 좋은 결과를 주는 선의의 거짓말은 허용되어야 한다.

2 도덕에도 예외가 있다. 거짓말을 하지 말아야 한다는 도덕규범보다 생명을 중시하는 규범이 우선이기 때문이다

우리는 도덕적으로 살아가기 위해 노력한다. 하지만 예외도 있다. 때로는 몇몇 도덕규범을 지키는 것보다 더 중요한 어떤 것을 해야 할 때가 있다. 선의의 거짓말을 할 때가 대표적인 경우다.

한 여성이 성폭력을 하려는 치한에게 자신은 에이즈 환자라고 말해 위기를 모면했다고 가정해보자. 과연 이 여성의 거짓말이 잘못됐다고 할 수 있을까? 위기에 처한 주변 사람을 구하기 위해 어쩔 수 없이 하는 거짓말은 또한 어떠한가? 이처럼 현실에서 모든 도덕규범을 그대로 따르는 것이 늘 바람직한 것은 아니다. 거짓말을 하지 말아야 한다는 도덕규범보다 생명을 중시해야 한다는 도덕규범이 더 우위에 있기 때문이다.

몇몇 도덕적 가치가 충돌할 때 가치가 덜한 도덕규범을 지키지 못하는 것은 어쩔 수 없다. 게다가 도덕은 사회마다 다르며 시대에 따라 변한다. 인류 역사에서 절대적인 도덕이란 있을 수 없다. 사회적으로 유용한 결과를 낳는 행위가 도덕인 것이다. 따라서 '거짓말을 해서는 안 된다'는 도덕규범을 절대시 할 게 아니라 예외적인 상황이 있을 수 있음을 인정해야 한다.

3 인간은 거짓말을 하지 않고 살 수 없으며, 현대의 삶에서 거짓말은 유용할 뿐만 아니라 문화적 관습, 혹은 지혜이기도 하다

거짓말은 생태계의 언어이다. 모든 동물이 위장을 한다. 카멜레온 같은 경우는 주위 환경에 적합하게 몸의 색깔을 자유자재로 바꾼다. 이는 생존 본능이라 할 수 있다. 인간도 원래 거짓말을 하는 동물이다.

인지과학자 데이비드 리빙스턴 스미스는 거짓말이 진화에 유리했다면서, 인간을 '호모 팔락스Homo Fallax(속이는 인간)'라고 부른다. 인간의 생존에 거짓말은 필수 불가결한 조건이었다. 제럴드 제리슨이란 미국 심리학자의 연구에 따르면 사람은 하루 평균 200번, 시간으로 따지면 대략 8분에 한 번꼴로 거짓말을 한다고 한다.

한마디로 거짓말은 사람들의 일상에서 결코 뗄 수 없는 삶의 일부와도 같다. 그러니 오늘 하루 단 한 번도 거짓말을 한 적이 없다고 말하는 사람이 있다면 그 사람은 사회생활에 문제가 있거나 아니면 진짜 거짓말쟁이일지도 모른다. 현대사회에서 거짓말은 사회생활을 하는 지혜이며 문화적 관습이기도 하다. 어른들은 아이들에게 거짓말은 나쁘며 하지 말라고 가르치지만 다른 한편에서는 실망스러운 선물을 받더라도 기쁘게 감사 인사를 하고, 할아버지에게서 고약한 냄새가 나더라도 그 사실을 말하지 말라고 가르친다. 선의의 거짓말은 인간이 사회생활을 하면서 유용하게 사용된다. 선의의 거짓말은 사회가 원활하게 돌아가도록 하는 윤활유 역할을 한다. 선의의 거짓말은 종종 인간에게 웃음도 선사한다.

플러스 상식 ✛ _____

플라시보 효과, 노시보 효과

위약僞藥 또는 플라시보placebo는 심리적 효과를 얻기 위해 환자가 의학이나 치료법으로 받아들이지만 치료에 전혀 도움이 되지 않는 가짜 약제를 말한다.

위약과 관련해 잘 알려진 심리 현상 중 위약 효과placebo effect라는 게 있다. 이를 플라시보 효과 또는 플라시보 이펙트라고 그대로 읽기도 한다. 의사가 환자에게 가짜 약을 투여하면서 진짜 약이라고 하면 좋아질 것이라고 생각하는 환자의 믿음 때문에 병이 낫는 현상을 말한다. 이것은 제2차 세계 대전 중 약이 부족할 때 많이 쓰였던 방법이다. 위약 효과를 이용한 위약의 투여는 의료 행위에 있어서 필수 윤리 조건인 의사와 환자 간의 신뢰를 깨뜨릴 수 있다는 이유로 강력히 반대되고 있다. 실제로 진짜 의약품이 아닌 위약을 투여한 사실을 환자가 알아차렸을 경우, 일부에서 위약 효과와 반대되는 노시보nocebo 효과가 발생할 수 있으며, 이는 환자의 건강상태를 악화시키는 요인으로 작용하기도 한다. 이러한 위험성 때문에, 현재 위약의 사용은 실제 치료에서는 거의 행해지지 않고 있다.

"해선 안 된다"

1 선의의 거짓말과 나쁜 거짓말을 나누는 경계가 불분명하며,
거짓말에 의한 결과는 누구도 예측할 수 없다

거짓말을 선의의 거짓말과 나쁜 거짓말로 나누기 불분명하다. 선의의 거짓말의 결과가 타인에게 좋을지는 장담할 수 없다. 친구를 해치려는 적에게 거짓말을 했다고 해서 그 친구의 생명을 구할 수 있다고 단언하기 힘들다. 오히려 거짓말이 들통났을 경우 친구뿐 아니라 자신의 생명까지 위험해질 수 있다. 어떤 행위라도 그 결과는 인간의 의지와는 무관하게 수많은 변수에 의해 좌우된다.

선한 동기의 거짓말이라고 해도 그 결과가 다른 문제를 야기할지 모르는 일이다. 또한 불치병에 걸린 환자에게 하는 의사의 거짓말은 아무리 선한 의도라고 해도 좋은 결정이라고 말하기 힘들다. 환자가 자신의 삶을 정리하며 생을 마감할 수 있는 권리를 빼앗는 것이기 때문이다. 플라시보 효과를 과대포장하는 것도 문제이다. 플라시보 효과의 유효율은 30%에 지나지 않는다. 만약에 가짜 약이라는 것이 들통 나면 환자가 실제 치료제도 믿지 않는 노시보 효과^{nocebo effect}가 나타날 것이다. 이처럼 선의의 거짓말은 그 결과를 누구도 예측할 수 없으며 그 결과가 타인에게 좋을 것이라 장담할 수 없다. 근거 없는 결과를 가정하여 '거짓말 하지 말라'는 도덕법칙을 어겨서는 안 된다.

2 선의의 거짓말은 해도 된다는 생각은 도덕규범을 무너뜨리는 행위이며 거짓말을 하는 사람의 자기합리화에 지나지 않는다

도덕에 예외란 있을 수 없다. 도덕에 조금이라도 예외를 두기 시작하면 도덕의 힘은 약해지고 가치는 떨어지게 마련이다. 가난한 사람이 배고픔에 지쳐 슈퍼마켓에서 빵을 훔쳤을 때 가엾게 여겨 용서해 주었다고 치자. 다른 사람이 그 소식을 듣고 또 빵을 훔쳤다면 이 문제를 어떻게 형평성에 맞게 풀 수 있을까? 이처럼 아주 사소한 예외라도 두기 시작한다면 도덕규범의 힘은 사라질 수밖에 없다. 마찬가지로 거짓말에도 예외는 있을 수 없다. 거짓말을 해서는 안 되듯 선의의 거짓말도 안 된다. 선한 거짓말도 결국엔 거짓말일 뿐이다. 거짓말은 나쁘지만 선의의 거짓말은 좋다는 식의 생각은 도덕을 송두리째 무너뜨릴 위험이 크다. 또한 선의의 거짓말을 예외로 인정하면 세상의 진실이 사라질 수밖에 없다. 또한 선의의 거짓말은 자기 합리화에 빠지게 한다. 우리는 거짓말을 하면 양심의 가책을 받게 되는 데 선의의 거짓말은 좋은 의도라 하여 죄의식을 덜 갖게 한다. 결국 선의의 거짓말을 허용하면 양심에 따른 도덕이 무너지고 사회 혼란은 더욱 가중될 것이다.

3 인간이 거짓말을 하지 않고 살 수 없다는 말은 무책임한 말이며, 습관화된 거짓말을 버리도록 노력해야 한다

인간은 생태계에서 최상위 포식자로, 거짓말을 해서까지 생존을 유지할 필요는 없다. 카멜레온의 예를 인간에 대비한다면, 그것은 자신만을 위한 행위에 지나지 않는다. 거짓말로 위기를 넘긴다는 것은 또 다른 희생자가 생길 수 있다는 말이 된다. 인간이 원래 거짓말을 해서 생존했다는 말은 인간을 비하하는 말이다. 인간의 특질 중 언어를 사용한다는 것 때문에 거짓말을 하는 동물이라고 하는 것은 인간의 특질 중 한 면만 본 일반화의 오류이다. 제럴드 제리슨의 주장은 거짓말을 합리화하려는 치장에 불과하다.

8분에 한 번씩 거짓말을 한다는 것도 믿을 수 없다. 이 말은 다시 말하면 인간은 입만 열면 거짓말을 한다는 얘기인데, 그렇다면 인간의 모든 말을 우선 불신하고 들어야 한다는 말이 된다. 인간이 선의의 거짓말만 하는 것은 아니다. 악의적인 거짓말도 할 수밖에 없다. 또한 리플리 증후군처럼 거짓말한 사람이 자신의 거짓말을 인지하지 못할 수도 있다. 당장의 달콤한 거짓말이 인간관계의 윤활유가될 수도 있다. 하지만 선의의 거짓말도 남을 속인다는 본질에서 벗어날 수 없다. 진심이 담겨 있지 않은 말을 듣고 얼마나 그 사람을 신뢰할 수 있게 될까? 때로는 쓴말도 해줄 수 있는 사람을 우리는 신뢰하게 되고, 그럴 때 더욱 깊은 관계를 맺을수 있다. 거짓으로 만들어진 사회는 비도덕적이고 부패하여 결국엔 허망하게 쓰러질 수밖에 없다. 지금이라도 습관화된 거짓을 버리는 사회 풍토를 만들어야 한다.

플러스 상식 ✚ _____

리플리 증후군

성취욕구가 강한 무능력한 개인이 열등감과 피해의식에 시달리다 자신의 현실을 부정하며 꾸며낸 허구의 세계를 기초로 성공한 타인에게 자신을 투영하여 자신이 다른 실존 인물 또는 가상의 인물이라고 계속 거짓말을 반복하다 마침내 그것이 정말로 실제 자신이라고 믿어버리게 되는 정신질환.

퍼트리샤 하이스미스의 소설《재능있는 리플리씨》의 주인공 톰 리플리의 이름에서 유래했다. 대중에게는 명배우 알랭 들롱 주연의 영화 <태양은 가득히>(1960)로 영화화되어 유명해졌고, 영화의 흥행 이후본격적으로 연구되기 시작하였다. 역사적으로 심각한 리플리 증후군 환자로 러시아 로마노프 왕조의마지막 황녀 아나스타샤 사후에 나타난 대표적인 가짜 아나스타샤인 안나 앤더슨을 꼽는다.

원래는 폴란드인으로서 본명은 프란치슈카 샨코프스카이며, 독일 법원에서 아나스타샤 황녀가 아니라는 판결을 받았는데도 미국으로 건너가서 이름을 바꾸고 끝까지 자신이 아나스타샤 황녀라고 주장했다. 심지어 자식들은 그것을 굳게 믿고 있었지만 유전자 감식 결과 아니었다는 사실에 큰 충격을 받았을 만큼 철저하게 일평생 아나스타샤 황녀로 살았다.

토론해 봅시다 💬

1. 여러분이 의사가 되었다고 가정해봅시다. 환자를 진찰하다가 그가 불치병에 걸려 얼마 살지 못할 것을 알게 되었습니다. 여러분이라면 환자에게 그 사실을 그대로 알려주겠습니까? 한 동료 의사는 사실대로 말할 경우 그 환자가 좌절한 나머지 자살할지도 모른다고 충고합니다. 그리고 또 어떤 동료 의사는 그 환자도 사실을 알 권리가 있다며 사실대로 말해야 한다고 합니다. 여러분의 생각은 어떠한지 말해봅시다.

2. 선의의 거짓말은 해도 좋은 것인가요? 도덕규범에도 예외를 둘 수 있는지 함께 생각해보고, 다양한 사례를 들어 토론해봅시다.

3. 선한 목적을 위해서라면 어떤 수단을 사용해도 괜찮을까요? 아니면 선한 목적은 정당한 수단을 통해서만 이루어져야 한다고 생각하나요? 친구들과 함께 토론해봅시다.

실전 gogo ✏️

거짓말을 선의의 거짓말과 나쁜 거짓말로 나눌 수 있나요? 그렇다면 그 기준은 무엇이며, 선의의 거짓말은 해도 되는지 자신의 견해를 적어봅시다. (400자)

_____

_____

_____

_____

_____

_____

_____

_____

_____

_____

_____

_____

선입견은
진리의 훼방꾼인가

"뚱뚱한 사람은 성격이 좋고 마른 사람은 까다롭다""예 쁜 여자는 남자친구가 있다"는 말을 들어봤을 것이다. 과 연 그럴까? 꼭 그렇지는 않을 거라고 생각하면서도 우리 는 이런 선입견에 쉽게 동의한다. 칸트는 선입견을 버려야 진리에 도달할 수 있다고 하고, 가다머는 선입견을 인정해 야 한다고 말한다. 과연 선입견은 자연을 이해하고 진리 를 추구하는 데 있어 걸림돌이 되는 것일까?

키워드로 읽는
논쟁

1. 선입견이란?

어떤 대상을 경험하거나 상황을 판단해야 할 때, 이성적이고 합리적인 사고 과정을 거쳐 판단하는 게 아니라 이미 가지고 있는 정보나 지식으로 판단하는 것을 '선입견'이라고 한다. 이미 가지고 있는 생각이나 견해 자체를 말하기도 한다. 선입견은 개인적인 경험을 통해 만들어진 것도 있지만 직접 경험하지 않았어도 사회현실이나, 문화, 역사적 산물로 만들어지는 경우가 많다. '내가 경험해보진 않았어도 그렇더라' 혹은 '누구누구 말에 의하면 그렇더라'는 식이다.

어릴 적에 들었던 부모님 말이나, 학교 교육을 통해서 알게 모르게 주입되기도 한다. 선입견에는 나름 근거가 있는 경우도 있고 별다른 근거나 이유 없이 그냥 받아들여진 것들도 있다. 또 선입견은 개인이 살고 있는 시대와 상황에 따라 사회 전체에 퍼져 있는 윤리나 이데올로기와도 관련이 있다. 흔히 선입견이 잘못된 판단이거나 안 좋은 것이라 생각하는 경우가 많은데 선입견에도 여러 유형이 있는 만큼 선입견에 대해 무조건 부정적인 판단을 내리기는 어렵다.

2. 선입견의 유형

선입견에도 유형이 많다. 우선 '○○지역 사람들은 인간성이 어떠하다' '흑인은 어떠어떠하다'처럼 이상한 통념들이 있는데, 학력이나 외모, 성별, 출신지역 등에 따라 사람을 평가하거나 사회적 관계를 평가하는 것이다. 이런 선입견을 흔히 '편견'이나 '속단'이라 부른다. 편견은 사회관계에서 피해자를 만들기도 하고, 특정 사안을 절대시하는 잘못된 판단이라 안 좋은 선입견이라 볼 수 있다.

이와 달리 좋다 혹은 나쁘다고 쉽게 단정할 수 없는 선입견도 있다. 설 명절이면 고향에 가는 게 당연하고, 어른에게는 효를 행해야 한다는 것 등은 전통이라는 이름의 선입견이라고 볼 수 있다. 혹은 '남의 집에서 너무 늦게까지 있으면 실례다' '밥 먹을 때 소리를 내지 않아야 한다' 같은 예의도 '교양'이라는 이름의 선입견이라고 볼 수 있다. 과학이나 수학적 진리라고 여겨지는 것들도 선입견의 일종이라고 설명할 수 있다. 예를 들어 어떤 삼각형이 주어졌는데 '이 삼각형의 내각의 합은 180°이다'라고 재어보지도 않은 상황에서 단정하는 경우들이다. 이처럼 실제 주어진 상황에서 측정해보거나 재어보지 않고 이미 알고 있는 지식에 기대 설명하려는 경우도 일종의 선입견이라 할 수 있다. 편견을 제외한 이러한 선입견들은 무엇이 좋다 나쁘다고 쉽게 판단을 내리기 힘든 사안이다.

3. 선입견이 왜 문제가 되나?

선입견이 모두 객관적인 진리라면 문제가 되지 않겠지만, 정확하지 않은 판단을 미리 내리는 것이라 문제가 발생하는 것이다. 선입견은 속성상 수동적인 태도나 수동적인 사고방식으로 사람을 길들이는 경향이 크다. 매번 무엇이 옳은지, 진리란 무엇인지 고민하고 판단하는 게 아니라 이미 형성된 판단에 맞춰 행동하게 만들기 때문이다. 이런 선입견은 문제점을 파악하거나 더 나은 판단을 하도록 노력하지 않고 기계적으로 판단하도록 유도한다. 또 그 과정이 무의식적으로 너무나 강력하게 작용해서 우리의 생각과 감성을 지배하기 때문에 선입견에서 벗어나기란 쉽지 않은 일이다.

또한 선입견이란 개인적인 것처럼 보이지만 사실은 역사적·사회적·종교적인 것 등 갖가지 외부요소에 의해 형성돼 온 것이다. 우리는 태어나면서부터 자연스럽게 사회의 모든 것들을 흡수하게 된다. 만약 우리가 조선시대에 태어났다면 신분제도를 자연스럽게 받아들였을 것이기 때문에 인류가 진리를 알아나가는 데 또는 역사가 진보하는 데 선입견이 방해가 된다는 지적이 많다. 그래서 이론적인 추론 과정 없이 무의식적으로 갖게 된 선입견은 고대로부터 많은 철학자들에게 비판의 대상이 되어 왔던 것이다.

4. 선입견에 대해서 철학자들은 어떻게 생각했는가?

많은 철학자들은 선입견에서 벗어나려고 노력했고 선입견에서 벗어나야 진리에 도달할 수 있다고 생각하며 선입견에 대한 부정적인 견해를 표명해 왔다. 소크라테스도 끊임없는 의심으로 선입견에서 벗어나려 했고, 플라톤은 동굴의 비유로 선입견에 얽매여 있는 어리석은 인간들을 비판했다. 근대 계몽주의 철학자들 역시 선입견이라 볼 수 있는 중세적 종교관과 권위에서 벗어나 이성에 따른 자유로운 지식을 추구할 것을 강조하는 등 선입견에서 벗어나야 한다고 강조했다.

반면 선입견에 대해 긍정적인 시각을 가진 철학자도 없지 않은데, 대표적인 철학자인 가다머는 전통이나 교양 등 좋은 선입견도 있으며 선입견을 통해 과거와 현재를 알 수 있고 올바른 비판 의식을 가질 수 있다고 말한다. 또 그는 선입견을 사회 속에서 살아가는 인간이면 누구나 가질 수밖에 없는 사고의 틀이라고 규정하고 있으며, 오히려 선입견을 반면교사 삼아 더욱 더 이성적인 판단을 할 수 있는 계기가 될 수 있다고 역설했다.

동굴의 비유

플라톤의 《국가론》에 있는 비유. 플라톤은 변하지 않는 보편적인 진리가 있다고 확신했다. 그는 인간의 이성이 그것을 파악할 수 있다고 믿었다. 그는 이것을 동굴의 비유를 통해서 보여주려 했다. 한편 이데 아론은 플라톤의 형이상학 이론으로, 이를 흔히 동굴 속에 있는 그림자에 비유하기도 한다.

플라톤은 죄수들이 동굴 안쪽의 벽만 보고 결박돼 있다고 상황을 설정한다. 묶여 있는 죄수들은 단지 동굴 끝에 있는 벽만을 마주 볼 수 있을 뿐이다. 서로를 마주 보거나 움직이는 사람들을 볼 수 없다. 뒤를 볼 수 없다. 오직 뒤에서 움직이는, 동굴 벽면에 비치는 사람이나 물건의 그림자만으로 동굴 밖을 인식할 수 있다. 즉, 이 죄수들은 벽에 만들어진 그림자만을 인식하게 된다.
만일 이 죄수 중 누군가가 족쇄를 풀고 뒤를 돌아보고 그쪽으로 걸을 수 있게 된다면? 그는 혹시 이 움직이는 대상물이 그림자보다 의미가 없으며 그의 눈에 적합하지 못하다는 사실을 발견하지 않을까? 그 죄수는 동굴 바깥을 현실로 받아들이지 못할 것이다.

"이 죄수는 동굴 속에서의 이전 삶에 대해 어떻게 느끼게 될 것인가? 그는 자신과 자신의 동료들이 지혜라고 간주했던 것, 즉 지나가는 그림자에 대한 가장 날카로운 안목을 가진 사람에게 상을 주고, 그 그림자들이 진행되는 질서를 가장 훌륭하게 기억함으로써 다음에 올 그림자를 가장 잘 추측하는 사람에게 포상하면서 서로 존경하고 칭찬했던 행동 방식을 회상하게 될 것이다. 해방된 죄수가 그러한 상들을 여전히 가치있다고 생각하고 동굴 속에서 존경받던 사람들을 부러워할 것인가? 부러움은커녕 그는 그들에 대한 슬픔과 동정만을 갖게 될 것이다"
-《소크라테스에서 포스트모더니즘까지》 중에서

이 비유에서 죄수는 인간을 가리키며, 그들이 보고 있는 그림자는 본질이 아닌 현상, 바로 이 세계를 가리키고 있다. 또한 죄수를 풀어준 것은 지식에 해당한다고 볼 수 있다. 지식이 인간의 속박을 풀고, 그 죄수가 동굴 바깥에서 밝은 빛에 고통을 느끼면서 빛을 응시했듯이 약간의 고통이 있어도 그가 본질을 볼 수 있도록 도와주는 것이다. 빛의 세계로 이끌어냄은 일종의 교육이고, 그를 통해 인간은 본질에 접근할 수 있게 되는 것이다. 결국 인간의 정신은 지식을 통해 본질, 즉 이데아를 깨닫게 되고, 햇빛 속으로 나갔을 때 진리를 서서히 알게 되는 것이다.

"선입견, 진리의 걸림돌

1 오랫동안 뿌리박힌 경직된 선입견은 바로잡기가 어렵고
진리를 알아가는 과정의 걸림돌로 작용한다

선입견은 기본적으로 진리에 다다르는 것을 방해한다. 어떤 경우에는 개인의 경험적인 지식과 합쳐져서 마치 선입견이 진리인 양 받아들여지는데, 한번 고착화된 것은 쉽게 바뀌지도 않는다. 특히 인간은 낯선 것에 대한 거부감이 크고 익숙한 것에 끌리는 성향이 강하다. 따라서 한번 자리 잡은 선입견은 경직된 사고가 되어버린다. 이것은 새롭고 독창적인 사고를 방해할 뿐더러 오류나 잘못된 것을 발견하는 것도 어렵게 만들고 사회 전체에 영향을 미치기도 한다.

중세의 노예제도나 성차별은 당시 너무나 자연스러운 것으로 받아들여졌다. 이 잘못된 선입견을 바꾸기 위한 노력은 그후 몇백 년 동안이나 계속될 수밖에 없었고, 지금까지도 세계 곳곳에서 인종차별과 성차별의 문제점들이 드러나고는 한다. 한편 중세 천동설을 부정하는 것도 쉽지 않았다. 당대 사람들이 갖고 있던 신 중심의 선입견 때문이다. 이처럼 선입견은 진리를 알아나가는 과정에 걸림돌로 작용하며 새로운 시각으로 바라보지 못하도록 작용한다.

2. 선입견은 이성적인 진리 추구를 방해하므로 비판적 고찰이 필요하다

선입견이나 고정관념에 사로잡힌 개인이나 사회가 올바른 결정을 내릴 수 있을까? 인간은 미리 경험한(선행적) 인식에 의해 관성적으로 사고하는 경향이 강하다. 쉽게 말해 인간은 보고 싶은 것만 보고 듣고 싶은 것만 듣는다. '아는 만큼 보인다'는 말은 선입견이 인간의 감각과 감성을 지배해 결국 이성적인 판단을 할 수 없게 한다는 말과 일맥상통한다.

철학자들은 끊임없이 선입견으로부터 벗어나서 자신만의 이성으로 사고할 것을 강조했다. 소크라테스의 경우 모든 선입견을 거부하고 모든 것을 의심했으며, 그 방식으로 진리를 추구했다. 베이컨은, '아는 것이 힘'이라며 자연을 알기 위해서는 있는 그대로의 자연을 바라보아야 하며, 우선 선입견과 편견부터 없앨 필요가 있다고 주장하였다.

선입견 없이 스스로 사고한다는 것은 타인의 생각을 무조건 거부하는 것이 아니라 그것을 비판적으로 고찰하는 것이다. 독서를 할 때 책의 내용을 비판적으로 검토하고 비판적으로 수용하는 과정은 선입견으로부터 벗어나 진리에 도달하기 위한 하나의 과정이다. 우리는 우리 스스로 어떤 선입견에 사로잡혀 있는지 사유해야 하며 이성적으로 판단하도록 노력해야 한다.

3. 좋은 선입견이 있고, 좋은 선입견이 진리에 도달하는 데 도움을 준다는 사고는 받아들일 수 없다

좋은 선입견이 있다고 주장하는 경우가 있다. 과연 좋은 선입견과 나쁜 선입견을 구분하는 기준이 있을까? 전통이나 교양이 좋은 선입견이라고 주장하는 경우가 있지만 이것 역시 판단 기준이 모호하다. 전통을 지키는 것이나 교양을 지키는 것이 꼭 좋은 것이라 속단할 수 없기 때문이다. 우리의 미풍양속인 제사의 경우를 보자. 제사 준비를 여성들의 가사노동에만 의존하는 것을 당연하게 받아들인다. 이는 결코 당연한 것이 아니라 그 시대의 관습이 지금까지 내려오는 것일 뿐이다. 또한 교양도 시대에 따라 변하기 때문에 현재의 가치만 가지고 판단할 수 없다. 전통이나 교양이라는 굳어져 있는 선입견이 사고와 행동을 제약한다면 취지가 아무리 좋아도 결코 좋은 것이라고 말하기 어렵다.

이처럼 선입견은 무의식적이고 수동적으로 받아들여지기 때문에 역사적, 사회적 틀 안에서만 인정되어 왔다. 전통이나 교양 등을 정당한 선입견이라고 인정하는 것 역시 우리가 정한 또 다른 편견일 수 있다. 아무리 좋은 의미의 선입견이라도 '좋다'는 단정을 쉽게 내릴 수 없는 이유이다. 따라서 좋은 선입견을 내세워 선입견이 진리를 훼방놓는 것만은 아니라는 주장은 받아들일 수 없다.

플러스 상식 ⊞ _____

아는 것이 힘이다

경험론의 시조라 할 수 있는 영국의 철학자 베이컨이 자연 과학적 지식의 유용성을 강조한 말이다. 그는 인간이 자연에 대해 알아낸 지식을 통해 자연을 지배하고 그 생활 방식도 개선할 수 있다고 믿었으며, 그러한 믿음을 "아는 것이 힘이다"는 말로 표현했다. 베이컨은 우리가 자연을 알기 위해서는 있는 그대로의 자연을 바라보아야 하며, 우선 우리가 가지고 있는 선입견과 편견부터 없앨 필요가 있다고 주장하였다. 왜냐하면 그것은 자연에 대한 우리의 참된 인식을 방해하기 때문이다. 그는 인간이 지니고 있는 전형적인 선입견과 편견을 '우상偶像'이라고 부르면서 이를 타파할 것을 역설하였다.

노숙자에 대한 편견과 진실

편견 : 노숙자들은 일을 하지 않는 게으른 사람이다.

진실 : 대부분 어려운 환경 속에서도 건강하게 노동을 해 왔으나 불의의 사고, 사업의 실패, 개인의 힘으로는 어찌할 수 없는 사건의 발생 등으로 인해 삶에 대해 좌절하게 됩니다. 이로 인해 가정이 무너지고 노숙 생활이 장기화되면서 점차적으로 삶에 대한 의지를 잃게 됩니다. 그 결과, 일할 수 있는 힘과 의욕을 잃게 되어 다른 사람들과 같은 노동을 한다는 것은 불가능해집니다. 게다가 그들은 사회로부터 범죄인 취급을 당하여 일자리를 얻기가 어렵고, 자책감과 수치심 등으로 자신감을 잃게 되어 일반인처럼 노동을 할 수 없게 된 것입니다.

<고등학교 사회 문화>, 금성출판사

선입견은 진리의 훼방꾼인가

"아니다"

---

1 **선입견이 고착화되긴 했지만 인류의 탐구심에 의해 매번 도전을 거치므로 진리를 방해한다고 볼 수 없다**

사자의 이빨이 위험하다는 것은 사자에게 물려보지 않아도 안다. 사자 이빨이 위험하다고 하니 위험한 줄 아는 것이다. 인류는 모든 것을 경험하지 않고도 먼저 산 사람의 경험을 지식으로 받아들였다. 물론 기존 지식에 대한 반론이 없지 않으나 인류의 지식은 이전 지식에 새로운 지식을 축적하면서 진보를 이룬 것이다. 자신만의 관점이 생긴다면 선입견에서 벗어날 수 있다고 여기지만 사실 개인의 관점이라는 것 역시 선입견의 작용에 의한 것이고, 이후의 판단에 작용될 선입견에 불과하다는 점도 인정해야 한다.

중세에 노예제도나 성차별을 당연시했던 것은 그 시대의 한계이다. 하지만 중세의 사고는 근대에 이르러 비판되고 성찰되는 과정을 거쳤고, 인류는 잘못된 선입견을 극복했다. 오늘날 남아 있는 인종차별이나 성차별 문제는 잘못된 편견이라는 생각이 일반적이다. 그리고 인류는 이를 극복하기 위해 많은 노력을 기울여왔다. 천동설이 폐기된 것도 선입견에 머물지 않고 이에 도전하고 극복한 결과다. 선입견이 고착화된 점은 있지만 영원히 지속되지는 않으므로 선입견이 진리의 방해꾼이라는 주장은 잘못된 것이다.

2 인간은 과거의 경험과 지식을 종합하고 검토해서 판단을 하기 때문에 선입견에서 자유로울 수 없다

인간은 과거의 기억으로 산다. 과거의 경험이 지식이 되고 현재의 행위에 대한 판단 기준이 된다. 몇몇 철학자를 제외한다면, 아니 그들을 포함한 모든 인류는 경험을 바탕으로 결정을 내리며 이러한 결정으로 몇천 년을 살아왔다. 기존 경험과 지식을 바탕으로 사고하고 판단했던 것이다. 이러한 모든 판단이 잘못되었다면 인류는 어떻게 지금까지 생존할 수 있었을까? '아는 것이 힘이다' '아는 만큼 보인다'는 말이 있다. 그렇다. 인간은 아는 만큼만 본다. 모르면 그나마도 보지 못한다. 그러므로 더 많이 알려고 노력하고 더 많이 보려고 애쓴다.

많은 사람들이 선입견을 비판하고 선입견에서 자신은 자유롭다고 주장하지만 이는 사실이 아니다. 독일의 철학자 가다머*는 우리의 삶에서 선입견이 필수 불가결하다고 보았다. 그는 선입견이란 어떤 판단을 내리기 이전 우리가 미리 지니고 있는 견해라고 한다. 그런데 이런 선입견을 모두 버리고 머릿속을 텅 비우면 판단은 물론이거니와 문밖에 나가서 거리를 걷는 일조차 힘들어진다. 생각하고 판단한다는 것은 그 자체로 이미 과거에 생각했던 것과 과거의 경험, 과거의 지식을 종합하고 검토하는 과정이라 선입견을 배제한 판단이란 불가능하다.

＊가다머 Gadamer

하이데거의 존재론에서 출발했으나 후에는 독자적인 해석학을 전개한 독일의 철학자이다. 그는 선입견을 비판하려한 기존 철학자들과 달리 좋은 선입견이 있다는 이론을 제시한다. 예를 들면 좋은 선입견에는 전통이나 권위가 있고 인습이나 맹목적인 복종은 나쁜 선입견이라고 할 수 있다. 그의 주장에 의하면 진리는 처음부터 확고한 위치의 확실한 답이 아니다. 오히려 다른 선입견을 가진 사람과 묻고 답하면서 그 의미를 해석하는 과정에서 드러나는 것이다. 편견은 다른 사람의 상황이나 처지를 이해하지 못한 채 자기중심적으로 생각하고 현재 보이는 것에만 집착하기 때문에 생긴다고 한다. 따라서 편견을 버리고 자신의 이해 지평을 넓히기 위해서는 항상 '왜?'라는 질문을 가질 줄 아는 비판적 정신이 필요하다는 게 선입견과 편견에 관한 그의 생각이다. 주요 저서로 《진리와 방법》이 있다.

긍정적인 역할을 해온 좋은 선입견은 진리에 도달하는 데 도움을 준다

어떤 의견을 절대화함으로써 사회적 해악을 낳는 나쁜 편견이 있다. 하지만 모든 선입견을 부정적으로 보는 것 역시 타당하지 않다. 만일 선입견이 없다고 가정해보자. 모든 상황에서 일일이 판단을 내려야 한다면 그 노고는 엄청날 것이다. 또한 개인이 혹은 사회가 선입견을 가진 데에는 나름의 이유가 있다. 개인적인 경험의 역사, 사회적인 합의의 역사를 무시할 수 없다는 것이다. 즉, 당대의 사회 역사적 맥락에서 생각할 때에야 그 선입견의 올바른 가치를 평가할 수 있다. 선입견이란 시대 속에서 변하기 마련이지만 그 속에서 긍정적인 역할을 해온 선입견도 많다. 일부 부정적인 전통이 있다고 해서 전통과 교양을 전체적으로 매도할 수만은 없다. 과거로부터 전해져 내려온 모든 것들이 비판되고 재해석되어 인정받았을 때에야 비로소 전통이라고 말한다. 만일 그 정당성이 의심되거나 부정되는 관습이라면 인습으로 취급한다. 제사를 통해 조상과 자손들이 만나고 우애를 다지면서, 조상에 대해 공경하는 마음을 길러주는 것은 전통이며, 그 과정에서의 남녀차별은 인습으로 구분해서 봐야 한다.

플러스 상식 ⊞ _____

베이컨의 우상론

베이컨은 사람들이 흔히 빠지는 편견을 네 가지 우상으로 설명하였다. 첫째는 종족의 우상이다. 이것은 세계의 모든 현상을 인간의 관점에서만 보려는 것을 말한다. "저 새는 나의 마음을 알기라도 하듯이 구슬프게 운다"와 같은 것이 그 예이다. 둘째는 동굴의 우상이다. 이것은 동굴에 갇혀 있는 사람처럼, 개인적 경험이나 성격적인 편견으로 인해 세상을 제대로 보지 못하는 것을 말한다. 우리가 흔히 사용하는 '우물 안 개구리'가 여기에 해당한다. 셋째는 시장의 우상이다. 이것은 말 때문에 생기는 편견을 말하는 것으로, 베이컨은 사람들이 많이 모이는 시장에서 잘못된 말과 소문이 많다고 생각하였다. '용', '봉황', '모순矛盾'과 같은 것들이 이런 예에 속한다. 마지막 넷째는 극장의 우상이다. 베이컨은 무대를 보고 환호하는 관객들처럼, 전통이나 권위에 의지하여 나타나는 지식이나 학문을 아무런 비판 없이 받아들이는 것을 가리켜 극장의 우상이라고 하였다. 따라서 그는 과거에 나온 이론들을 권위가 있다고 해서 무조건 추종해서는 안 된다고 하였다.

출전_<고등학교 윤리와 사상>, 교육인적자원부

토론해 봅시다 💬

1. 우리는 누구나 선입견을 가지고 있습니다. 과연 선입견을 배제한 생각과 판단이 가능한지 토론해봅시다.

2. 우리가 살면서 선입견에서 벗어날 수 없다면 올바른 선입견을 갖거나 선입견의 부정적인 측면을 극복하기 위해 어떤 노력을 해야 할지 간략히 말해봅시다.

실전 gogo ✏️

노숙자에 대한 두 가지 선입견이 존재합니다. 노숙자가 생겨나는 것이 사회적 문제라는 시각과 개인적인 노력의 실패로 보는 시각이 그것입니다. 노숙자에 대한 이 두 가지 선입견에 대한 자신의 의견을 정리, 주장해봅시다. (500자 내외)

더 오래 살면
더 행복할까

1930년대에 34세였던 평균수명이 80세를 넘어 100세를 향하고 있다. 의료·과학 기술의 눈부신 발달 덕이다. 또한 인간 수명연장에 대한 사람들의 기대치 또한 나날이 높아져 인류의 오랜 염원이었던 불로장생의 꿈이 실현될 것만 같다. 서기 2050년, 혹은 2070년 생명공학의 발달로 인류를 괴롭히던 불치병이 사라지고 인간 수명이 200세까지 늘어난 시대를 상상해보자. 과연 인류는 더 행복할까?

키워드로 읽는 논쟁

1. 인류의 꿈, 불멸 혹은 영생

모든 생명은 죽는다. 죽음이란 생물학적으로 생명활동이 정지되어 다시는 본래의 삶의 상태로 되돌릴 수 없는 것을 말한다. 따라서 죽음은 결코 체험할 수 없는 영역이다. 더구나 죽음은 언제든 불시에 찾아올 수 있고, 영원한 이별을 초래하는 것이므로 인간은 죽음에 대한 공포로부터 자유롭지 못하다. 인간은 이러한 죽음의 가능성에 대해 원초적인 두려움을 느낀다.

한편 영생 혹은 불멸에 대한 인간의 염원은 오래된, 인간의 본능적인 욕망이다. 특히 중국의 전통적인 생명관은 영원히 죽지 않는 영생에 대한 염원과 밀착해 있다. 중국에서는 신선이 되어 늙지 않고 영원히 살 수 있다는 불로장생 사상이 널리 퍼져 있다. 장생불사를 추구하여 불로초^{不老草}를 구하려던 진시황의 이야기가 대표적이다. 서양에서도 불멸에 대한 인간의 욕망을 다룬 신화와 이야기가 많다. 기독교의 뿌리인 히브리 서사에서도 무한지식의 욕망과 함께 영생의 욕망을 인간의 두 가지 욕망으로 꼽고 있다.

죽음을 어떻게 볼 것인가 하는 철학적 문제는 삶의 태도와 깊은 연관이 있으므로 현대에 오면서 죽음의 의미에 대한 진지한 성찰이 늘고 있다.

2. 시빌레, 티토노스와 노화

그리스 신화에는 영생을 얻되 젊음은 얻지 못한 두 사람의 이야기가 나온다. 시빌레와 티토노스가 그들이다. 시빌레는 트로이 부근에 살던 여자로 태양의 신 아폴론에게 봉사한 대가로 예언력을 전수받았고, 덕분에 그녀의 신탁은 너무나 정확해 나중에는 무녀를 의미하는 일반명사가 되었다. 어느 날 시빌레는 아폴론으로부터 애인이 돼주면 모든 소원을 들어주겠다는 말을 듣고, 한 손 가득 모래알을 쥐고는 이 모래알만큼의 봄과 가을을 원한다고 말했다. 한 줌의 모래알은 수천 개에 달한다. 그러나 영원한 청춘을 달라는 말은 깜빡 잊고 하지 않았고, 아폴론의 애인으로 곁에 있지 않은 탓에 점점 쪼그라들어 병 속에 넣어져 동굴 천장에 매달리게 되었다. 그녀의 소원은 죽는 것이었다.

새벽의 여신 에오스의 마음을 빼앗은 티토노스는 트로이 왕 라오메돈의 아들이다. 에오스는 티토노스를 납치한 뒤 제우스를 설득해 티토노스에게 영원한 생명을 준다. 하지만 젊음을 함께 주라는 말을 깜박 잊은 탓에 티토노스는 나날이 늙고, 나중에는 너무 늙어 수족을 움직이는 것도 어려웠다. 에오스가 그를 창고에 가두자 창고 밖으로 흐느끼는 소리가 들렸다. 마침내 에오스는 그를 매미로 변하게 했다. 시빌레와 티토노스의 이야기는 생명연장 시대를 맞이한 우리들에게 나이듦과 젊음에 대해 숙고하게 한다.

3. 노화란 무엇인가

노화에 대한 정의는 크게 둘로 나뉜다. 첫째, 노화는 생명체가 태어나서 죽음을 맞이하기까지 겪는 전 과정을 의미하기도 하고, 둘째, 흔히 '늙는다'는 개념으로 알고 있는 것들, 즉 늘어나는 주름살, 탄력 없는 피부, 빠지는 머리카락, 약해지는 뼈 등을 포함한 좁은 개념을 의미하기도 한다. 전자의 개념에서 본다면 노화란 생명체라면 누구나 겪어야 하는 자연스런 생명 현상 중의 하나로 받아들일 수 있지만, 후자의 개념에서 본다면 일종의 질병처럼 일어나는 마모 현상으로 얼마든지 지연시키거나 멈추게 할 수도 있다는 뜻으로 받아들여진다.

한편 노화의 원인은 크게 두 가지로 나뉜다. 유전자 속에 노화 과정이 이미 찍혀 있다는 프로그램 가설이 하나이고, 환경에서 받는 스트레스의 결과라는 스트레스 가설이 다른 하나다. 전자에 의하면 노화는 어쩔 수 없는 생명 활동의 일부분인 것이고, 후자의 입장에 의하면 노화는 적극적으로 뛰어들어 해결할 수 있는 하나의 문제인 것이다. 《하리하라의 생물학 카페》참조)

4. 생명연장(혹은 수명연장) 기술

병에 걸리지 않고 건강하게 오래 사는 것은 인류의 변화없는 꿈이다. 이에 따라 인류는 노화를 억제하거나 노화에 역행하도록 해서 평균수명을 늘리기 위해 고심해왔다. 그러다 20세기에 들어서면서 페니실린의 발견과 생명공학, 유전공학 등의 비약적인 발전에 힘입어 평균수명이 획기적으로 늘어났다.

우리나라의 평균수명을 보면 1930년대 34세였던 것이 2011년에는 84.4세로 세 배 가량이 되었다. 인류는 여기서 그치지 않고 각종 질병을 정복하고 생명을 연장할 수 있는 새로운 기술 개발에 여념이 없다. 인간배아복제가 성공했고, 인간게놈지도가 완성되었으며, 유전공학으로 난치병 치료의 길이 열렸다. 또한 앞으로 나노기술, 신체의 일부 혹은 전신 교체, 인체 냉동 보관술 등 갖가지 수명연장 기술을 통해 평균수명이 늘어날 것이라 전망한다. 또한 현재 일반인들은 노화를 방지하고 억제하기 위한 보충제, 호르몬 요법 등을 이용하고 있다. 일부 미래학자는 몇십 년 안에 생명연장 속도가 늙어가는 속도를 추월, 21세기 중반에는 인간과 기계, 소프트웨어가 합쳐져 불로장생도 가능할 것이라고 예측하기도 한다.

"수명 연장, 인류의 꿈"

1 **수명 연장은 인간의 본질적인 욕망이며,
인간은 더 오래 삶을 영위할 권리가 있다**

지식에 대한 끝없는 욕망과 더불어 더 오래 살고 싶다는 소망은 인간의 본질적인 욕망이다. 사람은 결국 늙고, 죽는다는 사실을 거부할 수 없는 자연의 섭리로 받아들이면서도 대부분의 사람들은 늙기를 거부하고 죽음을 앞에 두고도 처절할 정도로 삶에 대한 미련을 놓지 못한다. 당연히 평균수명의 연장은 인류를 더 행복하게 한다. 현대인들이 노화를 늦추기 위해 많은 일들을 하는 것도 그런 이유 때문이다. 우선 살 날이 많다는 것은 어느 정도 죽음의 두려움과도 거리를 둘 수 있고, 삶을 조금 더 느긋하게 관조할 수 있다. 경제활동을 하느라 생활에 매여 하지 못했던 것들도 다시 시작할 시간이 주어진 것이다.

요즘 매스컴에는 제2의 인생을 시작한 어른들 이야기가 종종 등장한다. 화가의 꿈을 꾸었던 여고생이 결혼과 동시에 접었던 꿈을 일흔의 나이에 미대에 진학해 새롭게 도전 중이라는 얘기, 손재주를 살려 공방을 열었다는 어른의 얘기 등. 연륜이 쌓여 삶의 지혜까지 늘어나 작은 일에도 기뻐하며 새로운 삶을 행복하게 열어가고 있는 것이다. 인간의 평균수명을 높이기 위해 과학과 의학 등 관련 학문들을 계속 발전시키고 있는 이유도 수명연장이 인류를 더 행복하게 한다는 확신에서 비롯된 것이다.

2 평균수명은 경제적 풍요의 결과다. 더 오래 살면 더 행복함을 방증하는 것

평균수명 연장이라는 관점에서 지난 100년 동안의 의학통계를 보면 과거 어느 때보다 놀라운 진전을 이룩했음을 알 수 있다. 선진국의 경우 두 배 이상으로 평균수명이 늘어났다. 생명의 비밀이 속속들이 밝혀지고, 유전자 연구를 비롯한 생명공학, 의학 분야에서 눈부신 발전을 이룩한 탓이다. 그리하여 인류는 무병장수의 꿈을 실현하는 데 근접하게 되었다. 평균수명의 연장은 다른 의미에서 보면 경제적, 물질적으로 인류가 보다 풍요로워졌으며 사회 생활 수준도 향상됐음을 의미하는 것이기도 하다.

실제로 인류의 역사를 보면 삶의 질이 향상될수록 평균수명이 증가해왔다. 평균수명 연장과 생활수준은 긴밀하게 연관돼 있는 것이다. 왜냐하면 평균수명이 현재보다 두 배 이상 획기적으로 늘어나면 경제활동을 하는 시간도 그만큼 증가해 소득이 높아지기 때문이다. 일각에서는 평균수명 연장이 고령화사회를 촉진할 뿐이라고 비판한다. 그리고 인간의 수명은 늘어났지만 경제적으로 불안정하기 때문에 사회문제가 되고 있다고 주장한다. 하지만 다른 관점에서 보면 사회적으로 성숙된 계층이 늘어난다는 의미이기도 하다. 뿐만 아니라 앞으로의 노년층은 과거의 노년층과 다르다. 노동의 종류도 달라진데다 의료기술의 발달로 젊음을 유지하는 기간도 그만큼 늘어났기 때문에 충분히 경제활동을 해나갈 수 있다. 평균수명의 연장은 경제적으로 풍요로운 생활을 할 수 있도록 돕는 원인이자 그 결과라고 할 수 있다.

3 수명 연장은 질병의 정복을 의미한다

인류의 수명이 그만큼 늘어났다는 얘기는 인간을 고통스럽게 하는 갖가지 질병을 인간이 드디어 정복하게 되었다는 의미이기도 하다. 사람들은 나이가 들면서 돈과 권력조차 죽음 앞에서는 아무런 의미가 없다는 사실을 깨닫는다. 또한 노화가 진행되면서 죽음보다도 두려운 것이 치명적인 질병에 걸려 고통 속에서 죽어가는 것이다. 즉, 노화가 진행되면서 동반되는 질병이 주는 고통에 대한 두려움이 크다. 그래서 인류는 무병장수를 꿈꾸고 이를 실현해가는 과정에서 갖가지 불치병을 정복하게 되는 것이다.

이미 많은 미래학자들이 21세기 중반에 이르면 암이나 에이즈, 심장질환이나 치매 등 인간을 고통스럽게 했던 질병으로부터 해방될 것이라고 예견한다. 현재 진행되고 있는 생명공학과 의료기술의 발달만 봐도 충분히 짐작할 수 있다. 2003년 인간의 DNA 유전자 정보를 담은 인간게놈지도가 완성됐는데 이로써 각종 질병을 유발하는 유전자, 신체 이상을 낳는 유전자, 노화촉진 유전자 등 인류를 괴롭혀온 각종 난치병들을 치료할 수 있는 길이 열렸다. 또한 줄기세포로 장기복제도 가능해 신체의 일부, 혹은 전신을 교체할 수도 있을 것이라고 내다본다. 여기에 나노기술과 인체냉동보관술 등을 통해서도 수명을 연장할 수 있다고 한다. 지금까지 장수한 사람은 122년이 최고 기록인데, 앞으로 20~30년 안에는 인간 수명을 30% 정도 추가로 연장시키는 약을 개발, 150세 기록을 세울 것이라는 주장도 있다. 무병장수라는 인류의 꿈을 이룸으로써 인간은 질병의 고통으로부터 벗어나게 되었음을 상기해야 한다.

더 오래 살면, 더 행복할까

"수명 연장, 불행일 수 있어"

1 인간 역시 지구상의 다른 종들과 마찬가지로 적절할 때 죽어야 할 의무 있어

인류의 역사를 보면 지식에 대한 인간의 끝없는 추구와 탐욕이 무책임한 결과를 낳고는 했다. 원자폭탄이나 비윤리적인 방향으로 진행되는 가파른 생명공학의 발달이 그 증거다. 오래 살고 싶다는 인간의 욕망 또한 마찬가지다. 본질적인 욕망이라고 해서 무조건 받아들일 수는 없다.

대체 얼마나 오래 살아야 인간이 자신의 수명에 만족할 수 있을까? 이 맹목적인 추구가 과연 정당한지 생각해봐야 한다. 지금의 우리들을 보면 입으로는 나이가 들고 늙는 것은 자연스러운 현상이라고 말하면서도 '젊어지는 방법'이라고 하면 물불을 안 가리는 사람들이 너무 많다. 각종 음식은 물론 갖가지 건강보조식품과 시술법 등이 하나의 산업을 형성하고 있다. 하지만 정작 전문가들은 대부분의 것들이 노화 예방과 방지에 거의 효과가 없다고 말한다. 수명 연장에 대한 인간의 욕망을 인간의 자연스러운 권리라고 보기에는 현재 인류가 하는 행위들에는 맹목적인 면이 너무 많다.

한편에서는 생애가 늘어난 만큼 그 시간 동안 자신의 꿈을 이뤄나가고 있다고 말하지만 이러한 시간 활용 역시 소득 수준에 따라 천차만별이다. 어떤 사람들은 새로운 꿈을 향해 나아가지만 어떤 사람들은 늙고 병든 몸을 이끌고 생존을 위한 가혹한 노동을 하면서 불행한 삶을 연명하고 있다.

우리는 노화와 죽음에 대해 진지하고 깊이 있는 철학적 자세를 가져야 한다. 인간도 지구상의 모든 생명 가운데 하나다. 다른 종들처럼 적절한 시점에 죽어야 할 의무가 있다. 또한 새로운 세대에게 자기 자리를 내주는 것이 합리적이고 도덕적인 행위임을 알아야 한다. 현재 수명 연장을 위한 인간의 행위는 맹목적이며, 인간 역시 지구상의 다른 종들과 마찬가지로 적절한 시점에 죽어야 할 의무가 있다.

2 인류의 수명 연장, 생태계 불균형 초래해

과학이 인류의 노화를 막을 수 있다, 없다에 관한 논의는 잠시 논외로 치자. 만일 지금 미래학자들이 주장하는대로 인간의 수명이 150세, 200세로 늘어난다고 가정하자. 수명 연장이 인류의 권리라고 주장하는 사람들은 과학의 발달에 따라 경제 여건도 좋아질 것이고, 젊음을 유지하는 기간도 늘어날 것이므로 노년층도 충분히 경제활동을 할 수 있기 때문에 수명 연장에 따른 경제적 문제는 없을 것이라고 주장한다.

그러나 이들이 놓치고 있는 게 있다. 생명의 탄생과 죽음이라는 숭고한 행위를 자연의 섭리에 맡기지 않고 인간이 인위적으로 조절함으로써 수명연장이 된다면 당연히 생태계의 불균형을 비롯한 갖가지 혼란이 초래될 것이다. 예를 들어 평균수명이 지금의 두 배로 증가하면 자연스럽게 인구도 늘어나 석유, 가스, 석탄 등 천연자원의 소비도 늘어날 수밖에 없다. 당연히 자원위기를 동반한다. 환경오염도 마찬가지이다. 에너지 소비량이 느는 만큼 오염도가 높아질 수밖에 없다. 뿐만 아니라 고령화사회라는 사회적 문제도 해결하기가 쉽지 않다. 수명연장으로 인구가 증가하면 각국의 정부들은 신생아 출산을 억제할 것이고, 그럴 경우 노령인구가 늘어나고 젊은 세대가 줄어 사회 생산력이 떨어지는 악순환에 빠질 위험이 높다.

이처럼 인류의 수명연장은 생태계 불균형을 비롯한 사회, 경제적 문제를 증가시킨다.

3. 수명연장은 계층불균형이 뚜렷한 건강격차 문제를 낳는다

우선 의학의 발달로 인류의 수명이 지난 100여년 동안 급격히 늘어난 것은 맞다. 하지만 이는 거의 임계점에 도달하고 있다고 봐야 한다. 의학과 과학이 빠르게 발달하고 있지만, 미래학자들의 주장은 SF 영화에나 나올 법한 소재이지 과학은 아니라고 단언할 수 있다.

백번 양보해서 노화를 늦추는 약물이 나온다 해도 기껏해야 수명을 2~3년 정도 연장하는 데 그칠 것이다. 그런데도 생명공학을 마치 젊어지는 샘물이라도 되는 양 하는 태도는 이성적이지 못하다. 더구나 현재 진행되고 있는 수명연장을 위한 여러 가지 조치들은 윤리적 문제로부터 자유롭지 못하다. 줄기세포를 이용한 장기복제나 유전자조작을 통한 난치병 치료문제도 생명의 존엄성과 결부된 윤리적 문제를 안고 있다. 또한 나노기술의 활용 역시 이 첨단의 기술이 초래할 위험성에 대한 연구 검토가 진행되어야 한다.

물론 과학의 발달로 많은 난치병을 정복하게 된 것은 사실이다. 그러나 과연 이 혜택이 전 인류에게 돌아가는지 물어야 한다. 현재 전 세계에서 '건강격차'가 어마어마하게 벌어지고 있다. 평균이라는 낱말에 속지 말아야 한다. 한국인의 평균수명이 늘어난다고 해도 모든 한국인이 장수하는 건 아니다.

가난하고 교육수준이 낮은 계층의 경우 질병에 시달리다 평균 이하의 나이에 죽음을 맞는다. 빈곤계층은 막대한 의료비용 때문에 그 혜택을 받지 못할 가능성이 크기 때문이다. 건강격차만큼 수명연장에서도 빈부격차가 뚜렷하게 나타날 수밖에 없다. 수명연장과 함께 의학의 발달로 난치병 치료의 길이 열렸지만 계층불균형이 뚜렷한 건강격차의 문제에 대한 해결법도 있어야 한다.

나노기술과 생명연장

1나노미터는 10억분의 1미터에 해당한다. 나노기술이란 나노미터 수준에서 물질을 만들고 조작하는 기술을 말한다. 나노기술을 이용한 나노의학의 발전이 노화에 영향을 주는 여러 과정을 복구해 수명연장을 가능하게 할 것으로 전망하고 있다.

나노기술의 개척자인 에릭 드렉슬러는 《창조의 엔진》에서 세포를 수리하는 기계가 만들어질 것으로 내다봤으며, 그 중에는 세포 내에서 아직까지는 가상적인 분자 컴퓨터로 작동하는 기계도 포함했다. 미래학자 레이먼드 커즈와일은 2030년까지 의료 나노로봇학의 발전으로 노화를 치료할 수 있다고 말했다

6000억원의 내기

내기의 주인공은 스티븐 오스태드 텍사스 교수. 이 내기는 논문에서 시작됐다. 그는 2000년 한 학술지에 "2150년까지 인간의 최고수명이 150세에 이르게 될 것"이라는 내용의 논문을 발표했다. 이에 인구문제 전문가인 일리노이 대학 스튜어트 올샨스키 교수가 그런 일은 없다고 반박했다. 이 두 사람은 과학사상 최대 판돈을 건 내기를 걸었다. 각자 150달러씩 내서 150년간 주식시장에 묻어두기로 한 것. 지난 20세기처럼 주가가 상승할 경우 150년 후 이 돈은 5억 달러(한화 약 6000억원)로 불어날 것으로 예상된다. 2150년에 150세인 인간이 출현하면 오스태드의 후손이, 그렇지 않으면 올샨스키의 후손이 그 돈을 차지하기로 했다. 후손이 없을 경우 각자 몸담았던 연구소가 횡재한다. 변호사를 불러 계약서도 썼다.

죽음에 대한 인디언들의 세계관

인디언들은 삶과 죽음과 자연을 일치시키는 세계관의 소유자다. 그들은 '인간은 자연에서 태어나 자연으로 돌아간다'고 믿었다. 그리고 '모든 자연 속에는 인간의 마음과 영혼이 깃들어 있으며, 따라서 자연은 형제자매와 같이 생명이 있는 신성한 존재, 인격을 지닌 존엄한 존재'라고 생각했다. 이러한 세계관으로 그들은 자연에 대한 경외심을 갖고 자연과 더불어 살아가는 삶의 태도를 지녔다. 또한 자연과 자연의 일부인 인간은 끊임없이 변화하며, 그 변화는 모든 자연의 생명에 예외 없이 적용된다고 믿었다. 당연히 죽음은 이러한 자연의 질서였으므로 의연하게 받아들이고 순응하는 태도를 가지고 있었다.

토론해 봅시다 💬

1. 죽음을 두려워하는 것이 우리 삶에 어떤 영향을 미치는지 자신의 생각을 정리해서 발표해봅시다.

2. 인류의 수명이 늘어나 더 오래 살게 되었을 때 인류가 행복할지 행복하지 않을지 자신의 생각을 정한
   다음, 한 가지 논거를 정해 자신의 주장을 펼쳐봅시다.

실전 gogo ✏️

인간의 평균수명이 200세에 이르는 사회가 되었다고 가정해봅시다. 이로 인해 어떤 문제들이 생겨날지 정리해보고,
이러한 문제를 해결할 수 있는 방법이 무엇일지 자신의 생각을 정리해서 적어봅시다.

유토피아,
헛된 망상인가

인류는 언제나 생존을 위해 노력해왔고, 늘 고통 속에서
삶을 이어왔다. 그래서 인류는 더 만족스러운 곳, 더 살기
좋은 곳을 꿈꾸었다. 그러나 가장 이상적인 사회를 뜻하
는 유토피아라는 개념은 아이러니하게도 실현 불가능한,
허황된 것이라는 인식이 강하다. 반면에 디지토피아, 테크
노피아, 에코토피아 등 희망적인 사회를 지칭하는 용어를
파생시키기도 했다. 사람들은 왜 유토피아를 꿈꾸는 것일
까? 유토피아 꿈꾸기는 헛된 망상에 불과한 것일까?

키워드로 읽는 논쟁

1. 유토피아, 디지토피아, 테크노피아, 에코토피아

유토피아Utopia는 16세기 영국의 정치가이자 인문주의자인 토머스 모어가 쓴, 정치적 공상소설의 제목에서 유래했다. 1516년 간행된 토머스 모어의 소설《유토피아》는 영국의 현실을 비유적으로 비판하며 이상사회를 묘사했다.

그리스어에서 유래된 유토피아는 두 가지 의미를 담고 있다. 하나는 유토피아를 'Outopia'로 읽을 경우로, '없다'는 뜻의 그리스어 'ou'와 장소를 뜻하는 'topos'에 '나라'를 뜻하는 'ia'가 합쳐져 'no-place'가 된다. 즉, '이 세상에 없는 곳'을 뜻한다. 하지만 'Eutopia'로 읽을 경우에는 'good-place'의 의미로 '좋은 곳'을 의미한다. 따라서 이 둘 중 어떤 의미를 강조하느냐에 따라 '공상사회'라는 의미도 되고, '이상사회'라는 의미도 된다. 또한 이 두 가지 의미를 통합해 '실제로는 존재하지 않는 이상적인 공간'이라고 정의할 수도 있다.

한편 현대사회에 오면서 유토피아에서 파생한 다양한 용어들이 등장하고 있다. 디지토피아Digitopia는 디지털과 정보 중심의 이상사회를, 테크노피아Technopia는 과학기술이 극도로 발달된 이상사회를, 에코토피아Ecotopia는 사회의 모든 것을 통제하는 과학기술 문명에서 벗어나 자연과 동화되는 이상사회를 뜻한다.

2. 토머스 모어의 《유토피아》

토머스 모어의 《유토피아》에 나오는 상상의 섬이 바로 유토피아. 10만명이 사는 이 섬은, 주민을 가족 단위로 편성, 50가구가 모여 하나의 집단을 이루고 '시포그란트'를 선출한다. 이 시포그란트들이 모여 '평의회'를 이루고, 네명의 후보 가운데 '왕'을 선출한다. 왕은 평생 자리를 지킬 수 있지만, 전제 군주가 되면 퇴위당할 수도 있다. 전쟁에 대비해 '자폴렛'이라는 용병을 두고 있다. 이들은 전투 중에 적들과 함께 죽게 되어 있기 때문에 군사 독재는 생길 수가 없다. 유토피아 섬에는 화폐가 없다. 주민들은 각자 시장에 가서 자기가 필요로 하는 만큼 물건을 가져다 쓰면 된다. 집들은 모두 똑같고 문에는 자물쇠가 없다. 주민들은 누구나 타성에 젖지 않도록 10년마다 이사하도록 되어 있다.

유토피아에서는 하루에 총 6시간 일을 한다. 먼저 3시간 일을 하고 식당에서 점심을 먹은 다음, 다시 3시간 일을 한다. 일을 한 다음에는 문화센터에 가서 자신에게 맞는 맞춤 강좌를 듣는다. 무료 시장에 농산물을 공급하기 위해 2년 동안 농사를 지을 의무가 있다. 간통을 하거나 섬에서 탈출하려고 기도한 자는 자유인의 권리를 잃고 '노예'가 된다. 그렇게 되면 그는 일을 훨씬 더 많이 해야 하고 같은 시민이었던 옛 동료들에게 복종해야 한다.(위키피디아 발췌)

3. 유토피아의 철학적 뿌리

플라톤, 생시몽, 푸리에, 마르크스, 마르쿠제 등 수많은 사상가들이 유토피아를 상상했을 만큼 유토피아의 철학적 뿌리는 깊다. 플라톤의 이상국가에서 시작해서 마르크스의 공산주의 개념이 그 절정을 이루었다.

토머스 모어의 유토피아의 구체적인 모습을 살펴보면 오늘날 '공산주의'라고 부르는 사회 이념이 떠오른다. 모어의 유토피아에서는 모든 땅에 주인이 없으므로 농민들은 마음 놓고 경작할 수 있고, 모든 국민은 신분, 성별, 빈부의 차이 없이 농업에 종사한다. 모어가 강조했던 유토피아의 해법은 바로 '평등'에 있었다. 따라서 능력만큼 일하고 필요한 만큼 가져가는 공산주의야말로 유토피아와 가깝다고 할 수 있다.

하지만 역사가 증명하듯 공산주의의 현실태인 사회주의는 관료제에 의해 무너졌다. 또한 모두가 평등한 것이 과연 이상적인 모습인지에 대한 의문도 남는다.

또한 유토피아는 아무렇게나 상상된 사회가 아니라 현실 세계의 온갖 부조리와 문제점이 해결된, 그러면서도 실현 가능하다고 보는 완전한 사회이다. 이런 이유로 많은 사상가들은 강력한 중앙 통제, 무오류의 지도자, 공동생산과 분배, 무질서한 국민들에 대한 끊임없는 교화, 일사불란하고 질서정연한 사회를 유토피아로 그려 왔다. 따라서 문학이나 영화에서는 유토피아가 결국 디스토피아로 이어질 것이라며 비판했다.

4. 디스토피아, 유토피아의 이면

디스토피아Dystopia는 유토피아와 반대되는 가상사회를 가리키는 말이다. 디스토피아라는 말은 존 스튜어트 밀이 의회 연설에서 처음 쓴 단어이다. 그는 그리스어 지식을 바탕으로 디스토피아가 '나쁜 장소'를 가리키는 말이라고 언급했다. 디스토피아 사회는 주로 전체주의적인 정부에 의해 억압받고 통제받는 모습으로 그려진다. 현실과 동떨어진 세계를 다룬다는 점에서 유토피아와 비슷하지만 의미는 정반대. 주로 부정적인 암흑세계를 픽션으로 그려냄으로써 현실을 날카롭게 비판하는 문학작품 및 사상을 말할 때 쓴다. 디스토피아를 다룬 대표적인 문학작품은 올더스 헉슬리의 《멋진 신세계》와 조지 오웰의 《1984》가 있다.

20세기 초, 인류는 두 차례 세계대전과 경제공황을 거치고, 혁명기의 혼란을 마주한다. 암울한 현실을 지나고 유토피아가 도래할 것이라고 꿈꿨던 이들은 참담한 현실 앞에 좌절했고, 미래 또한 암울할 것으로 내다보았다. 과학소설가들은 냉소적인 눈으로 미래를 예견했다. 기계가 인간을 지배하는 세상, 외계인이 지구를 침공하는 미래, 범죄가 만연한 불안한 미래 등이 SF 영화를 통해 현실성 있게 다가왔다. 인류를 유토피아의 신세계로 데려다줄 것이라고 생각했던 과학기술 문명이 오히려 디스토피아의 괴물이 되어 유토피아에 반격하고 있는 셈. 디스토피아와 유토피아는 반대말이지만 유토피아의 추구가 결국 디스토피아로 이어질 것이라는 비판이 많다.

"실현 불가능"

1 유토피아는 실현 불가능한, 관념적 유희다

일체의 괴로움이 없는, 행복만 충만한 곳을 가리켜 파라다이스라고 말한다. 샹그리아나 엘도라도 등도 이런 이상사회를 지칭하는 말인데 모두 새로운 세계, 존재하지 않는 세계에 대한 환상이다. 유토피아도 마찬가지다. 이런 낭만적인 이상향과 다를 바 없다. 보통 '유토피아적'이라는 말을 하는데, 이 형용사는 실현이 불가능하거나 쓸데없는 공상이라는 뜻의 부정적 의미로 쓰인다. 물론 이론적으로 이상적인 사회를 구상해볼 수는 있지만, 현실과 동떨어져 있는 관념적 유희에 불과하다. 더구나 지금과 같은 현대사회는 유토피아라는 개념이 등장한 16세기 사회와는 비교할 수 없을 정도로 복잡하다. 이처럼 복잡한 현대사회의 여러 문제를 해결하는 현실적인 유토피아를 구상하기란 불가능한 일일 수밖에 없다.

현실의 세계는 부조리한 점도 많고 당연히 여러 가지 문제점을 갖고 있다. 어떤 오류도 없는 완벽한 사회란 있을 수 없다. 물론 꿈을 가지고 살아가는 게 나쁜 것은 아니다. 하지만 꿈과 현실을 혼동해 현실을 꿈의 세계에 대입하는 것은 곤란한 일이다. 슈퍼맨처럼 날고 싶다는 꿈이 간절하다고 해서 아파트 옥상에서 날아볼 수는 없지 않은가. 또한 많은 사람들이 이상사회에 대해서 제각각 다르게 주장한다면 혼란스러움만 초래할 것이다. 실현 불가능한 관념적 유희에 불과한 유토피아에 대한 기대는 현실에 전혀 도움이 되지 않는다.

2 유토피아는 현실도피적인 경향을 부추긴다

사람들이 유토피아를 갈망하는 순간은 대체로 비슷하다. 현실의 고통에서 벗어나고 싶을 때다. 처음 토머스 모어가 유토피아의 개념을 들고 나왔을 때를 보자. 16세기 영국의 농민들은 절대주의 정치와 중상주의 경제에 시달렸다. 영주들은 모직산업을 위해 양을 키우느라 농토를 목장으로 바꾸고 농민들을 쫓아냈다. 많은 사람들이 가혹한 현실로부터 벗어나길 바랐고, 모어는 지주가 없고 모든 농민들이 일한 만큼 보상받는 평등한 세계, 그야말로 이상적인 유토피아를 그려냈다. 문제는 이처럼 실현 불가능한 공상을 꿈꾸는 것이 결과적으로 사람들에게 현실도피라는 부정적 영향을 미친다는 사실이다. 유토피아적 미래를 꿈꾸는 일은 현재 사회에 대한 구체적인 분석을 방해하고, 당장 해야 할 현실의 투쟁에서 멀어지게 만든다. 유토피아를 바라는 것이 결국에는 현실을 외면하게 하고, 현실을 수동적으로 받아들이게 만들어 사람들로 하여금 자신의 문제를 해결하고 역사의 주체로 나서지 못하게 하는 것이다.

중요한 것은 현재의 문제를 철저히 분석하고 이를 토대로 문제를 해결해나가는 것이다. 실현 불가능한 이상적인 미래상을 꿈꾸는 것은 불필요한 일일뿐더러 비과학적인 것이다. 유토피아라는 공상을 쫓는 자는 그 이상적 모습이 현실과 괴리되기 때문에 현재의 상황에 실망하게 되고 현실의 변화에 무기력해질 수밖에 없다. 결국 유토피아는 여러 비유적 형태로 현실을 비판하는 듯 보이지만, 부조리한 현실을 그대로 유지하려는 보수적 이데올로기에 힘을 실어줄 뿐이다.

3 유토피아는 결국 전체주의를 낳는다

유토피아는 현실의 온갖 부조리와 문제점이 해결된 완전사회를 말한다. 많은 사상가들이 그리는 유토피아는 강력한 중앙 통제, 오류 없는 지도자, 공동생산과 분배, 국민 교화, 질서정연한 사회였다. 이러한 유토피아를 실현하려면 당연히 강력한 중앙 통제, 즉 전체주의를 채택하지 않을 수 없다. 완전한 이상사회를 건설하려면 절대적 진리에 어긋나는 다른 의견들을 통제할 수밖에 없으며, 모든 사람들의 생각과 행동을 이상사회의 청사진에 맞춰야 하기 때문이다. 개인의 선택적 자유를 허용해서는 유토피아를 건설할 수 없기 때문이다.

유토피아는 현실적으로 실현될 수도 없지만, 실현시키고자 할 때는 이처럼 강력한 중앙집권적인 독재로 빠질 수밖에 없다. 플라톤의 이상국가도 철인에 의한 통치를 중심에 두고 있고, 마르크스의 사회주의 역시 추악한 관료제에 의한 독재정치로 흘러 실패하고 말았다. 사유재산도 허용되지 않았고, 어떠한 일탈도 금지되었으며, 재산을 축적하는 것도 규제의 대상이 되었고, 실업도 있을 수 없는 일이었다. 소설이나 영화에서 유토피아를 부정적인 암흑 세계, 디스토피아로 그린 것도 이러한 한계를 조롱하려는 것이었다. 따라서 유토피아를 추구하는 길은 결과적으로 칼 포퍼의 경고대로 '닫힌 사회'를 낳을 수밖에 없다.

플러스 상식 ✛

동양과 서양의 유토피아가 공유하는 특징

1. 유토피아는 일정한 공간을 바탕으로 성립된다. 실제적이든, 환상적이든, 미래의 구상이든, 유토피아의 토대는 반드시 공간이다.
2. 유토피아는 인간의 보편적인 이상, 꿈, 소망을 내용으로 한다.
3. 유토피아는 현실적으로 존재하는 것이 아니므로 상상력에 의해 구성된 픽션의 성격을 지닌다. 따라서 문학의 형식을 취하게 된다.

"현실을 바꾸는 힘"

1 유토피아는 인간사회를 더 나은 방향으로 이끌고자 하는
인간의 이성적 활동으로 관념적 유희와는 다르다

유토피아는 샹그리아나 엘도라도, 무릉도원 같은 낙원과는 다르다. 이러한 낙원은 현실과 달리 자원도 무한하고 사람들도 선하며 모두 무병장수하는, 그야말로 이상적인 사회인데 비해 우리가 지금 얘기하는 유토피아는 자원도 부족하고 인간들도 선한 본성을 가지고 있지 않으며 신의 은총이 아니라 인간의 손으로 건설해야 하는 이상사회다. 이상향과는 달리 훨씬 현실적인 개념인 것이다. 따라서 유토피아는 관념적 유희가 결코 아니며, 인간사회를 더 나은 방향으로 이끌고자 하는 인간의 이성이 창조한 개념이다.

인간의 풍부한 창의력과 자유로운 상상력으로 만들어내는 유토피아는 억압적인 기존 질서와 다른, 억압 없는 새로운 미래상을 보여준다. 뿐만 아니라 유토피아는 현실적인 조건을 토대로 바람직한 미래의 인간사회 모습을 창의적으로 그려보고 이를 통해 새로운 가능성을 만들어내려는 인간의 노력을 반영한다. 이러한 유토피아적 사고를 현실과 괴리된 지적 유희라고 치부할 수는 없다.

물론 현실세계는 많은 문제점이 있고, 완벽한 사회가 존재하기는 어렵다. 유토피아는 완벽한 사회 자체를 말한다기보다 완벽한 사회로 다가가기 위한 발전의 과정으로 봐야 한다. 따라서 유토피아의 이상은 길잡이 별 같이 더 나은 목표를 향해 나아갈 수 있도록 길잡이 역할을 한다. 과거 인간이 달에 가는 것은 허무맹랑한 꿈이었지만, 결국 인류는 이를 현실로 옮기지 않았는가. 막스 베버는 '불가능한 것'을 지향하지 않으면 '가능한 것'조차 성취할 수 없다고 말했다. 유토피아 역시 이런 관점에서 봐야 한다.

2 유토피아는 역사성과 현실성을 갖춘 대안적 사회상으로, 현실도피적이지 않다

모어가 말한 유토피아라는 개념은 구체성을 가지고 있다. 정치적 평등을 어떻게 이뤄야 하는지, 노동시간은 어때야 하는지를 비롯해서 사회구조에 대해서도 자세히 말하고 있다. 즉, 낙원에 가까운 이상향이 아니라 16세기 영국의 현실에 대한 사회비판적 의식에서 출발한 구체적인 문제제기이다. 이처럼 유토피아는 막연한 이상사회를 꿈꾸던 고대의 이상향과는 달리 역사성과 현실성을 갖추고 있다. 기존 현실에 대한 구체적 분석을 통해 얻어진 현실의 경향성이나 잠재성을 바탕으로 구상하기 때문이다.

유토피아는 '더 나은 삶에 대한 꿈'으로서 희망을 바탕에 둔 미래 지향적인 모습이지만, 결국 이것은 기존 현실을 비판하고 변혁하려는 의지를 불러일으킨다. 오히려 역사를 전진시키는 원동력이 되는 것이다. 설계도 없이 새로운 집을 짓는 것이 불가능하듯, 유토피아 없이 현실을 개혁하는 것은 어려운 일이다. 기존 현실에 대한 비판과 부정만으로 미래 사회의 모습을 확정할 수 없기 때문이다. 역사에 존재했던 유토피아 사상가들을 보라. 그들은 기존의 사회 문제를 해결하기 위한 새로운 해결책을 제시하고, 갈등을 조정할 수 있는 새로운 방안을 제안했다. 사회를 진보의 방향으로 인도하면서 기존 사회를 초월하는 대안적 사회상을 보여준 것이다. 유토피아가 현실도피적 경향을 부추긴다는 비판은 적절치 않은 지적이다.

3 유토피아가 전체주의로 흐를 것이라는 비판은 미래에 대한 인류의 낙관을 불신하는 것이다

　유토피아에 대해서 부정적으로 보는 이유는 유토피아적인 사회상을 정형화된 것으로, 또 절대적인 것으로 보는 데서 비롯된다. 강력한 중앙 통제, 공동생산과 공동분배, 질서정연한 사회가 유토피아의 정해진 모습이 아니다.

　유토피아는 실제로 존재하지 않지만, 인간이 꿈꾸는 이상적인 사회를 말한다. 이상적인 사회의 모습에 대해 어떤 틀이 정해져 있는 것이 아니다. 왜냐하면 바람직한 사회의 모습은 시대마다, 국가마다, 세계적인 상황에 따라 다르게 나타날 수 있기 때문이다. 예를 들면 16세기 영국의 현실에서 비롯된 토머스 모어의 유토피아와 디지털 혁명에 따른 인류의 미래를 담은 디지토피아가 어떻게 같을 수 있겠는가.

　또한 무조건 유토피아가 전체주의로 흐를 것이라고 단언할 수 없다. 과거 인류의 역사에서 유토피아적인 사회를 만들어나가는 과정에서 전체주의적인 경향이 나타난 경우가 있었다. 하지만 이것은 특정한 이념이나 계층의 이익을 위해 유토피아라는 개념을 이용해서이지, 유토피아라는 개념 자체에 문제가 있는 것은 아니다. 결국 유토피아에 대한 이러한 비판은 미래에 대한 인류의 낙관을 불신하는 태도다. 미래가 디스토피아로 흐를 것이라는 전망을 당연하게 받아들이는 것이 과연 현실적인 태도일까?

플러스 상식 ✚ _____

동양과 서양 유토피아의 차이

동·서양 유토피아의 가장 큰 개념 차이는 역사관으로부터 유래한다. 동양의 유토피아는 시종일관 순환사관에 입각해 상실한 시대로의 복귀를 꿈꾸는 것이 특징이다. 서양의 유토피아도 초기 황금시대, 파라다이스, 천년왕국의 경우 복고적 의식과 별 차이가 없었으나 모어의 유토피아를 계기로 그러한 의식이 급변하게 된다. 다시 말해서 인간 역사의 진보에 대한 낙관은 유토피아의 내용을 고대의 움직이지 않는 질서로부터 신세기의 역동적인 물질계로 바꾸어놓은 것이다. 이때의 유토피아는 과거와는 달리 진보를 향해 직선으로 나아가는 미래지향적인 움직임이며, 과학적인 수단을 통해 이 세상에 구축할 수 있는 인간의 작품인 것이다.

《가치청바지 4》

토론해 봅시다 💬

1. 유토피아를 사고하는 것이 현실을 비판하고 더 나은 미래를 창조하기 위한 과정으로 긍정적인 역할을 할지, 실현 불가능한 공상에 불과하며 실현하고자 하면 필연적으로 전체주의에 빠지게 될지 친구들과 함께 토론해봅시다.

2. 개인의 다양한 선택이 인정되는 다원화된 유토피아가 현실적으로 가능할지 자신의 생각을 정리해봅시다.

실전 gogo ✏️

미래 사회의 모습이 유토피아에 가까울지, 디스토피아에 가까울지 적절한 근거를 들어 예측해봅시다. (400자)

TABLE 3

정치와 사회

DISH

다수결은 믿을 만한
의사결정 방법인가

오늘날 다수결 원칙은 민주주의와 동일어처럼 쓰인다. 대통령 선거는 물론이고, 사소한 일상생활에서도 다수결로 의사결정을 하는 경우가 허다하다. 그 이유는 다수결만큼 빠르고, 간편하고, 민주적으로 보이는 방법이 없기 때문이다. 하지만 정말로 다수결이 가장 믿을 만한 민주주의적 방식일까? 수적 우세가 정의를 담보할 수 있나? 나머지 소수파의 의사는 폐기되어도 좋을까? 다수결의 원칙이 믿을 만한 의결 방법인지 생각해보자.

키워드로 읽는 논쟁

1. 다수결 원칙이란?

어떤 집단이든 조직의 유지를 위해서 여러 가지 사안에 대해 의사결정을 해야 한다. 한 사람이 의사결정을 하는 것부터 만장일치까지 다양한 방법이 있는데, 민주주의 사회에서는 흔히 다수결 원칙을 주요한 의사결정 방법으로 채택하고 있다. 다수결 원칙이란 다수의 의견을 전체 의사로 보고 결정하는 방식이다.

재미있는 사실은 오늘날에는 다수결 원칙이 일반화되었지만, 고대 그리스에서는 별로 민주적인 방식이라고 생각하지 않았고, 오히려 제비뽑기를 더 선호했다고 한다. 다수결의 오랜 형태를 찾아보면, 스파르타 병사들의 환호성이 크고 작은지에 따라 행해지던 구두 투표나, 아테네 민회의 거수 표결 등이 있다. 그리고 중세에 와서도 다수결은 절대적인 방식이 아니었다고 한다. 즉 다수결의 원칙은 근대에 와서 사회계약론 등의 이론과 결합해 국가 운영의 일반적인 방식으로 자리잡아 현재에 이른 것이다.

2. 다수결 방식의 여러 유형

우선 '다수'라는 말은 전체 중에서 다수를 말하는 것이기 때문에 무엇을 전체 수로 삼을지에 따라 방식이 나뉜다. 투표자만을 기준으로 삼는 방법, 출석자를 기준으로 삼는 방법, 재적자를 기준으로 삼는 방법이 있다. 한편 무엇을 '다수'로 보는지에 따라서도 유형이 달라진다. 어떤 대안이 다른 대안보다 한 표라도 더 얻으면 그것으로 결정하는 '단순다수결'과 3분의 2 또는 4분의 3 이상의 찬성으로 결정하는 '가중다수결', 과반수 이상의 찬성으로 결정되는 '절대다수결'이 있다.

이렇게 전체수와 다수를 판별하는 기준에 따라 여러 가지 조합이 가능하다. 그리고 선거에서 민의가 왜곡되지 않도록 여러 후보 중 득표가 많은 두 후보를 선정해 다시 투표를 진행하는 결선투표 방식도 있다. 현대에는 필요에 따라 여러 유형의 다수결 방식을 혼용해서 사용하곤 한다.

3. 다수결 원칙이 합리적으로 적용되려면 어떻게 해야 하나?

다수결 원칙이 현실적으로 유용한 의사결정 방식이긴 하지만, 소수자가 보호받지 못하고, 다수의 횡포가 존재하는 등 여러 가지 문제점을 안고 있다. 그래서 다수결 원칙의 합리적 적용을 위해 여러 조건을 제시한다. 먼저, 모든 참석자가 다수결 방식에 합의해야 하고, 다수결에 참여하는 사람들의 지위나 상황, 표결을 통해 얻는 이익 등이 동질적이어야 한다. 또한 다수결의 모든 과정과 절차가 합리적이어야 하고, 그 결과가 사회 전체의 정의에 부합하며 보편타당성을 갖추어야 한다는 점도 있다. 기본적으로 표결에 붙이기 전, 충분한 토론과 숙고, 타협의 과정이 있어야 한다는 점도 중요한 조건이다. 다수결의 원칙이 현실적으로 가장 최선의 방식이려면 이와 같은 조건이 갖추어져야 하는데, 현실에서는 이런 조건들이 모두 충족될 가능성이 높지 않기 때문에 문제가 되고 있다.

4. 다수결 원칙과 민주주의는 어떤 관계?

민주주의를 간략하게 정의하기란 어렵지만, 일반적으로 국가의 주권이 국민에게 있는, 국민을 위해 정치를 행하는 정치체제를 말한다. 따라서 더 많은 국민의 의견이 존중되고, 국민의 의사를 반영하는 것은 민주주의 이념에 부합하는 것이다. 하지만 사회 규모가 커지면서 현실적으로 국민 모두가 참여하는 직접 민주주의 실현이 어렵게 되었다. 그래서 국민의 대표자를 선출해 이들로 하여금 정치결정 권한을 대신하게 하는 대의제와 다수 국민의 의사를 반영하는 의사결정 방안인 다수결 원칙이 등장하게 된 것이다. 다수결은 현대 민주주의를 구체화하는 데 큰 역할을 해온 게 사실이다. 하지만 다수결이 독재자의 전횡을 막지 못하는 경우도 많았고, 대중의 인기에 영합하는 포퓰리즘*을 조장하거나, 다수의 횡포가 횡행하는 등 여러 가지 문제점을 드러내고 있다.

---

* **포퓰리즘**populism

포퓰리즘은 라틴어 '포풀루스populus'에서 유래된 말로 '인민' '대중' '민중'이라는 뜻이다.

'대중주의','민중주의'정도로 직역할 수 있다.

본래 '대중의 뜻을 따르는 정치행태'라는 점에서 결코 부정적인 의미로만 보기 어렵지만, 현실에서는 인기영합주의, 대중영합주의처럼 흔히 부정적으로 쓰인다. 대중적인 인기, 비현실적인 선심성 정책을 내세워 일반 대중을 호도해 지지도를 이끌어내고 대중을 동원시켜 권력을 유지하거나 쟁취하려는 정치형태를 말한다.

TABLE 3_ 정치와 사회

"최선의 방법"

1 민주사회에서 다수결은 가장 현실적인 최선의 의사결정 방법이다

의사 결정 과정에서 전체 구성원의 의사가 충분히 반영되고, 이것이 제대로 실현되는 사회를 우리는 민주사회라고 부른다. 민주사회에서 개인은 모두 평등하고 자신의 의사를 자유롭게 밝힐 수 있어야 한다. 그렇다면 지금과 같은 현대 사회에 어떻게 개개인의 자기결정권을 보장할 수 있을까? 다수결이 가장 현실적인, 최선의 방안이다. 자신의 의사에 따라 어떤 방안을 결정할 수 있고, 누구에게나 인격적으로 동등한 권리가 보장되기 때문이다.

당장 시급한 국가적 현안이 있다고 치자. 찬반이 격렬히 맞서는 가운데 통합을 위해 오랜 동안 토론하고 타협을 위해 노력했지만 도무지 결론이 나지 않는 상황이다. 하지만 빨리 결론을 도출해내지 못하면 당장 국가적으로 타격을 입을 수 있다. 이럴 경우, 우리는 어떻게 문제를 해결할 수 있겠는가. 결국은 다수의 의견을 묻고, 그 결정에 소수가 승복하는 것이 현실적인 방법이라고 할 수 있다. 물론 가장 이상적인 방법은 다양한 내부의 의견을 하나로 모아 만장일치로 결정하는 것이겠지만 과연 이를 현실화시키는 것이 가능할까? 더구나 현대는 고대 도시국가처럼 작은 단위의 조직이 아니다. 다양하고 복잡한 이해관계가 그물처럼 얽혀 있는 상황이며 변화 속도도 너무나 빠르기 때문에 신속한 결정을 요구한다.

개개인이나 집단 간의 이해관계가 달라 합의를 도출하기 어려운 상황에서 이상적인 의사결정을 고집하는 것은 합리적이지 못하다. 의사결정이 미뤄지면 미뤄질수록 사회적인 손실은 더 커진다. 다수결은 빠른 결정과 시행을 위해 가장 현실적이고 실현 가능한 유일한 방안이다.

2 다수의 결정이 합리적일 가능성이 높다

다수결은 대의민주주의의 토대일 뿐만 아니라 일상생활에서도 가장 자주 이용하는 의사결정 방법이다. 학급회의를 떠올려보자. 큰 문제부터 사소한 결정까지 다수결로 확정하는 경우가 많다. 이처럼 우리가 다수결을 따르는 이유는 다수결이 집단 전체에 이익을 준다는 사실을 경험적으로 알고 있기 때문이다.

특히 현대 사회에서는 가치판단을 위해 많은 정보가 제공되고 사회구성원의 교육 수준 또한 현저하게 높아졌다. 그만큼 각 개인이 올바른 판단을 할 가능성이 높아진 것이다. 개인이 올바르게 판단할 가능성이 높아지면 소수에 비해 다수의 판단이 합리적일 확률이 그만큼 더 높아진다. 하지만 다수결의 합리성을 불신하는 사람들은 대중의 현명함을 믿지 못한다. 대중은 쉽게 왜곡된 여론에 좌우되기 때문에 믿을 수 없다는 주장이다. 그러나 이는 대중의 의사결정 능력을 무시하는 것이다. 또한 대중이 언론이나 영리한 강자의 선동에 이끌릴 가능성이 높다고 말하는데, 이와 같은 순간적인 충동이나 조작의 위험성에 쉽게 노출되는 것은 대중만이 아니다. 오히려 적은 수의 엘리트층에서도 쉽게 발생할 수 있는 문제다. 소수의 독단주의를 피하기 위해서라도 다수의 동의는 가장 믿을 만한 기준이다.

3 다수의 의견을 따르는 것이 사회 전체에 이익이다

다수의 의견을 따르는 것이 공동체 전체로 봤을 때 이익이다. 조직은 크든 작든 필연적으로 개인 간의 충돌을 빚는다. 서로의 이익이 충돌하고, 욕구가 충돌하는 것이다. 이러한 상황에서 어떠한 입장을 옹호할 것인가는 매우 어려운 문제다. 모든 사람은 동등하며, 개개인의 욕구 또한 동등하게 다뤄져야 하기 때문이다. 결과적으로 전체 구성원들을 위한 것은 더 많은 사람들의 이익과 욕구가 충족되도록 하는 것이다. 다수의 결정을 통해 획득하는 이익이 소수가 상실하는 이익보다 평균적으로 클 것이기 때문이다. 비록 모든 구성원 전체가 아니라 하더라도 최대한 많은 사람들이 자유로워야 한다는 것이 민주주의의 기본 방향이기도 하다. 다수의 의견을 존중했을 때 사회가 안정되고 국론이 통합되어 국가가 보다 발전적인 방향으로 전개될 가능성이 높아진다. 이는 소수에게도 궁극적으로 이익을 가져다준다. 다수결을 존중하고 다수의 동의가 보다 정의롭고 평화적인 결론에 이를 수 있도록 힘을 모으는 것이 사회 전체의 이익을 극대화하는 길이다.

"한계 명확"

1 소수에 대한 배려 없는 다수결의 횡포, 민주주의 아니다

　　다수결이 민주 정치를 운용하는 데 불가결한 방법이라는 사실을 부정할 수는 없다. 그렇다고 해서 다수의 의견을 반영하는 것이 민주주의의 기본 이념인 양 과도하게 포장되어서는 안 된다. 민주주의의 기본 이념은 다수의 의견을 좇는 것이 아니라 더디 가더라도 소수 의견도 존중하고 약자를 보호하는 공정한 원칙을 중시해야 하는 것이기 때문이다. 조금 극단적인 사례이긴 하지만, 600만명에 이르는 유태인과 집시, 장애인, 동성애자 등을 가스실에서 학살한 히틀러의 나치당도 다수결을 통해 정권을 잡았다. 역사를 되돌아보면 이와 유사한 사례가 부지기수다.

　　토크빌은 일찍이 다수의 폭정에 대해 경고한 바가 있다. 민주적 정부의 기본 본질은 다수의 절대적 통치권에 있는데, 민주국가에서는 그 다수에 대항할 것이 아무것도 없다는 것이다. 소수자에 대한 배려가 없는 다수결의 횡포가 결코 민주주의가 아니요, 또 다른 모습의 독재일 뿐이라는 것을 역사가 보여주고 있다. 게다가 현대의 권력 독점은 여론 조작이라는 넓은 의미의 다수결을 앞세우고 있다. 여론은 다수결의 의미를 담고 있기 때문에 심리적 안정감을 주고 있고, 쉽게 판단하기 어려운 문제일수록 다수의 결정에 의지하려는 개인들이 많은 법이다. 이럴 경우 여론 조작의 능력이 있는 소수 집단이 전횡을 휘두를 수 있는 민주적 전제정치도 가능한 상황이다.

다수결의 원칙이 민주주의를 설명하는 중요한 원칙임을 부인하기는 어렵다. 하지만 다수결에 이끌려 다니는 사회는 정치적으로 나태한 사회일 수 있다. 자신과 다른 의견을 가진 사람들과의 치열한 논쟁이나 의견 조정을 회피하고 표결의 결과에만 의존하기 때문이다. 다수결은 토론이나 토의, 대화와 타협, 설득, 양보 등으로 합의점에 이를 수 없을 경우 취하는 마지막 수단일 뿐이다. 단지 한 사람이 많다고 해서 다수결로 대부분의 사안을 결정해버린다면 이는 곧 다수의 횡포가 되는 것이다. 다수결 원칙은 하나의 방법일 뿐이다. 중요한 건 다수결이 아니라 민주주의라는 사실을 잊어서는 안 된다.

2 다수의 판단이 합리적일 확률이 높다는 주장은 수학적 계산에 불과

먼저 교육 수준과 정보량의 증가가 대중의 지적 능력을 담보하는 기준이 된다는 주장에 동의하기 어렵다. 일반적으로 교육 수준은 얼마만큼의 학력을 취득했느냐로 따지는데, 학력이 판단 능력의 잣대일 수는 없다. 또한 정보의 경우 양의 문제가 아니라 어떻게 받아들이냐의 필터링 능력이 중요하다. 따라서 사회구성원의 교육수준이 높아졌고, 정보가 많아져 올바른 판단을 할 가능성이 높아졌다는 사실에 수긍할 수 없다. 소수에 비해 다수의 판단이 합리적일 확률이 높다는 주장은 그야말로 수학적 계산에 불과하다. 이 주장이 성립하기 위해서는 모든 사람들의 가치판단 능력이 동일하다는 전제가 필요하다. 하지만 결코 인간의 지적 능력이 동일할 수는 없지 않은가.

또한 다수결은 다수의 이해가 소수의 이해보다 더 중요하다는 것을 원칙으로 하고 있는데, 이 같은 원칙이 아무런 견제 없이 진행된다면 이는 매우 위험한 결과를 낳을 수 있다. 예를 들어 어떤 지역이 골프장 건설을 둘러싸고 갈등을 겪고 있다고 치자. 이 경우 개발 이익은 당연히 해당 지역의 다수 주민들에게 분배된다. 실제적인 이익을 얻을 확률이 높은 주민들은 골프장 건설이 인근 지역의 환경을 어떻게 훼손하는지, 환경 훼손이 이후 후손들에게 어떤 손실을 끼칠지 생각하지 않고 당장의 이익에 따라 투표권을 행사할 것이다. 찬성의 예에서 학급회의의 예를 들었지만 충분한 토의 없는 다수결에 의한 결정이 바로 학급회의에서 의사결정을 할 때의 가장 큰 문제점이 되기도 한다. 과연 다수결이 합리적인 의결 방식인지 다시 한번 생각해봐야 한다.

3 다수결에 의한 결정이 사회 전체에 손실을 키우는 경우도 많아

결정해야 할 사안이 있다고 치자. 예를 들어 골프장 건설을 둘러싼 잡음이 지역마다 있어왔다. 대부분의 사안이 그렇지만 우리가 어떤 결정을 해야 할 사안의 경우 이해관계가 사람마다 다 다르다. 그 사안과 무관하거나 별 영향이 없는 사람이 있고, 사안의 결정에 큰 영향을 받는 사람이 있다. 하지만 다수결은 각각에게 단 한 표씩 부여된다. 골프장이 건설되면 인근의 음식점들은 혜택을 볼 수 있을 것이다. 그러나 주위의 농민들은 환경 훼손으로 제대로 농사를 짓기 어렵다. 또 다른 지역민들은 골프장이 건설된다고 해도 별다른 영향이 없을 수도 있다. 다수결을 따르는 것이 사회 전체에 이익이라는 말에 찬성할 수 없다. 이러한 상황에서 다수의 선택이 꼭 옳다고 단언할 수 있을까?

다수결에 의한 결정이 사회 전체의 효용을 높이기는커녕 손실을 키우는 경우가 있다. 지역 전체의 환경을 고려하지 않고 개발 이익에 눈이 멀어 다수결로 골프장 건설과 같은 개발계획을 통과시킨 경우가 이에 해당된다. 개발 이익은 해당지역의 사람들이 나누게 되지만 환경 훼손은 지역 전체, 나아가 사회 전체, 혹은 후손에게까지 손실을 입힐 수 있다.

이뿐만 아니라 다수결은 다수의 이익을 위해 소수의 희생을 정당화할 위험이 많다. 다수결이 승자독식의 구조이기 때문이다. 다수가 모든 것을 독식하는 구조에서 소수는 전체의 행복을 위해 희생될 수밖에 없다. 아홉 사람을 위해 한 사람이 희생되는 것은 당연한 일일까? 다수의 효용을 보장하는 것이 만일 소수의 항상적 패배에 기초해 있다면 그 결과에 승복할 수 없다.

1. 현실적으로 이상적인 타협을 이끌어내는 것은 쉽지 않습니다. 한편 다수결의 원칙이 완벽한 조건 아래서 진행될 가능성도 높지 않습니다. 이러한 현실적 조건을 고려해 현대 민주사회에서 다수결이 최선의 방안인지 토론해봅시다.

2. 다수결을 적용할 수 없는 사례와 있는 사례를 구분할 수 있을까요? 만일 구분할 수 있다면 어떠한 사안에 다수결을 적용할 수 없는지 말해봅시다.

실전 gogo ✏️

현대사회의 다수결 원칙은 여러 가지 문제점을 낳고 한계도 있습니다. 다수결 원칙이 가진 문제점과 한계를 정리해봅시다. (400자)

청년실업,
임금피크제가 답일까

정부가 2016년부터 직장인의 정년을 연장하고, 임금피크제를 실시한다. 장기간 근무한 직원들의 근무년수를 늘리되 임금을 줄이고 그 비용으로 청년고용을 늘이겠다는 계획이다. 고령화시대를 맞아 정년연장도 하고 청년실업도 해소하겠다는 방안인데 그 실효성을 놓고 의견이 분분하다.

키워드로 읽는
논쟁

1. 임금피크제^{salary peak}란?

일자리 나누기의 한 형태로, 일정 연령 이후 업무능력이 떨어지는 장기근속 직원의 임금을 줄여서라도 고용을 유지하는 능력급제의 일종. 일정 근속 연수가 되어 임금이 피크에 다다른 뒤에는 다시 일정 비율씩 감소하도록 임금체계를 설계하는 것이다. 미국·유럽·일본 등 일부 국가에서 공무원과 일반 기업체 직원들을 대상으로 선택적으로 적용하고 있으며, 우리나라에서는 1998년 공무원을 대상으로 도입하려고 했으나 교원 정년 단축으로 백지화되었다. 2003년 7월 신용보증기금이 국내에서 처음으로 임금피크제를 도입했다.

임금피크제는 크게 정년보장형, 정년연장형으로 나뉜다. 우리나라의 경우 대다수 임금피크제 도입 기업들은 정년보장형을 채택하고 있다. 이 유형은 정해진 정년까지 고용을 보장하는 대신 일정 연령에 도달한 시점부터 정년까지 임금을 삭감한다. 정년보장형 임금피크제는 임금 인상보다는 고용 안정을 원하는 근로자에게 만족감을 줄 수 있으며, 기업에게는 고용 조정에 따른 부담과 인건비 절감의 효과를 얻을 수 있다는 장점이 있다. 그러나 기업 내 인건비 절감이나 인력구조 변경 목적으로 악용될 소지가 있고, 자칫 정리해고의 대체수단으로 사용될 수 있다. 현재 장기근속 근로자에 대해 인건비 부담을 느끼는 기업은 근로자의 저항이 높은 임금 시스템 개편보다 명예퇴직이나 조기퇴직을 선호한다. 하지만 인건비 부담의 해소를 위한 명예퇴직, 조기퇴직은 기업에게 손쉬운 해결책인 반면, 이에 따른 사회적 갈등, 빈곤, 재취업 등의 문제를 근로자 개인 및 사회가 짊어져야 한다는 문제가 발생한다. 따라서 연공 중심의 임금체계에서 발생하는 기업의 문제는 기업 스스로 해결하는 것이 맞지만 국가도 이 제도의 정착을 위해 지원할 이유는 충분하다.

2. 일본의 임금피크제

　　미국이나 유럽 등의 임금체계는 근무년수나 직급에 따르기보다 직무 성과에 따른다. 따라서 임금피크제에 대한 논의가 활발하지 않다. 반면 일본은 우리와 같은 임금체계라서 오래전부터 임금피크제에 대한 필요성이 강조돼 왔고, 광범위하게 시행중이다. 일본 기업들은 대부분 정년연장형이나 고용연장형 임금피크제를 채택해 적용한다. 후지전기는 선택적 정년연장형을 실시하고 있는데, 근로자가 55세가 되었을 때 기본 정년인 60세까지 근무할 것인지, 연장 정년인 65세까지 근무할 것인지 개인이 선택할 수 있다. 반면 미츠비시전기는 선택적 고용제도를 도입했는데, 이는 근로자가 58세에 일단 퇴직을 하고, 재고용을 통해 60.5세까지는 과거 임금의 80%를, 63세까지는 50%를 지급받는다.

　　정년연장형은 사업주가 정년 연장을 전제로 임금을 조정하는 제도로, 정년이 60세 미만인 기관은 60세로 연장하면서 연장된 정년이 오기 3~5년 전부터 임금을 감액 조정하게 된다. 고용연장형은 사업주가 근로자에게 정년퇴직 이후에 계약직 등의 형식으로 고용하는 대신 임금을 조정하는 제도다. 고용연장형 임금피크제는 재고용제, 근무연장제, 정년폐지로 나눌 수 있다. 재고용제는 더 낮은 임금을 지급하고 비정규직으로 다시 고용하는 것을 말한다. 이때 근로자는 정년 전의 신분을 상실한다. 근무연장제는 근무를 연장하는 대신 낮은 임금을 지급받는데, 재고용제와 달리 정년 전 신분을 유지하므로 안정성이 높다. 정년폐지는 근로자의 희망과 직업 능력에 따라 고용을 유지하는 대신 낮은 임금을 지급받는다. 능력이 연장을 결정하는 가장 중요한 요소다.

3. 청년실업 얼마나 심각한가?

　　'삼포세대'라는 말이 나돌던 시절이 있었다. 취업이 어려워서 연애와 결혼, 출산을 포기한 청년세대를 말한다. 여기에 인간관계와 내 집 마련까지 포기한 '오포세대'라는 말이 유행하더니, 금세 '칠포세대'라는 말까지 나왔다. 꿈과 희망마저 잃었다는 뜻이다. 요즘은 아예 삶을 포기했다는 '삶포세대'라는 말이 돌 정도다. 그뿐 아니다. 청년 실업자와 청년 신용불량자를 '청년 실신'이라 부르고, 화려한 스펙을 갖췄지만 오랫동안 취업준비생 신세를 면치 못하는 청년들을 '장미족'이라고도 부른다니 참 씁쓸하다.

통계청이 발표한 2015년 6월 우리나라 청년실업률은 10.2%이다. 그러나 여기에는 통계의 함정이 있다. 일을 하고 있으면 모두 취업자로 분류하기 때문이다. 취업 준비를 하면서 아르바이트를 하면 취업자로 간주한다. 졸업을 미루고 취업 준비를 해도 실업자가 아닌 학생으로 분류한다. 실제적 실업 상태인 이런 경우까지 모두 합치면 우리나라의 청년실업자는 무려 116만명으로 23%에 이른다. 정부가 공식 발표한 청년실업률인 10.2%보다 두 배 이상 높다. 청년 네명 중에 한명이 실업자라는 말이다.

취업을 한다 해도 전문직종들의 청년고용 비중이 빠르게 둔화되고 있다. 연구개발이나 컨설팅, 엔지니어링 등 전문과학기술 분야의 취업비중이 2007년 34.5%에서 2015년 상반기에는 22.5%로 크게 낮아졌다. 금융이나 보건복지, 교육 등의 분야 역시 마찬가지다. 대신 음식숙박업이나 도소매업, 단순노무자, 판매원, 서비스업 종사자로의 진출이 늘고 있다. 이는 청년들의 전문성이 떨어졌다기보다 전문분야의 취업에 진입장벽이 높아졌고, 정규직 일자리를 얻지 못하면서 취업에 수월한 분야로 몰린 것으로 볼 수 있다.

4. 일자리 늘어도 청년 몫은 줄었다

2015년 초 대통령은 신년기자회견에서 "작년에 50만명대의 신규 일자리를 창출해냈다"고 자랑스럽게 발언했다. 통계청의 발표도 이를 뒷받침한다. 전체 취업자 증가가 53만 3000명으로 최근 12년 이래 가장 많은 것으로 나타났다. 그렇지만 청년들은 여전히 일자리가 마땅치 않다. 통계를 자세히 들여다보면 왜 그런지 금세 알 수 있다. 늘어난 일자리 중 23만 9000개가 50대에게, 20만개가 60대에게 돌아갔다. 반면 15~29세 청년취업자는 7만 6000명이 증가하는데 그쳤고, 그나마 취업에 성공한 젊은이들도 5명 중 1명은 계약직이다. 청년실업률은 통계기준이 바뀐 1999년 이후 역대 최고치를 경신했다. 30대의 경우에는 오히려 2만 1000명이 감소했다. 일자리가 늘긴 늘었는데 50대 이상이 대부분을 차지한다. 양적인 면에서는 분발을 했겠지만 질적인 면으로 보자면 한참 못미치는 성과다.

일자리는 늘었다는데 청년의 몫은 오히려 줄어든 이유는 뭘까. 정부는 기성세대, 특히 정규직 노동자가 과보호되고 있어 청년들이 질 좋은 일자리를 구하지 못하기 때문에, 통상임금 기준·저성과자 해고 요건 명확화, 임금피크제 도입 등을 통해 기업 부담을 줄여주자고 말한다. 하지만 노동계는 여력이 있는 공공부문과 대기업이 비정규직이 아닌 정규직 일자리를 늘리고, 아버지의 임금을 줄여서 아들에게 주는 임금피크제가 아니라, 노동시간을 주 68시간에서 52시간으로 줄여 생기는 일자리를 나누는 노동시간 피크제를 시행하자고 목소리를 높인다.

대통령은 일자리를 53만 개나 늘렸다고 자랑하고, 기업들은 내년 신규채용 규모를 큰 폭으로 확대하겠다고 약속하는데도 청년들은 점차 희망을 잃어가는 이 아이러니는 어떻게 해석해야 할까.

"임금피크제가 답"

1 부모세대에게는 정년을, 자식세대에게는 신규채용을, 임금피크제는 두 마리 토끼를 잡는 묘책

우리나라는 선진국에 비해 고령사회에 진입한 시점은 늦지만 유례 없이 빠른 속도로 고령화가 진행 중이다. 2018년에 고령사회에 진입했는데 지금 같은 속도라면 2026년에는 초고령사회에 진입할 것으로 전망된다. 고령화의 문제점은 여러 가지 있지만 가장 심각한 것은 일자리다. 수명은 늘어나는데 직장의 정년은 제자리걸음이어서 이는 퇴직 후의 경제적 불안정이나 소득 양극화 등 새로운 사회문제로 대두되고 있다.

더구나 우리는 외환위기를 겪었다. 이 과정에서 50대 장년층이 대거 일자리에서 이탈했다. 2030세대의 청년실업 문제만큼이나 5060세대의 정년 문제도 심각하다. 그래서 정부는 정년 연장을 발표했다. 2016년 1월 1일부터 공공기관, 지방공사, 지방공단 등 공공부문과 300인 이상의 사업장부터 정년 60세를 적용하고, 1년 뒤인 2017년 1월 1일부터는 모든 사업장에 정년 60세가 적용된다.

문제는 기업이 무작정 정년 연장에 대한 부담을 떠안기 어렵다는 것이다. 인건비는 느는 데 그만큼 생산성이 높아지기 어려운 구조이기 때문이다. 기업의 인건비 부담을 줄이고 고령층의 실업을 완화할 방법은 임금피크제 도입이 유일한 길이다.

만일 기업이 임금피크제 도입 없이 정년 연장을 할 경우 어떤 일들이 벌어질까? 우선 인건비 상승이 두려운 기업으로서는 신규 채용을 꺼릴 수밖에 없다. 신규채용이 줄면 그만큼 청년 실업이 늘게 된다. 임금피크제 도입은 어떻게 보면 아주 간명한 논리다. 특히 우리나라는 호봉제라 같은 일을 해도 근무연수가 많으면 임금이 높다. 인건비 부담을 낮춰야 기업의 신규채용이 느는 것은 당연지사다. 또한 신규채용이 늘어야 청년 일자리가 확충되는 것도 마찬가지다. 임금피크제는 부모 세대에게는 안정된 일자리를 보장하고, 자식세대에게는 새로운 일자리를 제공하는 절묘한 대책이다.

2 노동유연성 확보로, 기업의 신규 일자리 창출이 가능하다

우리나라는 거의 연공서열(호봉제) 임금제다. 호봉제는 업무 성과와 무관하게 근속 연수에 따라 임금이 높아진다. 호봉제의 가장 큰 문제점은 늘어난 인건비만큼 생산성 효율이 따라주지 않는다는 점이다.

한 연구결과를 보면, 우리나라 제조업 생산직 남성의 1년차 임금이 100.0이라고 할 때 20년 이상의 임금은 241.0이다. 이에 비해 다른 대부분의 국가들의 임금격차를 보면, 1년차와 20년 대 50.1% 정도다. 한 조사에 따르면 55세 이상의 고령근로자의 경우 34세 이하의 근로자 임금의 3배를 받지만 생산성은 그들의 60%에 불과하다고 한다. 이러니 기업은 이중고를 겪을 수밖에 없다. 기업이 장기근속 근로자를 해고하는 것은 임금 때문이다. 인건비 부담이 생산성 향상으로 이어지지 않을 경우 고정비용이 올라 기업경쟁력을 떨어뜨리는 결과를 초래하게 된다. 뿐만 아니라 임금이 직무성과 무관하게 동일한 업무를 수행하는 데도 다르게 결정되는 것 역시 변화한 사회환경과 잘 맞지 않는다.

이 문제를 해결하지 못하면 전체적으로 고용이 줄어들 위험성이 있다. 인건비 증가에 부담을 느끼는 기업이 임금시스템을 손보기보다 손쉬운 명예퇴직이나 조기퇴직을 유도할 것이고, 인력 대신 기계나 장비의 확충에 투자할 가능성이 많다. 나아가 신규채용 역시 확대는커녕 현재 수준을 유지하거나 축소될 것이다. 따라서 임금피크제 도입으로 정년연장 때문에 발생하는 기업의 인건비 부담을 완화하고, 신규채용을 늘여야 비로소 청년의 일자리 문제도 함께 해결할 수 있다.

한 조사결과를 보면 근로자의 72.8%가 임금피크제 도입이 필요하다고 응답했다고 한다. 그중 가장 큰 이유로 '실질적 고용안정이 가능하기 때문'(56.3%)으로 꼽았고 이어 '신규채용 확대에 도움이 된다'(37.6%)고 답했다. 지금 가장 시급한 것은 새로운 일자리를 늘리는 것이다. 임금피크제는 이를 위한 아주 실제적인 제도인 것이다.

3 대기업과 공공기업이 나섰다

2015년 8월 6일 임금피크제를 포함 '4대 구조개혁'을 위한 박근혜 전 대통령의 대국민 담화 이후 정부는 경제관계장관회의를 열어 '1차 노동시장 개혁 추진방안'을 발표했다. 그 가운데 임금피크제와 관련한 사항만 추려보면 이렇다. 현재 56개 공공기관에 도입된 임금피크제를 내년부터는 316개 전체 공공기관으로 전면 확대한다. 이달 안에 기관별 추진방안을 수립하고, 8월까지는 공공기관의 신규채용 목표를 설정키로 했다. 조선·금융·제약·자동차·도매·소매 등 6개 업종과 30대 그룹, 551개 사업장을 중심으로 민간 기업의 임금피크제 도입도 독려한다. 임금피크제에 걸림돌이 될 수 있는 취업규칙도 변경할 예정이다. 임금 삭감과 함께 주당 근로시간을 줄이는 '근로시간 단축형 임금피크제'를 도입하는 기업에는 낮아진 임금에 대해 최대 연 500만원이 지원된다. 줄어든 근로시간만큼 신규 채용을 장려하자는 취지다.

이런 정부의 취지에 대기업들도 속속 화답했다. 2014년 상반기 임금피크제를 채택해 온 삼성은 2년간에 걸쳐 3만명의 신규 일자리를 약속했다. LG, SK, 현대자동차, 한화 등도 잇달아 임금피크제의 도입과 1~2만명 규모의 신규채용을 약속했다. 공공기관의 경우 2015년 7월말 기준 316개 공공기관 중 215개 공공기관이 임금피크제 도입방안을 마련했고, 101개 기관은 도입방침을 확정, 절차를 진행 중이다. 전 공공기관이 연내에 임금피크제를 도입하게 되면 앞으로 2년간 8000개의 일자리가 창출될 수 있을 것으로 기대하고 있다. 임금피크제 도입에 상당한 기간이 걸리고 있긴 하지만, 임금피크제를 도입한 기업을 보면, 2016년 기준 300인 이상 사업장의 46.8%에 이른다. 2015년 27.3%였던 것과 비교하면 20% 이상 오른 셈이다.

이렇듯 대기업과 공공기관들이 적극적으로 임금피크제의 도입에 박차를 가하는 이유는 뭘까. 임금피크제는 기존 직원들의 정년을 연장해 경제적 안정을 도모하기도 하지만 다른 한편으로는 청년실업을 타개하기 위한 건강한 일자리 창출과 맞닿아 있다.

"임금피크제로 안 돼"

1 임금피크제는 강제, 청년 일자리 창출은 자율

임금피크제를 한마디로 정의하면 정년 60세 시행에 맞춰 고령자의 임금을 조정하자는 말이다. 이는 정년연장과 관련이 있을 뿐 청년실업을 해소할 일자리 창출과는 무관하다고 할 수 있다. 그런데도 정부는 임금피크제가 정년연장과 청년실업 해소라는 두 마리의 토끼를 잡을 수 있는 묘책이라도 되는 것처럼 홍보하고 있다.

임금피크제를 청년실업 해소나 일자리 창출과 연관시키는 정부의 발표를 이해하려면 여러 단계의 과정을 거쳐야 한다. 일단 정부는 2016년부터 정년연장을 본격적으로 시행한다. 이는 법으로 강제된 사항이다. 정년연장을 하면 기업의 인건비 부담이 우려되니 정년이 늘어난 만큼 노동자들도 임금피크제에 따라 자신의 인건비 감소를 감수하라는 주문이다. 그리고 기업은 인건비 절감 비용으로 일자리를 만들어 청년을 고용하라는 것이다. 임금피크제를 도입하거나 일자리를 만드는 것은 강제가 아닌 자율이다. 다만 임금피크제를 적용하고 청년을 신규 채용한 기업에는 2년간 그 임금에 해당하는 상당액을 정부가 지원한다는 것이다.

고용노동부 장관이 밝힌 내용도 크게 다르지 않다. "임금피크제를 도입했다고 해서 기업에 청년 고용을 강제하는 것은 바람직하지 않다"며 임금피크제와 청년실업 해소는 아무런 강제적 관련성이 없음을 확인해주었다. 임금피크제를 실시해도 청년 일자리 창출은 오직 기업의 선의에만 기대야 한다는 말이다. 그렇다면 결국 기업은 임금피크제로 인건비를 절감하고, 현재 정부가 추진 중인 해고요건 완화에 따라 기존 노동자를 해고한 자리에 2년짜리 청년노동자를 고용해 지원금까지 챙기는 효과만을 누리게 될 것이다.

2 일자리 수만 늘릴 게 아니라 좋은 일자리가 만들어져야

정부가 임금피크제를 실시하겠다고 공언한 이후, 대기업들이 청년고용에 대거 나선다는 뉴스가 연일 쏟아지고 있다. 삼성 2년간 3만명, SK 2년간 2만 4000명, 롯데 3년간 2만 4000명, 현대자동차는 역대 최대인 1만 500명을 채용하겠다는 장밋빛 약속들을 내놓았다. 기사 내용만 보면 당장이라도 고질적인 청년실업 문제가 해결될 것처럼 보인다. 그러나 실상을 구체적으로 들여다보면 속빈 강정이다.

삼성의 '청년 일자리 종합대책'에 나온 숫자 3만명 중 직접 채용은 1만명뿐이다. 나머지 2만명은 인턴 프로그램과 교육, 창업 활성화 지원 등을 하겠다는 숫자다. 신규채용과 관련해 협력사들과 양해각서를 체결한 SK도 인턴이 4000명이고 2만명은 창업교육을 지원하는 정도다. 직접 채용 대상은 한명도 없다. 2018년까지 청년 2만 4000명을 채용하겠다고 발표한 롯데는 '신입사원과 인턴사원 포함'이라는 단서를 달았다. 신입사원이 몇명인지 인턴사원이 몇명인지는 밝히지 않았다. 현대자동차는 1만 500명을 뽑겠다고 했지만 채용규모를 9500명이라고 밝혔다가 이번에 1000명을 늘린 것이다. 그것도 1000명을 임금피크제를 통해 채용하겠다니, 기존 직원의 월급을 깎아 신규직원을 채용하겠다는 의미다. 이것이 속속 발표되는 대기업들의 신규채용 현실이다.

대기업 취업을 원하는 것은 고용 안정성 때문이다. 물론 1997년 IMF 이후 철 옹성 같던 안정성에도 균열이 생기긴 했지만, 중소기업보다 우위에 있는 건 사실 이다. 그렇지만 이번에 대기업들이 발표한 채용 숫자는 취업과 상당한 거리가 있 다. 대부분이 창업 교육 지원이거나 인턴에 불과하다. 고용이 보장되지 않는 단기 일자리, 노동 여건이 열악한 일자리는 '나쁜 일자리'다. 나쁜 일자리는 청년실업을 해소하는 근본대책이 아니다.

3 청년실업, 국가가 책임져야 한다

임금피크제로 인건비 부담이 줄었다고 기업이 신규 채용을 반드시 늘리는 것 도 아니고, 이를 강제할 수도 없다. 또한 임금피크제는 청년실업의 책임을 어떤 면 에서는 고령 노동자에게 떠넘기는 행위다. 정부는 임금피크제를 청년실업의 해법 이라고 떠들지만 당장 공공기관이 청년고용의무를 어기고 있는 것을 못본 체하고 있다. 공공기관 열 곳 중 세 곳이나 청년고용의무를 어기고 있는 데도 말이다.

청년실업의 문제는 누구나 알고 있겠지만 복합적으로 얽혀 있다. 이를 해결 할 키는 국가가 쥐고 있다. 국가는 일자리를 해결할 책임도 있고, 능력도 된다. 기 업의 정책을 제도적으로 조정할 수 있는 힘도 국가가 가지고 있다.

공공부문의 경우를 보자. 공공부문은 정부 통제 아래 있다. 그런데 최근 공 공부문의 노동조건을 후퇴시키는 노동법개악을 막으려하지 않는다. 공공부문의 노동조건이 나빠지면 기업 전체로 확산될 여지가 크다. 정부가 해야 할 일은 우선 공공부문에서부터 좋은 일자리를 만들어내는 것이다. 예를 들면, 우리 나라는 공 공서비스가 열악한 편이다. 공공부문 서비스 확충을 위해 먼저 관련 인력을 대폭 충원하는 것도 좋은 방법이 될 수 있다.

또한 노동시간을 줄이는 방법을 국가가 찾아야 한다. 단 임금이나 노동조건 은 유지하는 한에서. 노동시간 단축을 통해 일자리를 나눌 수 있다. 법정 초과한

도를 넘어 장시간 노동을 하는 노동자가 5명 중 1명 꼴이다. 근로기준법만 준수해도 일자리 62만개를 새로 만들 수 있다.

이때 유의할 게 있다. 노동자들이 장시간 노동을 참는 것은, 임금 부족을 메우기 위해서다. 따라서 노동시간 단축이 임금과 노동조건을 후퇴시키는 것이면 안 된다. 임금이 줄면 노동자들이 또다시 장시간 노동을 하게 될 것이고 그렇게 되면 다시 신규채용의 필요성이 줄어든다. 노동조건도 마찬가지다. 노동강도가 강화되면, 노동시간을 줄여도 신규채용 없이 기존 인력으로 공장이나 사무실을 돌리면 그만이다. 일자리에 관한한 국가가 할 일, 할 수 있는 일은 너무나 많다. 청년실업 문제는 국가가 해법을 찾아야 한다.

1. 우리 사회가 급격히 노령화로 가는 시점에서 정년연장을 위한 임금피크제는 근로자 당사자나 기업에게 어떤 장점과 단점이 있을 것인지 토론해봅시다.

2. 정부와 대기업은 임금피크제가 청년실업 문제를 해결할 수 있다는 주장을 펼치고, 야당과 노동계는 그렇지 않다는 주장을 합니다. 이 두 편은 왜 서로 반대되는 주장을 하는지 생각해봅시다.

실전 gogo ✏️

청년실업 문제가 사회문제화되고 있습니다. 정부는 임금피크제를 통해 청년고용을 늘리는 방안을 기업에 권유하고 있는데, 실제 효과를 거두려면 어떤 점들이 보완되어야 할 것인지 여러분의 생각을 정리해 보세요. (400자 내외)

국회의원 숫자,
더 늘릴까 말까

2015년 우리나라 국회의원은 모두 300명. 지역구 국회의원이 254명, 비례대표 국회의원이 54명이다. 최근 정치권에서는 국회의원 숫자를 놓고 더 늘리자는 측과 더 늘려서는 안 된다는 측의 갑론을박이 이어지고 있다. 의원 확대가 의회주의에 부합한다는 의견과 의원 수를 늘리는 일보다 정치풍토의 개선이 우선이라는 의견이 맞선다. 지켜보는 국민들 사이에서도 찬반양론이 엇갈리는 국회의원 숫자 논쟁. 여러분은 어느 편의 손을 들어줄 텐가.

키워드로 읽는 논쟁

1. 우리나라 국회의원 수의 변천사

해방 후 한반도 신탁통치의 주역이었던 미소공동위원회는 남북한을 인구비례로 나눠 300석의 국회의원을 선출하려고 했지만, 북한지역 선거가 불가능해지자 남한만의 단독선거를 치러 200명의 국회의원을 선출했다. 100석은 북한을 위해 남겨뒀다. 4대 국회에 233명이던 정원은 5대에서 291명으로 크게 늘었다. 1960년 4·19 혁명으로 이승만 대통령이 하야하면서 대통령의 독선에 대한 반성으로 의회 권력을 강화시켰다. 대통령제는 내각제로 바뀌고 헌정사상 처음으로 양원제를 구성했다. 민의원(하원) 233명, 참의원(상원) 58명이었다.

양원제는 출범 1년도 안 돼 5·16쿠데타로 무너졌다. 군부세력은 내각제를 대통령제로 환원하고 6대 국회를 구성했는데 이때 정원이 175명. 의원 숫자가 대폭 줄었고 권한도 크게 축소됐다. 6대 국회에서 비례대표제(전국구 의원)가 처음 도입됐는데, 득표율에 관계없이 전국구 의석의 50%를 무조건 1당에 배정하는 제도. 다수당에 의원을 몰아주려는 의도였다.

1972년 10월 유신헌법으로 대통령 선거는 직선제에서 간선제로 바뀌고, 대통령이 국회의원의 3분의 1을 임명했다. 대통령이 임명한 통일주체국민회의 대의원들이 대통령과 국회의원 3분의 1을 뽑았다. 이렇게 뽑힌 국회의원을 '유신정우회(유정회)' 국회의원으로 불렀다. 1988년 3월, 13대 총선을 앞둔 국회는 날치기를 통해 의석수를 276명에서 299명으로 늘리고, 한 선거구에서 2명을 뽑던 중선거구제를 1명만 선출하는 소선거구제로 바꿨다. 1997년 외환위기를 겪으면서 16대 국회는 잠시 26석을 줄였지만, 17대 국회가 이를 곧바로 원상복귀시켰다. 그리고 2012년 19대 총선부터 300석 시대가 열렸다.

2. 난데없는 국회의원 숫자 논쟁, 왜 나왔나?

2014년 10월 30일, 헌법재판소는 국회의원 선거구 획정에 관한 공직선거법 (제25조 제2항)에 대해 '헌법불합치' 결정을 내렸다. 선거구별 인구편차를 현행 3대1 에서 2대1로 조정해야 한다는 판결인데, 제일 큰 선거구의 인구수가 가장 작은 선 거구 인구수의 2배가 넘지 않도록 하라는 것이다. 그러면서 2015년 12월 31일까 지 선거법 개정을 요구했다.

현재 지역구를 보면 도시와 농어촌 간의 인구 편차가 크다. 특히 수도권과 비 교하면 차이가 더욱 심해서, 농어촌보다 서울이나 수도권의 지역구 의원 1인당 유 권자수가 훨씬 많다. 서울 강남갑의 경우 31만 1000명이 한명의 국회의원을 뽑는 데 경북 영천시는 10만 4000명이 한명의 국회의원을 뽑는다. 따라서 헌재의 결정 은 이전까지는 이 차이가 3배 이상 벌어지면 안 되었지만 이젠 2배 이하로 낮춰야 한다는 얘기다. 두 지역 모두 지역의 대표로 뽑혀 국회에 들어와 똑같은 권한을 갖 고 똑같은 입법행위를 하는데 누구는 한명의 표를, 누구는 세명의 표를 받는 것은 불공평하다는 뜻이다.

실제로 헌재의 결정문에 "인구편차를 3대1 이하로 하는 기준을 적용하면 지 나친 투표가치의 불평등이 발생할 수 있다"고 적고 있다. 이에 따라 국회의장 직속 자문위원회가 꾸려지고, 국회에 정치개혁특별위원회를 설치해 의원들을 비롯해 정치학자와 법학자, 행정학자들이 토론을 하고 의견을 모으는 중이다. 선거구와 선거제도를 다듬는 것이 골자지만, 이 와중에 국회의원 수의 조정도 손보자는 것 이 최근의 화젯거리다.

3. 말도 많고 탈도 많은 국회의원의 특권

국회의원에게 주어진 권한 중 대표적인 것이 헌법 제44조에 규정된 '불체포 특권'과 제45조에 규정된 '면책특권'이다. 이중 불체포특권은 행정부의 불법한 억 압으로부터 국회의원의 자주적인 활동을 보장하기 위한 권리를 말하고, 면책특권은 국회에서 직무상 행한 발언과 표결에 대해 국회 밖에서 책임을 지지 않는 특권을 말한다.

국회의원의 세비는 각종 수당을 포함하여 한해 약 1억 5000만원 가량 되고, 4급 보좌관 2명을 포함해 모두 9명의 직원에게 지급되는 보수도 모두 국가가 부담한다. 이 비용이 4억원 정도. 가족수당과 자녀 학비 보조수당도 있고, 연금도 만만치 않다.

국회법 제31조에 근거해 국회의원은 철도와 항공기, 선박을 무료로 이용할 수 있다. 하지만 최근 철도청이 공기업으로 전환되면서 더 이상 철도를 이용할 수 없게 되자 대신 '공무수행 출장비'라는 명목으로 교통비를 지급받고 있다. 해외 출장 때에는 출입국 절차나 보안심사를 간소화하고, 공항 귀빈실이나 귀빈 전용 주차장을 이용하도록 하는가 하면, 재외공관에서 직접 의원들을 영접한다. 연 2회 이상 해외 시찰에 드는 비용은 국고에서 지원한다. 또 국회 내 한의원과 양의원 및 체력단련실과 목욕탕 등을 이용하는 것도 무료다.

이를 비롯해 국회의원이 되는 순간 누릴 수 있는 혜택은 대략 200여 개에 이르는 것으로 알려져 있다.

4. 네 번에 걸친 국회 해산

우리나라 헌정사상 국회가 해산된 경우는 모두 네 차례. 이승만의 자유당 정권을 무너뜨린 1960년 4·19혁명으로 대통령제를 버리고 내각책임제를 도입하면서 참의원과 민의원으로 새로운 양원구성을 위해 국회가 자진 해산을 결의한 것이 첫 번째 기록이다. 그러나 새로운 의회도 5·16쿠데타로 인해 1년을 견디지 못했다. 쿠데타의 주역인 박정희 육군 소장은 국가재건최고회의를 조직하고 의장이 되어 입법·사법·행정의 3권을 완전히 장악했다. 이에 따라 입법 기능과 사법 기능이 완전히 마비되는 초유의 사태가 발생, 국회와 지방의회를 해산한 것이 두 번째다.

그후 1972년 대통령 박정희는 "조국의 평화적 통일을 위해 정치체제를 개편한다"는 명목으로 비상계엄을 선언하고 유신維新(낡은 제도 따위를 고쳐 새롭게 한다는 뜻으로, 일본의 '메이지유신'에서 따왔다)을 선포, 또다시 국회를 해산했다. 한 사람에 의해 국회가 두 번이나 해산을 당한 것이다. 네 번째 해산은 박정희 대통령이 김재규 중앙정보부장에 의해 살해당한 뒤 어수선한 사회 분위기를 틈타서 12·12쿠데타를 일으킨 신군부에 의해 저질러졌다. 전두환 계엄사령관을 비롯한 신군부가 기존 정치인의 정치활동 금지와 더불어 대통령의 임기 7년을 골자로 하는 헌법 개정을 단행했고, 이 헌법에 따라 국회가 해산되고 모든 정당활동도 정지되었다. 그 역할을 맡은 것은 신군부의 국가보위입법회의였다.

　　내각책임제에서나 볼 수 있는 '국회해산권'이 대통령제 국가에서 횡행했다는 사실이 아이러니한데, 이 제도는 1987년 6월 항쟁으로 탄생한 지금의 헌법에서는 아예 사라지고 없다. 대신 대통령에게 '법률안 거부권'이 주어졌다.

"더 늘려야"

1. 의원을 늘리는 것은 의회민주주의를 확대하는 것이다

　국회의원 숫자를 늘리자고 하면 일단 싸늘한 국민의 시선을 의식하지 않을 수 없다. 그러나 이것은 정치 무관심과 냉소적으로 국회를 바라보게 만든 보수언론과 보수정당 등의 책임이다. 국민들이 정치나 국회에 쏟는 관심이 적어야 마음껏 정책을 입안하고 권력을 누릴 수 있기 때문이다. 실제로 국회가 국민의 권리와 자유, 복지와 평등을 확대하기 위해 노력할 때마다 보수언론과 보수정당, 재벌과 관료는 발목을 잡았다. 국회는 싸움터요 의원은 싸움꾼이라는 인식을 만든 것은 이 때문이다. 그러나 생각해보라. 모든 정책은 입법을 통해서 실현된다. 그럼에도 불구하고 대통령과 관료, 재벌이 마치 이를 실현시켜줄 것처럼 담론을 형성하고 대부분의 국민들은 그렇게 착각을 한다. 그래서 요즘 일각에서는 차라리 국회를 해산하는 편이 낫다는 주장이 나오기도 하는데, 이는 의회민주주의라는 개념조차 이해하지 못하는 무지의 소치다. 국회의원이 늘어나면 아무래도 행정부에 대한 감시기능이 높아지고, 업무 분담 효과로 인해 전문성도 향상될 것이 명백하다. 그만큼 감시자들도 많고 개별 의원들의 영향력은 적어지기 때문이다. 로비해야 할 사람이 많아지니 부패도 줄 것이다. 또 현실 정치의 진입 장벽이 낮아지니 더욱 다양한 계층의 이해관계가 반영될 수 있다. 몇몇 국회의원들이 비리와 추문, 무능과 권력욕으로 손가락질 받는다고 해서 국회나 국회의원 전체가 송두리째 비난받을 일은 아니다. 구더기 무서워서 장을 못 담글 일은 아니잖은가.

2 다른 나라에 비해 국회의원 수가 현격하게 적다

국회의 보고에 따르면 우리나라는 의원 수(300명)에서나 의원 1인당 국민 수 (16만 6000명)에서나 우리와 비슷한 규모의 국가들보다 적은 편에 속한다. OECD 평균을 살펴보면 직선의원 1인당 인구비율은 9만6000명이다. 1인당 인구비율은 독일이 13만6000명, 프랑스는 11만3000명, 영국 9만6000명, 이탈리아 6만4000명이다. 한국의 경우는 미국, 일본, 멕시코에 이어 네 번째로 적은 숫자다. 단순하게 인구수만으로 봤을 때 한국의 의원 수를 OECD 국가 평균 수준으로 맞추려면 514명이 되어야 한다. 프랑스, 이탈리아, 영국 등 국회의원 숫자가 상·하원 합쳐 1000여명에 달하는 유럽 선진국들의 의원의 1인당 인구수와 비교하면 한국의 적절한 의원 수는 900명에 달한다. 위에서 언급한 의원 수를 산출하는 공식을 훨씬 넘어서는 숫자이다.

제헌의회 시절 200명으로 시작한 국회의원 수가 4·19혁명 이후엔 291명으로 지금의 수준과 비슷했다. 10만명에 1인 꼴이었던 의회 규모가 20만명당 1인으로 바뀐 계기는 박정희의 군사쿠데타였다. 대통령의 권력 강화를 위해 국회의원을 116명이나 줄인 것이다. 700개에 가까운 피감기관, 보름 남짓한 국정감사, 하루에 4~6개 기관 감사, 1인 질의 시간 20분 남짓인 국가기관의 감사는 지금의 국회의원 숫자로는 당연히 겉핥기식이요 보여주기식으로 흐를 수밖에 없는 것이 현실이다. 연세대 박명림 교수는 더욱 현실적인 지적을 한다. "의회 규모 확대에는 군사독재의 잔재를 청산하는 의미도 있지만, 가장 중요한 사실은 의회 규모를 확대하지 않고는 재벌, 관료, 검찰, 군대, 사법기구 등을 견제할 수 없다는 것이다."

3

비례대표제 확대,
다양한 정당명부제 도입도 대안

　국회의원 수를 늘리는 데 군이 현행의 선거제도를 고집할 필요는 없다. 비례대표제의 확대나 다양한 정당명부제*(1인 2표를 전제로 1표는 지역구 국회의원에게, 다른 1표는 유권자의 지지정당에 투표하는 제도)를 고려하는 것도 대안이 될 수 있다. 지난 19대 총선에서 새누리당은 부산에서 51.3%를 득표하면서 절반을 조금 넘겼지만, 전체 18개 의석 중에서 16석을 휩쓸었다. 이렇듯 현행 선거제도는 지역 구도를 지나치게 증폭시킨다는 단점이 있다. 또 13대~19대 총선 결과를 분석해보면, 지역구 선거에서 당선자가 얻은 표를 모두 합하면 987만 표지만 낙선자의 표를 모두 합치면 그보다 많은 1023만 표였다. 낙선자의 수가 많기 때문에 나타나는 현상이기도 하다. 하지만 다르게 생각해보면 후보의 난립으로 인해 고작 30% 남짓한 적은 비율의 득표만으로도 당선되는가 하면, 다른 지역에선 그보다 더 높은 비율 또는 득표수에도 낙선되는 경우가 있다는 말이다. 이는 국회의원의 대표성에 심각한 문제가 있음을 반증한다.

　이런 현상 때문에 지역구 국회의원의 수를 줄이고 비례대표 국회의원의 수를 늘이자는 말이 심심찮게 나왔다. 헌법재판소가 국회의원 선거구 획정에 관한 공직선거법에 대해 '헌법불합치' 결정을 내린 후, 국회가 연구 끝에 내놓은 안이 지역구 국회의원 200명에 비례대표 국회의원 100명을 권고한 것도 그런 맥락에서

＊정당명부제

기존 정치구도에서 제도권 진입이 어려웠던 신진 정치세력에 유리한 제도로, 고질적인 지역병폐를 완화하는 데 중요한 역할을 한다. 지역구 의원에 1표를 지지하고 이 표를 정당별로 집계해 전국구 당선자를 배정하는 1인 1표 비례대표제와는 구별된다.

정당명부제는 유권자의 의사가 정확히 반영되어 사표가 줄고, 이념정당과 소수당의 원내진출이 용이하며, 정당 간 정책대결을 유도하는 등의 장점이 있다. 2001년 7월 19일 헌법재판소가 비례대표의 의석배분 근거인 1인 1표제에 대해 위헌 판결을 내림에 따라 도입되었다. 2002년 6·13지방선거 때 헌정 사상 처음으로 시행되어 군소정당이었던 민주노동당이 정당 지지율 8.1%를 얻어 전국득표율 순위에서 한나라당과 민주당에 이어 3위를 차지하는 한편, 9명의 광역의원 비례대표를 배출했다.

출처_Daum 백과사전

다. 비례대표는 다양한 분야의 직능대표들이 자신의 전문성을 살려 입법 활동을 할 수 있다는 점에서 바람직하다.

또 권역별 정당명부제는 많지 않은 수의 지역 또는 지역출신 후보들이 명단에 오르게 되므로 능력을 검증하기 쉽고 감시 또한 수월하다. 나아가 정치신인의 의회 진출이 용이하고, 특정 정당이 아니면 발붙일 수 없는 영남과 호남에서도 서로 국회의원을 배출함으로써 망국적 지역감정을 해소하는 데도 도움이 될 것이다.

"더 늘리지 말아야"

1 의원 수 타령보다 밥값부터 하시길

누울 자리를 보고 다리를 뻗었으면 좋겠다. 우리는 언론을 통해 비리와 부도덕으로 얼룩진 국회의원들의 기사를 심심찮게 접한다. 입법 활동보다는 지역구 표밭 다지기에 몰두하고, 국가 예산 심의 자리에서 자기 지역 예산 확보에만 혈안이 된 꼴불견 의원들 얘기도 낯설지 않다. 높은 세비에 평생 보장되는 연금, 서민들은 꿈도 꿀 수 없는 각종 혜택에도 밥값을 못한다는 게 국회의원에 대한 인식이다. 국민은 안중에도 없고 선거에만 목을 매는 꼴이다. 오죽하면 국회의원을 없앴으면 좋겠다는 말이 나올까. 그런데도 국회의원 수를 더 늘리자니 참으로 한심한 노릇이다.

세상의 여론은 이렇다. 2015년 7월 31일, 여론조사기관 갤럽이 발표한 바에 따르면 57%의 응답자가 국회의원 숫자를 줄여야 한다고 대답했다. 300명인 현재 상태가 적당하다는 응답자는 29%에 그쳤고, 늘려야 한다는 응답자는 7%에 지나지 않았다. 이보다 앞선 28일 여론조사기관 리얼미터가 국회의원 세비를 절반으로 삭감하는 것을 전제로 국회의원 숫자를 늘리는 것에 대한 찬반 여론조사에서도 반대 응답이 57.6%, 찬성 응답이 27.3%인 것으로 나타났다. 반대가 찬성의 두 배를 넘는다.

더 이상 국민은 스스로를 공복이라 지칭하는 국회의원이 특권층 노릇을 하는 현실을 인정할 수 없다. 틈날 때마다 국민의 목소리에 귀를 기울이겠다고 말하던데, 이젠 그것을 실천해야 할 때다. 바로 이 여론조사 결과가 국민의 목소리가 아니고 무엇인가.

2 국회의원은 국민이 아닌 정당의 대리인이다

의원 정수를 늘려야 한다고 말하는 사람들은 다른 나라의 사례를 든다. 의원 1인당 국민수가 너무 많아 국회의원으로부터 받는 서비스, 즉 대표성이 축소되고 있다는 주장이다. 하지만 이 주장은 옳지 않다는 게 현실에서 드러나고 있다. 이 주장의 전제는 국회의원이 국민의 대리인이며 따라서 국민의 권익을 위해 일한다는 것이다. 그러나 국회의원이 국민에게 허리를 굽히고 귀를 기울이는 시늉을 하는 것은 선거철뿐이다. 금배지를 다는 순간 국회의원이 국민의 대리인이 아닌 정당의 대리인으로 돌변하는 것을 한두 번 겪은 것이 아니다. 덧붙여 의원 1인당 국민수가 가장 많은 나라는 미국(72만 6733명)이고 두 번째는 일본(26만 5204명)이라는 점을 상기시키고 싶다. 의원수가 적은데도 우리보다 더 윤택하게 사는 세계의 강대국들이다. 이것은 어떻게 설명할 것인가.

의원수가 늘어나면 여러 분야에서 활동한 경험이 있는 의원이 늘어나 다양한 목소리를 낼 수 있다지만 동의하기 어렵다. 이력이 아무리 훌륭해도 다선 의원의 눈에 초선의원은 정치 초보고, 그렇게 대접한다. 또 개인의 소신보다 공천권(정당에서 선거에 출마할 당원을 공식적으로 추천하는 권리)을 쥔 당과 당론에 따라야 하는 것도 한계다. 따라서 다양한 의원이 다양한 의정활동을 펼칠 것이라는 기대는 애초에 접었다. 의원수가 늘면 특권이나 기득권이 축소될 거라는 주장도 마찬가지다. 세비도 연금도 각종 혜택까지도 스스로 결정하는 국회의원들이 그 기득권을 내놓으리란 건 순진한 착각이다. 현재 세비를 반으로 줄이고 의원수를 늘리는 방안이 강구되고 있다지만 여론의 주목에서 벗어나는 순간 모두 원상태로 복구되리라는 건 지금까지 의회와 의원들이 보여준 행태만 봐도 짐작하고도 남음이 있다.

3 국회의 체질과 제도 개선이 먼저다

최근 한 신문기사는 19대 비례대표 국회의원들의 법률 가결률을 조사해 발표했다. 결과는 지역구 의원들이 발의한 법안들보다 본회의 통과확률이 많이 낮았다. 지역구 의원의 경우 246명이 모두 1만 23건을 발의해 653건이 통과됨으로써 6.5%의 가결률을 보였는데 비해, 비례대표 의원 52명은 모두 2259건을 발의하고 119건을 통과시켜 4.7%의 가결률에 그쳤다. 낮은 가결률도 문제지만, 발의한 법안 중 단한 건도 본회의에서 통과시키지 못한 의원들이 18명에 달한다. 단 한 건만을 통과시킨 의원도 6명이나 되어, 두 경우만 합해도 24명으로 비례대표 의원의 절반에 육박한다는 점도 지적받았다. 입법 활동의 전문성을 살리기 위해 도입한 비례대표제의 취지가 무색해지는 일이다. 더욱이 국회의원 숫자를 늘리는 일과 관련해 비례대표제의 확대를 주장하는 사람들은 이런 문제에 대해서 먼저 대답을 해야 한다.

조사를 담당한 국회모니터링단체인 바른사회시민회의 이옥남 정치실장은 이같은 결과에 대해 "비례대표제도 취지가 현실적으로 충분히 반영되지 않고 있는 상황에서 숫자만 늘리겠다는 건 국민이 납득하기 어려울 것"이라면서 "전문 분야에 관한 입법활동보다 다음 선거를 위한 지역구 잡기에 몰두하고 있다"고 분석했다.

지역구 의원이든 비례대표 의원이든 현재 국민 대다수는 의회의 규모가 커지는 것에 대해 심한 반감이 있다. 그것은 의회와 의원 스스로가 만든 족쇄다. 이 정권의 수장인 대통령과 핵심인사들은 기회가 날 때마다 "국민이 납득할 때까지"라는 말을 관용구처럼 써왔다. 이 말을 고스란히 의회와 의원들에게 돌리고 싶다. 권위와 특권으로부터의 탈피, 참신한 인물의 발굴, 민주적 정당 운영, 국민을 위한 진정한 의회활동을 '국민이 납득할 때까지' 보여주는 게 우선이다. 숫자를 늘리고 줄이고는 그 다음의 일이다.

1. 민주주의 국가에서 의회는 어떤 역할을 합니까? 우리나라 행정부의 권한과 입법부의 권한을 비교해 보고 이들이 견제와 균형을 이루려면 어떤 점을 보완해야 하는지 토론해 보세요.

2. 여러분이 국회의원이라면 어떤 법을 만들고 싶나요? 정말 필요한 법안을 적어보세요. 그리고 내가 만든 법 때문에 도움을 받을 사람과 피해를 입을 사람은 누구인지 토론해보세요.

실전 gogo 🖊

국회의원의 숫자를 늘릴 것인가, 말 것인가로 정치권은 물론이고 국민들의 관심도 뜨겁습니다. 이 문제에 대해 여러분의 생각은 어떻습니까? 자신의 주장을 적어보세요. (400자 내외)

차별해소를 위한 역차별은 정당한가

"수년간 양발에 쇠고랑을 차고 있던 이를 풀어주고 출발선에 데리고 가서 '당신은 다른 모든 사람과 이제 자유롭게 경쟁할 수 있고, 이것은 공정한 것입니다'라고 할 수 없다."_미국 존슨 대통령

역차별 제도가 필요한 이유에 대해 명료하게 설명해주는 말이다. 일반적으로 '평등권'은 '기회의 균등'으로 생각돼왔다. 하지만 '수년간 양발에 쇠고랑을 차고 있던 이들'에게는 동등한 기회만으로는 공정한 경쟁이 어렵고 차별을 해소하기도 쉽지 않다. 그래서 이들에게 인센티브를 주는 '역차별' 제도가 만들어졌는데, 한편에서는 역차별이 또 다른 차별을 낳는다고 비판한다. 여성채용목표제, 여성공천할당제, 군필자 가산점제, 서울대 지역할당제뿐 아니라 현재에는 '외식업 출점 규제안' '엄마 가산점제' 등이 역차별 논란에 있다. 차별을 고치기 위한 역차별, 과연 정당한가?

키워드로 읽는
논쟁

1. 역차별 혹은 차별철폐 조치

'차별철폐 조치'와 '역차별'은 조금 다른 개념이지만 대부분 서로 중복된다. 차별철폐 조치는, 입학이나 고용에서 이전에 부당한 차별을 받아온 집단의 구성원을 채용하는 적극적인 조치를 말한다. 예를 들어 이전에 여성이라서 입학이 불허된 사관학교 입학을 여성에게 허용하는 제도는 차별철폐 조치이지 역차별은 아니다.

역차별은 어떤 구성원이 이전에 차별을 받아왔다는 데 근거해서 '역으로 차별'해서 보상해주는 것을 말한다. 백인, 남성들로부터 고용기회를 확보해 흑인 또는 여성을 위한 기회를 창출하는 방법이 대표적이다. 서울대의 지역할당제, 하버드대를 비롯한 미국 명문대학들의 적극적 우대조치가 이에 해당한다. (적극적 우대조치의 일환으로 입학시 소수 인종을 배려한 우대 정책)

문제는 역차별의 경우, 그동안의 차별을 철폐하는 조치이지만 동시에 일정한 자질을 갖춘 학생의 입학을 불허하는 또 다른 차별을 낳기도 한다는 점이다. 미국 사회는 지금까지도 소수자 우대 정책이 다른 인종에 대한 차별로 이어진다며 논쟁이 치열하게 벌어지고 있다. 소수자 우대가 백인을 차별한다는 문제가 제기되는가 하면, 소수자 우대가 일종의 쿼터제처럼 작동해 우수한 아시아, 히스패닉계 등의 학생에게 불리하게 작용한다며 소송이 제기되고 있다.

2. 역차별 제도를 실시하는 이유는?

역사상 유색인종이나 여성 등은 집단적으로나 구조적으로 차별을 받아왔다. 현대의 헌법이 이들의 평등권을 보장해주고 있긴 하지만 전통적인 평등권의 해석인 자유의 평등이나 기회의 평등으로 실질적인 평등을 구현하기에는 역부족이다. 즉 기회균등이 보장되어 있다고 해도 그 기회가 은연중에 제한되고 있거나, 불이익을 받아온 집단이나 개인이 그동안 차별을 받아와 능력이나 실력이 부족한 부분이 있다면, 형식적인 기회균등으로는 공정한 경쟁을 펼치기 어렵다. 따라서 결과적 평등을 실현하기 위해서는 적극적인 조치가 필요하게 된 것이다.

3. 역차별 제도는 언제 시작되었나?

역차별 제도는 미국에서 시작됐다고 볼 수 있다. 노예 해방 이후 흑인들의 민권운동이 몇 차례 연방헌법을 수정하는 과정을 거치다 1961년에 케네디 대통령이 적극적 우대조치를 강구해야 한다는 조항을 행정명령에 집어넣었다.

이는 고용시 차별 금지 조치로, 소수인종 등의 적극적인 지원 발판이 마련되었다. 이후 존슨 대통령이 고용평등기회위원회 연방 계약 프로그램을 도입, 고용행위 전반으로 확대되었다. 미국에서 역차별 제도는 주로 인종 문제와 관련해 소수계의 입학을 장려하거나 고용에 할당제를 주는 식으로 나타났다. 하지만 레이건 대통령과 부시 대통령은 적극적 우대조치가 국민을 분열시킨다며 이를 폐지해야 한다는 주장을 옹호했고, 역차별 이외의 다른 방법을 통해 대학 내 인종 다양성을 추구해야 한다는 지적도 있다.

4. 미국, 소수인종 배려의 역설_아시아계 학생들 소송을 제기하다

하버드 대학을 비롯한 미국 명문대들은 1970년대부터 입학사정에서 소수인종 배려 정책을 채택해 왔다. 그런데 소수인종 배려정책이 오히려 성적이 월등히 뛰어난 아시아계 학생들의 차별로 이어지고 있다는 소송이 끊이지 않고 있다. 이에 대한 문제를 주도적으로 제기하는 단체는 '공정한 입학을 바라는 학생들의 모임Student for Fair Admissions: SFA'으로, 이 모임은 아시아계 학생과 학부모 2만여명이 회원으로 가입해 있다.

SFA의 소송자료에 따르면 이른바 아이비리그(미 동부 8대 명문대)가 하버드대와 비슷한 소수인종 배려정책을 펴 아시아계 미국인 입학생 비중이 수십년째 14~18%에 머물고 있다고 한다. 하지만 캘리포니아공대의 경우 인종 쿼터 없이 객관적인 성적 등으로만 입학 사정을 하는데 아시아계 미국인 비중이 2000년 24.9%에서 2013년 42.5%로 17.6%포인트 증가했다.

5. 역차별 제도를 실시하는 데 유의할 점이 있다면?

모든 역차별 제도가 항상 정당화될 수 있는 것은 아니다. 역차별 제도를 시행할 경우 새로운 유형의 차별이 발생할 수 있기 때문이다. 따라서 역차별 제도가 현실적으로 인정받기 위해서는 무엇보다 우대 집단을 선정하는 데 주의를 기울일 필요가 있는데, 역사적으로 차별을 받아왔고 그러한 차별이 지속되고 있다고 인정된 집단을 선정해야 한다. 또한 어느 정도 우대 조치를 취할지 그 수준을 결정하는 것도 중요하다.

우대 조치의 수준을 지나치게 낮게 잡을 경우 실효성이 없어지고, 지나치게 높게 잡으면 선의의 피해자가 많이 발생할 수 있기 때문이다. 역차별 제도는 그 자체로 차별적 제도이기 때문에 한시적으로 적용될 제도라는 점을 인식하는 것도 중요하다.

플러스 상식 ⊞ _____

우리나라의 역차별 제도

대표적인 역차별 제도로는, 여성채용할당제, 군필자 가산점 제도, 국가 유공자 가산점제, 여성공천할당제, 대입 지역균형 등이 있다. 이밖에도 다양한 분야에서 역차별 제도를 둘러싼 논란이 꾸준히 제기되고 있는 상황이다. 현재 이슈를 보면, '청년고용촉진법'은, 30대 미취업자를 배제하는 또 다른 차별이라며 논란중이고, 중소기업 적합업종 지정 역시 외국계 기업만 배불린다며 논란이 되고 있다.

찬성 PROS

"정당하다"

1 차별에 따른 손해를 보상하는 역차별은 정당하고 필요한 것이다

서울대가 입시제도에 도입한 지역할당제(지역균형선발)는 말 그대로 특정 지역 학생에게 일정한 비율의 입학정원을 할당하는 제도다. 원래 대입제도는 수능이나 내신 같은 객관적인 기준으로 뽑는 것이고, 이 경우 나이, 성별, 출신지와는 무관한 것이다. 그런데 왜 서울대를 비롯한 여러 대학이 지역균형 선발을 만든 것일까. 그 이유는 공교육과 사교육 모두의 교육환경을 볼 때 서울을 비롯한 대도시에 비해 시골이 상대적으로 열악하기 때문이다. 만일 이를 감안하지 않고 성적순으로 학생을 선발할 경우 시골 학생들이 서울대를 비롯한 여러 대학에 진학할 수 있는 확률이 상대적으로 낮아질 수밖에 없다. 따라서 그 차별을 보상하는 차원에서 사회적 약자를 배려하고, 사회통합과 지역의 균형발전에 기여해야 한다는 측면에서 이를 극복하는 방법으로 지역할당제를 도입하는 것은 당연한 일이다.

이밖에도 우리 사회의 경우 성별, 학벌, 장애에 따른 차별, 비정규직, 외국인 근로자에 대한 차별이 사회문제가 된 지 오래다. 어떤 사람들이 그 집단에 속한다는 이유로 오랫동안 차별을 받아왔다면 먼저 이 차별에 대해 인정해야 한다. 또한 차별을 받아온 이들을 같은 출발선에 세울 것이 아니라 차별을 받은 개인이나 집단이 그동안 받아온 손해를 보상하는 것은 사회가 당연히 해야 할 일이다. 과거의 차별이 현재의 공정하지 못한 경쟁으로 이어질 수밖에 없기 때문이다. 따라서 차별을 해소하기 위한 역차별은 정당하고도 필요한 것이다.

2 법 앞에서의 평등, 기회균등이 보장돼 있어도 형식적인 의미일 뿐이다

역차별이 또 다른 차별이라고 말하는 사람들은 경쟁은 공정하고 효율적이어야 하며, 기회의 균등이 이를 뒷받침해주는 가장 기본적인 전제라고 말한다. 따라서 어떤 집단의 고통을 감안해 집단에 속한 모든 구성원에게 인센티브를 준다면 기회의 균등이라는 기본 전제가 허물어진다며 법 앞에서의 평등, 기회균등이 이미 보장돼 있기 때문에 차별을 부르는 역차별은 시정돼야 한다고 말한다. 하지만 이는 현실과는 유리된, 형식적인 의미를 지닐 뿐이다.

여성할당제*나 여성공천할당제*의 경우를 보자. 역차별에 반대하는 사람들은, 이미 남녀가 평등한 시대에 여성이라고 해서 차별적으로 인센티브를 주는 것

＊여성할당제

법률 및 정부규제로 일정 인원을 여성에게 배분하는 제도. 여성에 대한 차별을 없애기 위한 제도로, 정치·경제·교육·고용 등 각 부문에서 채용이나 승진시 일정한 비율을 여성에게 할당하는 제도이다. 스웨덴과 노르웨이 등은 획기적인 여성정책으로 실효를 거두었다. 특히, 스웨덴에서는 모든 부문에서 한 성[性]이 40% 이하가 되는 것을 법으로 금지하는 사항을 두고 있다.

＊＊여성공천할당제

여성의 정치적 대표성 확대를 위한 적극적 조치로, 여성할당제의 한 줄기. 대만과 필리핀 등은 정치부문에서 40~50% 여성할당제를 두어 여성 국회의원 수를 대폭 늘리는 효과를 거두었다. 현재 우리나라는 2010년 개정된 공직선거법에 따라 지역구 지방의회의원 선거의 경우 국회의원 지역구마다 광역 혹은 기초의회의원 가운데 적어도 1명의 여성후보를 공천해야 한다. 이 개정을 두고 일부에서는 남성에 대한 역차별이라고 주장하면서 선거 후 위헌소송 가능성을 제기하고 있다. 프랑스의 경우 지방의회 선거에서 남녀 후보자의 공천비율을 50대50으로 규정한 '파리테법'의 제정을 추진하는 과정에서 이 법에 대한 위헌 논란이 제기되자 법 제정 이전 헌법 개정을 통해 형평성 논란을 불식했다.

은 납득할 수 없다고 말한다. 또한 남녀의 불평등 문제는 사회 구조적 모순이고, 사람들의 의식이 변하지 않는 한 문제해결이 어렵기 때문에 역차별로는 차별 철폐가 불가능하다고 말한다.

하지만 그래서 여성할당제가 필요한 것이다. 우리 사회는 여전히 남성중심의 사회이고 따라서 기업을 비롯한 사회조직들은 여성 등용, 여성 참여에 보수적이다. 여성 의원수, 기업의 여성 임원수가 다른 OECD 국가에 비해 턱없이 낮은 게 우리 현실이다. 기업 승진 심사의 심사원을 남녀 동수로 구성하는 것과 같은 조치가 기본적으로 취해져야 한다. 실질적 의미의 평등이란 기회균등이 보장될 뿐만 아니라 실제로 그 기회를 이용할 수 있는 능력과 제반 여건도 갖추어졌을 때를 말한다. 능력이나 실력을 기를 수 있는 기회를 은연중에 제한하고 나서 형식적인 기회균등을 주장하는 것은 '눈 가리고 아웅'하는 것이다. 모든 사람들에게 동일한 기회를 주는 것이 공정한 경쟁은 아니다.

3 역차별이 새로운 차별을 초래한다고 해도 정의 실현을 위한 역차별은 정당하다

역차별에 반대하는 사람들은 차별이 또 다른 차별을 낳으며, 불가피하게 또 다른 희생자를 낳는다고 말한다. 홀어머니 밑에서 자라 혼자 힘으로 공부한 셰릴 홉우드는 캘리포니아 주립대학을 졸업하고, 텍사스 법학전문대학원에 지원하나 불합격한다. 나중에 보니 합격생 중에 홉우드보다 대학성적은 물론 입학시험 점수도 낮은데 흑인과 멕시코계를 우대하는 '소수집단 우대조치' 덕분에 합격한 사람이 있었다. 이에 일각에서는 홉우드의 예를 들면서 역차별이 또 다른 차별을 부른다고 목소리를 높인다.

그러나 한 가지, 비슷한 성과를 냈다고 동일한 노력을 기울이는 건 아니다. 저소득층 흑인이나 히스패닉계 학생들이 홉우드와 같은 성과를 내려면 몇 배의 노력이 필요하다. 따라서 이들에게 가산점을 주는 게 형평성에 맞다. 미국의 경우 인종 문제로 인한 차별은 역사도 깊고, 차별의 골도 깊다. 따라서 공정한 사회를 만들기 위해서는 차별을 해소하는 것이 정의 실현을 위한 길이다. 이 문제를 개인적인 차원에서만 봐서는 안되고 사회적 차원에서 봐야 한다.

장애 자녀를 둔 가장이 있고, 미혼의 남자사원이 있다고 하자. 수당 등을 신설해 장애 자녀를 가진 가장에게 월급을 더 준다면, 이것을 부당한 차별이라고 할 수 있을까. 정당한 차별이냐 아니냐를 구분하는 기준은 정의의 이념과 연결된다. 차별 받아온 사람이 있고, 역으로 우대 받은 집단이 있다면 분배적 정의가 제대로 이루어지지 않았음을 보여주는 것이다. 따라서 차별 받아온 사람이나 집단에게 적절한 보상을 제공하지 않으면 사회 전체적으로 봤을 때 사회 통합, 사회 화합을 이루어내기 어렵고, 이는 결국 체제 유지를 어렵게 만든다. 설사 역차별이 새로운 차별을 낳는다고 해도 더 큰 정의 실현을 위해 역차별은 필요하고 정당한 것이다.

"정당하지 않다"

1 역차별 제도는 차별 철폐는커녕 새로운 불평등을 조장한다

역차별 제도들이 논란을 겪는 이유는 억울하게 차별을 당하는 선의의 피해자(희생자)가 생겨날 수밖에 없기 때문이다. 군대를 다녀왔다는 이유로 가산점을 주면, 군대를 의무적으로 갈 기회조차 없었던 여성들은 동일한 노력에도 고용기회를 박탈당하는 억울한 상황에 처하게 되는 것이다. 백인 여성 홉우드도 충분히 대학원에 진학할 수 있었는데도 역차별로 불합격의 아픔을 겪어야 했다. 역차별제도는 현실적으로 만일 이 제도가 없었다면 취업할 수 있었던 사람의 고용 기회를 박탈하고, 홉우드처럼 합격할 수 있었던 사람에게 불합격의 아픔을 겪게 만든다.

물론 역차별의 취지는 좋다. 하지만 역차별은 홉우드 같은 또 다른 희생자를 발생시키고 이는 결국 보상의 악순환 고리를 만들어낼 수밖에 없게 만든다. 따라서 역차별은 정당하고 정의로운 것으로 보기 어렵다. 소수 집단이 과거에 차별을 받은 부분을 보상을 해주는 것은 당연하지만, 역으로 차별을 만드는 방법이 아니라 다른 해결책을 찾아야 한다. 기회의 평등만큼 가치중립적인 것은 없다. 실질적인 평등까지 시간이 걸릴 수 있으나 부작용을 없애는 차원에서 역차별적인 요소는 배제해야 한다.

2 경쟁은 공정해야 하며
공정한 경쟁의 기본 전제는 기회의 균등이다

우리가 사는 세상은 말로 표현하기 힘들 만큼 치열한 경쟁의 연속이다. 저마다 자신의 꿈을 좇아 혼신의 힘을 다해서 경쟁에 임한다. 따라서 경쟁은 반드시 공정해야 하고, 그럴 때 가장 효율적인 결과를 낳는다. 공정한 경쟁의 가장 밑바탕은 어떤 규제나 간섭 없이 모두에게 기회를 균등하게 주는 것이다. 그런데 역차별은 정의를 위한 것이라고 하지만 이 기본 전제를 무너뜨리는 것이다. 역차별이란 말 자체가 '거꾸로 차별'한다는 뜻으로, 차별을 보상하는 차별인 셈이다. 따라서 역차별로 인해 많은 개인이 불공정한 대우를 받게 된다.

성평등을 실현하기 위한 대표적인 역차별 제도인 여성할당제를 보자. 여성할당제는 고용을 비롯한 정치, 교육 등 각 부문에서 일정 비율을 여성에게 할당하는 제도이다. 물론 여성은 법적 평등이나 기회균등을 보장받고 있지만 실제로는 우리나라의 여성차별 역사가 깊어서 불평등을 겪는 게 사실이다. 남자와 여자가 다른 사회화 과정을 겪고, 여러 부문에서 불평등을 겪어 왔다. 그러나 과연 고용할당제가 남녀불평등이라는 차별의 문제를 효과적으로 시정할 수 있는지 우리는 생각해봐야 한다. 왜냐하면 이 문제는 사회구조적인 모순에서 비롯되었을 뿐만 아니라 여전히 사람들의 의식 속에 성차별 의식이 뿌리깊게 남아 있어서 보다 근원적인 해결책이 있어야 하기 때문이다.

과연 이처럼 본질적인 구조의 문제, 사람들의 의식의 문제를 역차별 제도로 고칠 수 있을까? 근본적인 차별철폐는 구조와 의식의 변화 없이 어렵다. 이는 비단 여성 차별의 문제만이 아니라, 장애인, 외국인 노동자에 대한 차별 등도 마찬가지이다. 시간이 걸리더라도 보다 근본적인 제도 변화가 해결책이지 역차별 제도로는 어렵없다.

3 역차별은 사회 전체의 효율성을 떨어뜨리는 부작용을 낳는다

역차별이 차별을 효과적으로 시정할 수 있느냐의 여부도 중요하지만 과연 역차별이 사회 전체의 효율성에 기여하는지 살펴봐야 한다. 예를 들어 여성공천할당제를 보자. 이 제도에 대해 의견이 분분한데, 남성들만이 반대의견을 내는 건 아니다. 정치가로서 제대로 준비되지 못한 인물인데도 여성할당제라는 제도를 이용해서 내세우는 경우가 종종 있다. 그 결과 적합한 인물인데도 남자라는 이유로 경쟁에서 밀리게 된다. 이러한 결과는 사회 전체의 효율성을 떨어뜨리는 대표적인 사례인 것이다.

물론 애초부터 공정한 기회가 주어지지 못했다는 점은 인정한다. 하지만 여러 문제에 대해 효율성에 입각해 판단하지 않을 경우 사회적 손실이 생기고, 이는 사회 전체가 고스란히 떠안게 된다. 개인의 능력과 무관하게 인종이나 성별 같은 생래적인 기준으로 판단할 경우 직무에 가장 적합한 사람을 선택하기 어려워진다. 결국 자격이 부족한 사람을 특정 지위에 올릴 수밖에 없는 상황이 되고, 결국 사회는 최적의 효율을 보여주지 못할 것이다. 사회가 이처럼 비생산적인 사회로 바뀐다면 사람들의 성취동기도 감소돼 사회 전체의 효율성도 떨어지게 될 것이다.

또 역차별이 정의 실현을 위한 제도라고 말하는데, 오히려 사회통합을 어렵게 만들 가능성도 높다. 역차별로 인해 피해를 입은 사람이 많아질수록 사회에 대한 반감이 커질 것이다. 스스로의 능력 부족으로 입학이나 입사, 승진이 좌절될 경우 자신의 부족함을 탓하면 되지만, 그게 아니라 새로운 차별로 인한 결과라면 당연히 사회에 대한 불만으로 이어질 수 있다. 결국 역차별이 사회통합에 방해가 될 수 있는 것이다.

평등에 대한 세 가지 관점

1. 기회의 평등
모든 사람에게 똑같이 기회를 부여하고 개인의 능력과 노력에 따라 적절히 차별적으로 보상하는 것을 원칙으로 한다. 이 관점에서는 개인의 환경적 요건을 고려하지 않고, 개인이 수행한 결과는 그의 능력과 노력의 대가라고 생각한다.

2. 결과의 평등
기회나 조건이 아니라 실제 생활에서 평등한 관계가 만들어져야 한다는 입장. 사회주의 사회는 결과의 평등을 지향한다. 모두들 자신의 능력만큼 최선을 다하는 것을 전제로, 업무 수행 결과에 상관없이 균등하게 분배해야 한다는 입장.

3. 조건의 평등
기회의 평등과 결과의 평등의 단점을 보완하려는 입장. 자유경쟁을 시키되, 모든 사람에게 같은 조건을 만들어주고, 똑같은 조건에서 자신의 능력과 노력만큼 수행한 결과에 따라 차등 보상한다는 입장이다.

1. 우라나라에서 반드시 시행되어야 한다고 생각하는 역차별에는 어떤 것이 있는지 체크해보고 그 이유를 간략히 적어봅시다.

◎ 장애인 고용의무제
◎ 정당법상 여성공천할당제
◎ 여성공무원 채용목표제
◎ 군필자 가산점제

2. 현재 우리나라 여성공천할당제가 어떻게 시행되고 있는지 조사한 후, 여성공천할당제가 가진 의미를 정리해보고, 현재 여성공천할당제의 문제는 무엇인지 말해봅시다.

실전 gogo ✏️

1. 세계경제포럼 '2013년 성 격차 보고서'에 의하면 한국의 성 평등 수준은 매년 하락을 거듭해 136개국 중에서 111위에 올랐습니다. 한국 여성의 교육수준과 보건 수준은 높은 평가를 받았지만 각료와 고위공무원, 기업경영진에서 여성 비율이 낮아 경제 참여와 정치권력 등에서 낮은 점수를 받아 순위를 끌어내린 것입니다. 이런 상황을 근거로 현재 일부에서 시행중인 여성고용할당제를 확대해야 할지 축소해야 할지 자신의 생각을 정리해서 적어봅시다.(400자)

_____

_____

_____

_____

_____

_____

2. 군필자 가산점 제도를 중심으로 역차별 제도가 차별 해소에 효과적인지 그렇지 않은지 찬반으로 나누어 토론해봅시다.

_____

_____

양극화해법, 성장이냐 분배냐

최근 20년 사이 우리 시장경제 규모가 급격히 성장하면서 소득불균형을 비롯한 양극화 현상이 심해지고 있다. 이러한 양극화 현상은 계층 간의 갈등을 비롯한 각종 사회문제의 주범으로 양극화 해소가 우리에게 과제로 주어졌다. 하지만 이에 대한 해법은 각기 다르다. 기득권을 가진 이들은 경제성장이 우선이요, 이념성이 강한 이들은 분배가 우선이라며 맞선다. 과연 어느 주장이 현실적이며 바른 방향일까?

키워드로 읽는
논쟁

1. 양극화의 주범, 신자유주의

신자유주의란 자유로운 경쟁 원리를 기초로 하는 경제정책 혹은 사고방식을 말한다. 경쟁을 제한하고자 하는 어떤 이념이나 각종 정책들도 결과적으로 사회 전체의 효율성을 가로막아 사회를 하향평준화한다고 주장하는 이론이다. 신자유주의는 '보이지 않는 손'에 의해 움직이는 시장 원리를 중시하는 아담 스미스의 견해와 유사한 형태로 회귀한 것이라 볼 수 있다.

신자유주의 등장의 배경은 이렇다. 1920년대 대공황기에 자유방임적인 자본주의 경제가 한계를 드러내자 정부가 나서서 수요를 만들어내고 복지정책을 늘리면서 위기를 모면해 나갔다. 하지만 복지정책을 추진해온 국가들이 70년대에 오면서 장기 불황에 빠져 다시 경제위기를 맞게 되었고 이를 극복하려는 과정에서 영국과 미국을 중심으로 신자유주의가 등장한 것이다. 신자유주의는 정부가 비대해져 관료화되고 시장에 지나친 간섭을 하다보니 국가 재정 상황이 위기를 맞은 것이라며, 각종 규제가 기업활동을 위축시키고 노동자에게 부여된 과도한 권한과 복지 정책이 일할 의욕을 없앤다고 비판했다. 따라서 자원의 효율적인 배분을 시장의 자유경쟁 원리에 맡기면 경제가 원활할 수 있다고 주장한다.

당연히 정부 규모를 최대한 줄이고 개인과 기업의 자율성을 높이는 '작은 정부'를 지향하고, 사회복지제도를 축소, 국가의 재정규모를 줄여야 한다고 주장하면서 정부의 규제 완화, 기업의 자유 경쟁 정책을 지향한다. 효율성과 이윤 추구의 극대화, 공기업의 민영화, 노동시장의 우연성 촉진, 공공지출 축소, 정부 기구 및 기업 구조조정, 복지부문 삭감, 공공재의 개념 철폐 등이 특징이다.

2. 우리나라 양극화현상의 시작

우리 사회는 1960~1980년대 산업화를 거치면서 오랫동안 고도 성장을 이룩했다. 덕분에 절대 빈곤이 약화되고 중산층이 형성되었다. 그러나 1997년 IMF 외환 위기로 기업 구조조정과 대규모 해고사태가 벌어졌고, 미비한 사회복지제도로 인해 실업과 고용 불안이 만연해졌다. 더구나 '고용 없는 성장'이 지속되면서 소득과 자산의 불평등이 심화되었고, 조세정책상의 부의 재분배 기능은 강화되지 못했다.

외환위기 이후 정규직과 비정규직의 노동시장 양극화는 '88만원세대'를 비롯한 근로 빈민을 양산하고 있다. 2001년 전체 임금 노동자의 26.8%였던 비정규직 비율이 2005년 36.8%로 증가했고, 2010년에는 50% 정도가 되었다. 비정규 노동의 증가는 불안정한 소득과 차별적 저임금을 양산하고 있다. 한편 정규직 노동자의 경우에도 공식, 비공식적인 상시적 해고 위험으로 안정적인 소득과 노후의 삶을 대비할 수 없는 불안정한 상태에 처해 있다. 그 결과 2015년 경제협력개발기구 자료에 따르면 한국의 자살율은 2015년 OECD 국가 중 1위(29.1명), 출산율은 2014년에 1.25명으로 2005년 이후 OECD 국가 중 최하위를 차지하고 있다. 특히 2007년부터 2011년까지 한국의 자살자 수는 같은 시기 전 세계 전쟁의 전사자 수를 훨씬 웃돈다는 충격적인 자료도 있다.

대기업 부문의 노동자와 중소기업 부문의 노동자간 소득, 고용 등의 양극화가 벌어지고 있고, 대기업 내에서도 노동자의 하청화, 비정규 임시직화가 만연해 폭넓은 중산층 형성을 기대하기 어렵게 만들고 있다. 거기에 새롭게 늘어나는 서비스업의 일자리도 대부분 비정규직, 저임금 노동자로 채워져 자산 소득자와 임금 근로자간의 경제적 불평등은 개선될 기미가 보이지 않는다. 이러한 양극화현상은 젊은이들이 미래에 대한 기대와 희망을 잃게 만들며, 그들 사이에서 '헬조선'이라는 말이 나온 배경이기도 하다.

3. 월가를 점령하라^{Occupy Wall Street, OWS}, 1%에 대항하는 99%의 시위

2011년 미국 뉴욕 월가^{Wall street}에서 발생한 시위. 세계 최강국 미국의 경제수도인 월 스트리트는 뉴욕의 경제중심거리여서, 사실상 지구의 경제수도 중심가에서 발발한 시위이다. 미국 사회의 경제 불안과 부조리에 항의하는 '고학력 저임금 세대' 젊은이들이 월가에서 처음 시위를 벌였는데, 이때 내건 구호가 '월가를 점령하라'였다. 미국을 경제위기에 빠뜨리고서도 수백만 달러의 퇴직금을 챙겨 떠나는 월가 최고경영자들에 대한 분노도 표출했다. 이후 행진과 트위터 등의 SNS로 활동 범위를 넓혀나갔다.

시위대는 다음과 같은 구호를 외쳤다. "우리는 미국의 최고 부자 1%에 저항하는 99% 미국인의 입장을 대변한다" "미국의 상위 1%가 미국 전체 부_富의 50%를 장악하고 있다" "매일 아침 일어나서 방값 걱정, 끼니 걱정을 하지 않게 해 달라" 등. 이들의 시위에는 다큐멘터리 영화 감독 마이클 무어, 진보정치활동 및 반전운동을 적극적으로 펼쳐온 할리우드 여배우 수전 서랜던 등이 참여하기도 해서 눈길을 끌었다. 또 미국 대선을 앞둔 시기여서 이런 성격의 시위가 누구에게 더 유리할 것인가를 놓고 치열한 전망이 오가기도 하는 등 화제를 모았다. 특히 2011년 10월 15일의 대규모 시위에는 미국의 주도적인 활동가들의 요청으로 전세계 80여 개국 1500개 도시에서 반월가 시위가 동시에 이뤄지기도 했다. 청년실업이나 고용불안 등, '1%를 위한 99%'인 것은 미국이나 전세계나 마찬가지였던 것이다. 서울에서도 덕수궁과 여의도 주변에서 참여연대 등 시민단체가 참석한 가운데 반월가 시위가 벌어졌다.

4. 지니계수^{Gini coefficient}_경제불균형 정도를 나타내는 통계학적 지수

소득 불평등에 대한 관심이 크다. 그렇다면 어느 나라의 소득 불균형 수준은 어떤 방법으로 알 수 있을까? 대부분 국가에서는 지니계수^{Gini coefficient}라는 지표를 활용한다. 1912년 이탈리아 통계학자 코라도 지니^{Corrado Gini}가 발표한 논문에 처음

소개되어 그의 이름을 따서 사용하고 있다. 지니계수는 0에서 1사이의 숫자. 1에 가까울수록 소득 불균형이 크다는 뜻이다. 즉 1에 가까울수록 부자 부모와 가난한 부모의 소득 차이가 크다는 의미다. 일반적으로 지니계수가 0.4를 넘으면 불평등한 것으로 평가한다. 우리나라는 1963년부터 매월 시행된 가계동향조사를 토대로 지니계수를 산출했다. 그 결과 지난 2013년 우리의 지니계수는 0.302로 집계, 2012년의 0.307보다 0.005 감소했다. 이는 2006년 이후 최저 수준인데, 피부로 느끼는 소득 불평등 수준과는 괴리가 있어 보인다는 지적을 받았다. 이후 통계청은 이 같은 문제점을 보완해 가계금융과 복지 조사를 기준으로 산출한 새 지니계수를 선보였는데, 새 지니계수의 결과는 0.353을 기록했다. OECD 34개 국가 가운데 6번째로 불균형이 심각하다는 결과다.

같은 지니계수인데도 차이가 나는 이유는 기준으로 삼는 소득이 다르기 때문이다. 가계동향조사에서는 실제 가계로 들어오는 소득, 즉 전입소득을 기준으로 지니계수를 계산한다. 반면 가계금융·복지 조사는 법인 영업이익이 기준이다. 두 소득은 근로소득자의 경우에는 별 차이가 없지만 자영업자일 경우 달라진다. 자영업자의 경우 실제로 발생한 수익에서 영업을 위한 재투자나 유보금 등을 제외한 돈이 전입소득이지만, 순이익에서는 재투자나 유보금이 모두 포함되기 때문이다.

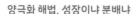

양극화 해법, 성장이냐 분배냐

"성장이 우선"

1 성장 없이 분배는 없다

낙수효과落水效果라는 단어가 있다. 컵을 피라미드 모양으로 층층이 쌓은 뒤 맨 꼭대기 컵에 물을 부으면, 제일 위의 컵부터 흘러들어간 물이 다 찬 뒤에 자연스럽게 아래쪽으로 넘쳐 내려간다는 이론이다. 이는 재벌이나 대기업, 고소득층 등 선도부문의 성과가 늘어나면, 연관산업을 통해 후발 또는 낙후 부문에 그 성과가 자연스럽게 흘러들어가는 효과를 말한다.

소득도 그렇고 고용도 그렇다. 대기업과 부유층의 소득이 증대되면 더 많은 투자가 이루어져 경기도 부양될 테고, 국내총생산GDP이 증가하면 저소득층에도 더 많은 혜택이 돌아갈 게 분명하다. 따라서 이는 자연스럽게 양극화 해소로 이어지게 되는 것이다. 세계적인 미래학자 앨빈 토플러도《부의 미래》에서 낙수효과를 부유층의 소비 증가가 저소득층의 소득 증대로 연결돼 전체적인 경기부양 효과가 나타나는 현상으로 정의했다.

그런데 분배론자들은 종종 낙수효과가 허상이라는 주장을 펼친다. 대기업은 엄청난 이익을 누리는데 중소기업은 나아지지 않고, 일자리도 늘지 않는다는 게 이유다. 또 대기업이 이익만큼 투자도 하지 않는다는 주장도 있다. 대기업의 성장

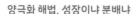

이 국민경제에 도움이 되지 않는다는 말인데, 과연 그럴까? 지난 10년 간 자동차를 생산하는 대기업 H사의 고용은 연평균 14.4% 증가했다. 직간접 고용은 18.7% 증가했다. 직접 고용인원은 약 9만명이지만, 판매·정비 등 여러 산업 영역까지 포함하면 직간접 고용은 무려 175만명에 달한다. 파주에 LCD공장이 들어서면서 이 지역 인구는 연평균 약 2~6% 증가했다. 중소기업의 영업이익률도 지속적으로 상승해 2011년에는 5.44%로 대기업의 이익률 5.38%를 오히려 앞질렀다. 이 모두가 낙수효과요 성장의 효과다.

2 성장은 다른 계층의 욕구를 발동한다

자본주의 사회는 계층별로 피라미드 구조를 가지고 있다. 아래는 넓고 많으며 위는 좁고 적을 수밖에 없다. 그래서 최상층을 제외한 어떤 계층이든 한 단계 위를 바라본다. 반대로 최상위층을 형성하는 계층은 아래와는 달라야 한다는 차별화 의식이 있다. 그래서 자신의 위치에 걸맞는 새로운 상징물을 만들거나 착용함으로써 차별화를 시도한다. 하지만 바로 아래 계층의 사람들이 그와 똑같은 상징물을 채택함으로써 닮으려 한다. 《댓츠 어 패드That's a fad》의 저자 조엘 베스트는 이렇게 말한다.

"이러한 과정은 끊임없이 반복된다. 각각의 계층이 계속해서 자기보다 나은 계층의 유행을 채택하고 그런 다음에는 결국 자신보다 낮은 계층으로부터 모방당하는 일이 반복되기 때문이다. 그리고 일단 하류층들이 어떤 유행을 채택하면, 그 유행은 더 이상 보다 높은 계층과 낮은 계층을 차별화시키는 역할을 하지 못한다. 그래서 상류층은 다시 자신들을 하위 계층과 구분시켜줄 새로운 상징물을 찾아나선다. 그 결과, 이 같은 계층 사다리의 최고 상류층 사람들이 다시 새로운 유행을 채택하게 되고 계속해서 하류층으로부터 모방을 당하는 연속적인 사이클로 이어지는 것이다."

이것은 유행의 전파과정을 낙수효과를 이용해 설명하는 자료지만, 성장과 그로부터 파생되는 신분상승의 욕구를 잘 반영하고 있다. 성장으로 인해 분배할 가치물이 생기고 그것이 아직 자신에게까지 도달하지 않았다면, 사람들은 자신의 몫을 더 많이 가지기 위해 바로 위 계층으로의 상승을 꿈꾼다. 꿈은 곧 의욕이요 욕망이다. 자본주의 사회에서는 누구나 다 같은 크기의 빵을 가질 수 없다. 따라서 더 큰 빵을 갖기 위해 노력하지 않을 수 없다. 성장이 없다면 생존을 위한 투쟁만 있을 뿐, 누가 이런 꿈이라도 꿀까.

3 **끊임없는 신성장동력 개발이**
성장의 핵심이다

요즘 지역 공동체를 중심으로 사회적 경제를 운영하는 진보적인 사람들이 생겨나고 있다. 그들은 사회적 경제가 국가와 시장의 영향으로부터 비켜나 자립구조를 갖고, 공동체를 통해 양극화 현상과 복지 문제를 해소할 것이라고 말한다. 그러나 이는 대안이 아니라 자본주의의 기본을 망각한 생각이다. 자본주의는 자유주의 시장경제라는 움직일 수 없는 명제를 기본으로 한다. 자본주의의 필연적 모순인 빈익빈부익부 문제를 해결하기 위해 국가가 시장에 관여하는 수정된 형태의 자본주의는 있을 수 있지만, 시장과 국가를 배제하거나 최소화하려는 시도는 바람직하지 않다. 또한 사회적 경제는 소위 진보진영의 가치다. 사회적 경제에 관여하는 협동조합이나 사회적 기업 등이 정치세력화를 하려는 게 아닌지 의심스럽다. 그렇게 된다면 경제를 표면에 내걸고 실제는 정치를 하는 셈이 되기 때문이다. 그런 의도를 가진 사회적 경제 주체들이 국가의 예산과 지원을 요구하는 것은 타당하지 않다. 행여 그런 의도가 아니라 하더라도 사회적 경제가 근본적으로 양극화를 해결할 수 있는 자본주의적 방안이 아니라는 점이다.

현재 우리의 양극화는 새로운 성장동력을 찾지 못하고 있는 데 이유가 있다. 초고속성장 시기에는 특유의 근면성과 성실함을 바탕으로 성장동력을 만들어냈다. 이제 그 시기가 끝났다. 특히 외환위기 이후 더 이상 저임금과 노동집약적인 굴뚝산업으로는 과거의 성장을 재현할 수 없다. 우리나라는 한때 IT강국을 자랑하며 반도체나 휴대폰 분야에서 세계 정상급의 자리에 서 본 기억이 있다. 최근 미래부와 특허청이 공공 연구기관에서 정보통신[IT]·생명공학[BT]·나노기술[NT]·환경기술[ET] 등의 분야에서 약 420여 건의 기술을 발굴한 것은 반갑고 다행스런 일이 아닐 수 없다. 이들을 기업들과 연계시키고 사업화를 돕는다면 충분히 새로운 성장동력으로 자리잡을 것으로 확신한다.

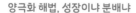

양극화 해법, 성장이냐 분배냐

"분배가 우선"

1 소비하지 않으면 기업도 없다

낙수효과는 미국 레이건 행정부가 추진한 신자유주의 경제 정책인 레이거노믹스의 근거다. 대다수 미국인들은 신자유주의가 자신들에게도 유리하다고 생각했지만 결과는 달랐다. 로시 에이그의 저서 《유혹하는 플라스틱》에는 이런 대목이 있다. "레이거노믹스에 따르면, 부자들에게 돈을 주면 그 돈이 가난한 사람들에게 갈 것이라고 했다. 이 약속을 믿은 미국인들은 전보다 벌기는 덜 벌고 쓰기는 더 씀으로써 더 깊은 빚 구덩이로 빠져들었다. 그로부터 30여 년 후, 대다수의 미국인들은 더 가난하게 되었다."

낙수효과의 반대개념으로 분수효과가 있다. 부유층에 대한 세금을 늘리고 저소득층에 대한 지원을 많이 하여 아래에서부터 소비를 증가시키면 궁극적으로 경기를 부양시킨다는 의미로 쓰인다. 대표적인 저임금기업으로 비판받아온 미국 월마트는 최근 50만명의 직원을 대상으로 시간당 최저임금 9달러를 보장해주기로 했다. 이는 연방 최저임금 7.25달러보다 많은데, 2016년에는 10달러로 올리겠다고 약속했다. 노벨경제학상 수상자인 폴 크루그먼 교수는 이런 결정을 두고 '월마트의 보이는 손'이란 표현을 했다.

수요와 공급의 원리와 마찬가지로 노동자가 얼마를 받느냐는 사회·정치적인 힘에도 의존하고 있다는 말인데, 저임금 문제는 곧 정치적 선택이라는 것이다. 또 미국에서 가장 많은 노동자를 고용하고 있는 월마트의 최저임금 인상이 소득 불평등 정도를 완화시키고 중산층 형성에 도움을 줄 것이라고 평가했다. 오바마가 지난 2013년 경제 캠페인을 위해 미국 전역을 다니며 빼놓지 않은 말이 있다. "승자독식이 심해지고 있습니다. 중산층이 소비를 못하면 기업도 소비자를 잃습니다." 미국도 이미 낙수효과의 허상을 알아차렸다는 얘기다.

② 불평등한 분배에서 공정한 분배로

한때 우리나라에서도 낙수효과를 톡톡히 본 적이 있다. 1960~1980년대에 이르는 고속성장기에 많은 효과를 봤다. 그러나 이후 등장한 IT 산업의 부상과 더불어 기업들의 글로벌 소싱이 낙수효과를 약화시켰고, 외환위기 이후에는 모든 분야에서 그 효과가 사실상 사라져버렸다. 문제는 그런 효과를 기대할 분야가 없어진 경제 환경에서도 정부와 대기업은 낙수효과를 신조처럼 떠받들고 있다는 점이다. 그래서 각종 규제를 완화하고 세금을 감면해주면서 투자와 고용을 종용한다. 심지어 대기업의 성장을 위해 다른 부문은 등한시하는 경향도 있다. 바로 이런 낙수효과를 기대한 대기업 몰아주기 정책기조가 양극화 해소에 도움이 되기는커녕 오히려 심화시키는 것이다. 미국은 클린턴 정부 시절부터 낙수효과에서 벗어나 미들아웃 경제학(중산층부터 지원해 두텁게 키워야 한다는 뜻으로 우리말로 정의하자면 중산층 우선 경제학 쯤 되겠다)으로 무게중심을 옮기고 있는 추세다. 그런데 우리는 도무지 낙수효과에서 벗어날 생각조차 않는다.

2012년 국내 상위 10%의 소득 비중은 45.5%로 세계 최고 수준인 미국(52%)보다 낮지만 프랑스(32.7%)와 일본(40.5%)보다 높다. 상위 10%와 하위 10% 간의 소득 격차는 1990년 8.5배에서 2014년 12배로 벌어졌다. 독일(6.7배)이나 프랑스

(7.2배), 캐나다(8.9배)보다 높은 수준이다. 이 같은 양극화가 소비를 억제하고 그것이 곧 경기회복에 걸림돌이 되고 있는데도 이를 외면하고 있는 것이다. 고용확대, 임금인상, 가계부담 완화와 같은 조치를 통해 중산층과 서민의 안정을 도모하는 경제구조를 만드는 길만이 경기침체를 벗고 양극화 해소로 가는 해법이다.

3 사회적 경제도 대안이다

요즘 정부나 시장의 간섭을 최소화하고 지역단위의 중소규모 인원이 모여 경제활동을 하는 이들이 부쩍 늘었다. 협동조합이나 사회적 기업, 마을기업, 자활기업, 농어촌 공동체 회사들인데 이를 사회적 경제라 부른다. 자본주의가 본격적으로 가동되던 무렵 유럽에서 자발적으로 결성된 다양한 형태의 협동조합들이 그 모델이다. 당시 노동자들은 착취를 덜 받기 위해 노동자협동조합을 만들었고, 비싼 생활용품을 값싸게 구입하기 위해 소비자생활협동조합을 꾸렸다. 또 담보물이 없고 지불능력이 없는 사람들도 돈을 빌려 쓸 수 있도록 신용협동조합을 만들었다.

사회적 경제는 최근 신자유주의와 시장만능주의의 폐해가 심각해지면서 양극화를 해소하고 복지 증진, 지역공동체 형성 등에 도움이 되는 대안경제로 떠오르고 있다. 국내에서는 2007년 사회적기업육성법이 제정된 데 이어 2012년 협동조합기본법이 만들어졌다. 사회적기업은 영리기업과 비영리기업의 중간 형태로, 영리기업이 주주나 소유자를 위해 이윤을 추구하는 것과 달리 사회서비스를 제공하고 취약계층에게 일자리를 창출해주는 등 사회적 가치를 추구한다. 현재 활동 중인 사회적 기업은 1299개, 협동조합은 7113개에 달하지만 아직 갈 길이 멀다. 사회적 경제와 관련된 법안들이 국회 상임위원회조차 통과하지 못하고 있기 때문이다. 사회적 경제를 위한 정책을 체계적으로 수립하고 국가 차원에서 지원하기 위한 사회적경제기본법의 경우 여당 원내대표가 발의했는데도 당내 의원의 반

발이 만만치 않다. 게다가 보수단체들은 자유민주주의와 시장경제 체제의 근간을
무너뜨릴 수 있다고 주장한다. 정부의 태도도 뜨뜻미지근하다.

하지만 전향적인 사고가 필요하다. 사회적 경제란 시장경제의 부정이 아닌 보
완개념이고, 일자리 창출과 복지재원조달을 통해 우리 사회의 심각한 양극화 문
제를 다소 해소할 것으로 기대되기 때문이다.

토론해 봅시다 💬

1. 사회에는 왜 부자인 사람과 가난한 사람이 있을까요? 우리 사회에서 부자가 될 수 있는 합법적이고 현실적인 방법을 다섯 가지씩만 적어보세요. 왜 그런지도 토론해보세요.

2. 부자와 가난한 사람이 함께 어울려 사는 사회라서 좋은 점은 어떤 게 있나요? 또 불편한 점은 어떤 게 있나요? 친구와 함께 서로 의견을 나눠보세요.

실전 gogo ✏️

양극화현상의 해법이 성장이 우선인지, 분배가 우선인지 알아보았습니다. 여러분은 어느 편의 손을 들어주겠습니까? 그 이유는 무엇입니까? 정리해보세요. 양극화현상을 해소할 또 다른 좋은 방법이 있는 학생은 그 방법과 이유를 정리해보세요. (400자 내외)

TABLE
4

학문과
교육

DISH

초등한자 교육,
해야 하나

2018년 교육부는 2014년부터 추진해온 초등 한자 표기 정책을 포기했다. 이에 한자 교육이 또 한번 논란의 중심에 섰다. 한자 표기를 주장하는 이들은 자연스러운 한자 교육을 통해 문맥 이해도와 어휘력이 향상된다고 말한다. 반면 한자 병기에 반대하는 이들은 초등학생 한자 교육이 학생들의 학습 부담을 가중시킨다고 주장한다. 초등학생의 한자 교육에 따른 효용과 부작용은 무엇인지 양측의 의견을 듣고 각자의 의견을 정리해보자.

키워드로 읽는
논쟁

1. 대표적인 표의문자, 한자漢字

한자는 중국 고대 황제의 사관 창힐蒼頡이 새와 짐승의 발자국을 보고 만들었다고 전해온다. 하지만 창힐이 이 방대한(우리 옥편에 실려 있는 글자 수만 해도 4만 3000자가 된다) 표의문자(하나하나의 글자가 일정한 뜻을 나타내는 문자)를 다 만들어냈다고 말하기에는 무리가 있다. 따라서 창힐은 초기 단계의 글자들을 정리했다는 게 일반적인 인식이다.

한자의 발생 기원을 정확히 알기는 어렵다. 다만 1899년 은허殷墟(중국 허난성에 있는 은나라 때의 유적)에서 갑골문자가 출토되었는데, 이는 거북이의 배딱지와 짐승의 뼈에 새겨져 있는 상형문자象形文字(사물의 형상을 본떠서 만든 글자)로 한자의 원형으로 알려졌다. 따라서 은나라(BC1600~1046) 이전부터 이미 이러한 문자가 쓰인 것으로 보인다. 은나라 시기의 갑골문이 이후 각기 다른 글자체로 쓰이다가 진시황(BC259~210) 때 비로소 문자의 통일이 이루어졌다.

한자는 육서六書를 통해 만들어졌는데, 육서란 앞서 말한 상형, 지사指事(추상적 개념이나 생각을 점이나 선과 같은 부호로 나타낸 글자), 회의會意(두 개 이상의 상형자나 지사자를 합해 다른 뜻을 나타내는 글자), 형성形聲(뜻과 소리를 구분하여 결합한 글자), 전주轉注(기존 글자에 새로운 음과 뜻을 부여한 글자), 가차假借(개념이나 모양을 빌려 쓰는 글자, 외국어나 부사적 표현에 많이 쓰인다) 등이 그것이다.

2. 발음기관을 본떠 만든 표음문자, 한글

영어의 알파벳이나 한자 등 일반적인 문자의 생성 시기가 불분명한 것과는 대조적으로, 한글은 그 창제 시기가 분명하다. 〈세종실록〉 등의 기록에 의하면 세종 25년인 1443년 음력 12월에 세종과 집현전 학자들이 '훈민정음'이라는 이름의 우리글을 만들었고, 3년 동안 쓰고 다듬으면서 1446년 음력 9월 상한(상순)에 반포와 더불어 한글 창제의 이유와 원리를 담은 〈훈민정음 해례본〉을 간행했다. 이책에 따르면 한글은 표의문자인 한자와는 달리 사람의 말을 그대로 글로 옮기게 해주는 표음문자이고, 글자 역시 발음기관의 모양을 본떠서 만들었다.

조선시대에는 한글을 '언문'이라고 불렀는데, 이는 〈세종실록〉에 상친제언문이십팔자上親製諺文二十八字(왕이 친히 스물여덟 글자를 만들었다)'라고 한 데서 연유한다. 여성들이 많이 사용했기 때문에 '암클' 등으로 낮추어 불리기도 했으나, 갑오개혁 이후에는 '국문國文'이라 하여 모든 법령을 국문으로 쓰게 하고 한문 번역을 붙이거나 혼용하도록 칙령을 내렸다. '한글'이라는 이름은 주시경이 지은 것으로 조선어학회가 이 이름을 널리 알리기 시작해 오늘에 이른다. 한글은 '으뜸가는 글', '큰글', '하나밖에 없는 글' 이라는 뜻이다.

3. 한·중·일의 한자는 어떻게 다를까?

중국에서 한자와 한문을 받아들여 자국의 언어를 발전시킨 대표적인 나라가 우리나라와 일본이다. 넓게는 동남아시아의 베트남이나 싱가포르도 포함되는데 이를 한자문화권이라고 부른다. 그리고 이 나라들은 여전히 한자를 사용한다. 하지만 애초에 중국에서 가져온 한자가 아니라 조금씩 변형된 형태의 한자를 사용하고 있다. 우선 중국조차도 고대로부터 내려오던 한자를 쓰지 않는다. 본래의 한자를 정자正字라 하는데, 이는 획수도 많고 복잡해서 많은 문장을 글로 작성하는 데 불편함이 있다. 그래서 중국에서는 획수가 많은 한자의 일부를 줄인 간체자簡體字를 쓰고, 일본의 상용한자도 약자체略字體를 쓴다.

우리나라의 경우 1970년부터 시행된 한글전용정책에 의해 한자에 기반한 단어를 표기할 때에도 한글을 이용하고, 학술 분야나 고문서 해독 이외에는 기본적으로 한자 사용을 최소화하기 때문에 약자^{略字}라는 개념이 없고, 한자를 쓸 경우에는 정자^{正字}를 사용한다. 한자문화권이면서도 서로 다른 한자를 사용하는 한·중·일 세 나라가 최근 원활한 소통과 교류를 위해 808자의 공용한자를 만들자는 의견에 공감하고 정부 차원의 공식 논의가 시작된 것은 주목할 일이다.

4. 간송 전형필과 <훈민정음 해례본>

요즘은 교과서에서 훈민정음의 창제 원리를 배우지만, 이 원리가 밝혀진 것은 사실 그리 오래 전의 일이 아니다. 1940년대 전까지만 해도 한글을 두고 인도나 몽골, 또는 중국의 갑골문자를 따왔다거나, 둥근 문고리나 격자모양의 문살에서 비롯되었다는 폄훼를 받기 일쑤였다. 한글이 하늘은 둥글고 땅은 네모나며 사람은 세모나다는 천지인 삼재^{三才}의 원리와 태극, 음양오행의 원리를 담고 있음이 밝혀진 것은 1940년 간송 전형필 선생이 <훈민정음 해례본>을 입수하면서부터다.

당시로선 존재 사실만 알려져 있던 훈민정음 해례본이 경북 안동에서 나왔다는 소식을 듣고 간송은 한걸음에 달려갔다. 소장자는 자기 조상이 여진 정벌의 공으로 세종으로부터 하사받은 것을 보관중이었다. 그가 생활고 때문에 1000원에 팔겠다고 하자 간송은 1만원을 쥐어주었다. 당시 집 한 채가 1000원 하던 시절의 얘기다. 이 시기가 한글을 말살하려던 일제 치하인 탓에 간송은 자식들에게도 해례본의 존재를 알리지 않고 있다가 해방이 된 후에 비로소 세상에 공개했다. 한글 창제의 목적과 유래, 사용법, 한글을 창제한 세계관이 동시에 밝혀지면서 인류 역사상 유일무이한 진기록을 남기게 되는 순간이었다.

간송은 이외에도 겸재 정선과 혜원 신윤복의 화첩, 국보로 지정된 수많은 청자와 금동불상, 석탑과 부도 등 자칫하면 일본으로 빠져나갈 뻔했던 수많은 문화재를 지켜냈다. 문화재 수집이 그에겐 곧 독립운동이었던 것이다.

"한자 교육, 옳다"

1 풍부한 어휘력과 문장 이해력을 위해 필수다

초등 한자 병기에 쌍수를 들어 환영한다. 전국한자교육추진총연합회에 따르면 우리말 어휘의 70% 이상이 한자어로 돼 있다. 이들 중 '식수食水·植樹'처럼 같은 음을 내면서도 서로 다른 뜻을 지닌 동음이의어가 한자 어휘의 90%다. 또 이 글의 주제로 등장한 '병기倂記' 처럼 한자의 뜻을 모르면 이해될 수 없는 것들이 적지 않다. 백 번 양보해서 앞에 예를 든 '식수' 같은 단어는 앞뒤 문맥에 따라 이해할 수 있다고 해도, 뒤의 '병기' 같은 단어는 아예 외워야 그 뜻을 알 수 있다. '혼용混用', '전용專用'도 그렇다. 그래서 음식에 조미를 위해 넣는 '초醋'와 불을 켜는 '초燭'를 구분하려고 '식초'와 '양초'처럼 접두사를 붙여 구분하는 일도 생겼다.

초등학교 자연과목에서 '개구리밥'을 이렇게 설명하고 있다. "논이나 연못 등 물에서 자라는 다년생풀이다. 바람이 불면 물 위를 떠돌아다녀 부평초라고도 한다"라고. 여기에도 두 개의 한자어가 등장한다. '다년생'과 '부평초'다. 부평초야 개구리밥의 다른 이름이니까 그렇다고 치고(부평초에서 '평萍'이라는 글자 자체가 개구리밥이라는 뜻이다), 다년생은 여러해살이라는 뜻이라고 외워야 하는 셈이다. 그러나 '많다多' '해年' '살다生'를 가르치면 '많은 해를 사는'이라는 뜻을 자연스럽게 학습할 수 있다.

이렇게 가르치면 '먹다食'와 '물水'은 '먹는 물'이 되고, '심다植'와 '나무樹'는 '나무 심기'가 된다. 이와 같이 하면 '섞다混'나 '오로지專'와 '쓰다用'를 합치면 '섞어 쓴다'와 '오로지 한 가지만 쓴다'는 뜻임을 알 수 있게 된다. 뿐만 아니라 이런 한자가 들어간 다른 단어도 유추할 수 있는 힘을 기를 수 있게 된다. 따라서 한자 교육이야말로 우리말의 풍부한 어휘력과 문맥의 이해력을 돕는 데 최적이다.

2 영어는 가르치면서 왜 한자는 가르치지 않는가?

한글전용론자들은 가뜩이나 학습 부담이 많은 초등학생들에게 한자 교육은 학생들의 학습부담을 가중시킨다고 주장한다. 이런 주장은 학생들의 학습부담을 오직 한자 교육 탓으로 떠넘기려는 의도가 엿보인다. 한자가 교과서에서 사라진 시기는 1970년으로 정부가 강제로 한글전용정책을 펴면서부터다. 그것은 민족자주성과 같은 국수주의적 이론에 의거한 강압적 정책 때문이었지, 한자 교육이 학습부담을 초래해서 생긴 일이 결코 아니다.

지난날 초등학교 영어 학습이 시작될 때, 어린 학생들의 학습부담을 가중시킨다고 반대한다는 목소리를 들은 기억이 없다. 오히려 세계화에 걸맞는 우리 미래를 위한 적절한 조치라는 소리만 난무했다. 한자 교육의 부활도 같은 맥락에서 추진되어야 한다. 한자는 60억 세계 인구 중에서 25%에 달하는 15억 인구가 쓰는 문자다. 이것이야말로 세계화의 흐름과 발맞추는 동시에 민족 고유의 문화가 조화를 이루는 일이다. 또 학교에서 한자를 가르치지 않는다고 해서 학생들이 한자를 공부하지 않는 것은 아니다. 2010년도를 기준으로 한자능력검정시험 응시자 150여만명의 절반 가량이 초등학생이라는 통계가 있다. 이 시험에 응시하는 학생들의 대부분은 학습지나 학원 등 사교육에 의존할 수밖에 없다. 따라서 초등학교 한자 교육은 이미 학생들 스스로 하고 있던 교육을 학교 교육을 통해 수렴하는 것이며, 동시에 사교육을 공교육의 장으로 끌어들이는 일석이조의 효과를 거둘 수 있다. 그것도 몇백 자에 불과한 학습분량이라서 학생 부담을 운운하는 것은 지나치다. 참고로 여론조사기관 갤럽이 지난해 한글날을 앞두고 벌인 설문조사에 의하면, 초등학교 교과서 한자 병기에 찬성 여론이 67%, 반대 여론이 29%였다.

3 한자문화권의 중심에 서려면 한자 교육이 필수다

흔히 동북아시대를 말한다. 우리나라를 비롯해 중국과 일본이 중심이 되어 평화와 번영을 이루자는 말이다. 이 세 나라의 공통점은 바로 한자문화권 국가라는 점이다. 지금은 비록 우리나라는 정자를, 중국은 간자를, 일본은 약자를 사용하고 있지만 언어가 통하지 않아도 각 나라에서 쓰는 한자를 이용하면 필담이 가능한 수준이다. 얼마 전 세 나라의 외무부장관이 모여 808자의 공용한자를 만들자는 데 의견을 모은 것도 원활한 소통과 교류를 위해서다. 그런가 하면 중국은 지난 2013년부터 미국을 제치고 세계 교역량 1위를 달성해 세계의 주목을 받고 있다. 우리나라의 최대 교역국가이기도 하다. 미국과 일본을 합친 교역량보다 많다. 문화적인 공통점과 더불어 이러한 경제적 관계도 고려한다면 한자 교육의 필요성은 더욱 커진다.

한글전용론자들은 한자 병기가 한자 혼용으로 가고, 결국 한자를 모르는 사람들로 인해 문맹률이 높아질 것을 우려한다. 그러나 국제연합개발계획[UNDP]의 통계에 따르면, 한자를 사용하는 일본과 우리나라의 문맹률이 큰 차이가 없다. 문맹률은 글자를 가르치는 초등교육 여부에 달렸지 한자 때문이 아니다. 또 현재의 한자 교육이 중등과정부터 이루어지기 때문에 군이 초등학생부터 가르칠 필요가 있느냐는 주장도 한다. 여기서 다시 영어를 예로 들 필요가 생겼다. 영어는 초등학교도 늦었다고 주장하는 사람들이 한자에 대해서만 유독 관대(?)한 이유는 뭘까. 말과 글 교육은 그것이 어떤 언어나 문자라 하더라도 빠르면 빠를수록 좋은 것 아닌가. 영어와 한자를 두고 그 필요성과 시기를 다르게 말한다면 그것은 이중 잣대다.

초등학생 한자 교육, 해야 하나

"한자 교육, 옳지 않다"

1 한글로 통하지 않을 말은 없다

말과 글은 소통을 위해 존재한다. 한글은 백성들의 보다 편안한 소통을 위해 창제된 우리글이다. 이 대목에서 우리는 〈훈민정음〉 서문을 다시 음미할 필요가 있다. '우리말이 중국과 달라 문자로는 서로 통하지 않아서 백성들이 말하고자 하는 바가 있어도 그 뜻을 제대로 전달하지 못하니 내가 이를 가엾게 여겨 스물여덟 자를 만들었다. 모든 사람들이 쉽게 익혀서 편안하게 사용하라'는 것이 요지다.

양반과 사대부들의 전유물이던 한자로는 모든 백성의 평등한 소통을 할 수 없으므로 새 글자를 만들었다는 선포. 한글이라는 이름을 만든 주시경 선생이 쓴 〈독립신문〉 창간사도 "우리 신문이 한문을 쓰지 않고 한글로만 쓰는 것은 상하귀천이 모두 보게 하려는 것이다"가 첫 문장이다. 알다시피 〈독립신문〉은 우리나라 최초의 한글신문이다. 이처럼 한글은 지위의 높고 낮음이나 신분의 귀천에 관계없이 모든 백성이 쉽게 배워 쓸 수 있고, 한글만으로 신문을 만들어도 누구나 거침없이 새 정보를 받아들일 수 있는 문자다.

한자를 병기하자고 주장하는 쪽에서는 한자어 비율이 순우리말보다 높아서 한자 교육이 불가피하다고 말한다. 이는 지나치게 과장된 면이 없지 않다. 국립국어원이 간행한 〈표준국어대사전〉에 실린 51만여 개의 낱말을 조사한 결과 한자어 비중은 57%였다.

이 가운데에도 사전에만 실렸을 뿐 일상생활이나 전문 분야에서도 전혀 사용되지 않는 낱말이 많아서, 2002년 국립국어원이 발표한 '현대 국어 사용 빈도 조사'에 의하면 우리말의 낱말 사용 비율은 순우리말이 54%, 한자어가 35%, 외래어가 2%였다. 한자를 굳이 같이 쓰지 않아도 소통에는 아무 문제가 없다는 증거다.

2 말과 글은 그 나라의 정체성을 나타낸다

전 세계 수많은 나라가 있지만 제 민족 고유의 말과 글을 가진 나라는 몇 되지 않는다. 더욱이 세계적으로 가장 많이 통용되는 한자나 영어는 그 기원조차 불분명하다. 그에 비해 한글은 전 세계에 백여 개쯤 있다고 알려진 글자 중 창제 시기를 비롯해 그 이유와 원리, 용례까지 낱낱이 문서를 통해 밝혀진 유일한 글자다. 또 어떤 글자보다 배우기 쉽다. 한자는 상용한자만 3500개가 넘는다. 한자를 우리말처럼 쓰려면 3500개의 한자를 익혀야 된다는 말이다. 하지만 스물여덟 개의 자음과 모음만으로 모든 소리를 기록할 수 있는 한글의 편의성은 어떤 문자도 흉내 내지 못할 것이다. 또 한글은 과학적이다. 창제 원리에 나타나듯 한글은 발성기관을 본떠서 자음을 만들었고, 천지인의 원리를 가져다가 모음을 만들었다. 〈훈민정음 해례본〉이 발견됐을 당시 국내를 비롯한 전 세계 학자들이 '이것은 조작'이라며 믿지 않았던 것도 놀랄 일이 아니다. 그만큼 정교하고 놀랍도록 과학적이다. 나아가 'ㄱ'을 배운 사람들은 'ㄲ'을 자연스럽게 배울 수 있고, 획을 추가시켜 'ㅋ'까지도 배울 수 있다는 점은 가히 창의적이라 하겠다.

이렇게 자랑스러운 한글을 두고 한자를 함께 쓰자는 주장은 납득하기 어렵다. 심지어 상소문을 통해 "야비하고 상스러우며 무익한 글자"라면서 한글 창제를 끝까지 반대했다는 최만리가 떠오를 정도다. 그가 올린 상소문의 내용은 구구절절이 사대에 저촉된다는 우려다. 동음이의어가 많고, 문장의 이해력이 떨어지고, 우리의 정신문화라 할 옛 문헌을 읽을 수 없고, 전공자들의 기초학력이 떨어지는 등의 이유를 들어 한자 교육을 주장하지만, 한글 문화의 대중화를 막겠다는 귀족주의적 오만함을 의심하지 않을 수 없다. 제 나라의 말과 글을 잃은 민족은 미래가 없다. 일제가 그토록 우리말과 글을 탄압한 이유가 그것 아니겠는가.

3 한글은 가장 훌륭한 알파벳이다

한글의 우수성은 이미 전 세계가 인정했다. 1990년대 중반 언어학 연구 분야에서 세계 최고로 인정받는 영국 옥스퍼드 대학교가 합리성, 독창성, 실용성 등을 기준으로 세계 30개 문자에 대한 순위를 매겼는데, 1위를 차지한 문자가 바로 우리 한글이다. 1997년 유네스코는 글자로서는 유일하게 한글을 세계기록유산으로 지정했고, 세종이 태어난 날인 5월 15일을 '세계 문맹 퇴치의 날'로 정했다. 문맹퇴치에 공헌한 사람이나 단체에게 '세종상'을 수여하는데 시상일이 한글날인 10월 9일이다. 또 1998년부터 2002년까지 글이 없고 말뿐인 2900여종의 언어에 가장 적합한 문자로 한글을 선정했다. 고유문자가 없던 인도네시아 찌아찌아족이 한글로 자신들의 언어를 표기하겠다고 해서 한때 화제가 되었던 적도 있었다. 그런가 하면 1996년 프랑스에서 열린 세계 언어학자들의 심포지움에서 한글을 세계 공용어로 쓰면 어떻겠느냐는 의견이 오간 적도 있다.

소설《대지》로 유명한 펄벅은 한글 사랑이 유별났는데, "전 세계에서 가장 단순하면서도 가장 훌륭한 글자", "세종대왕은 한국의 레오나르도 다빈치"라고 극찬한 바 있다. UCLA 교수인 레어드 다이아몬드는 유명한 과학전문지 〈디스커버리〉 기고에서 "한글은 독창성이 있고 효율면에서 특히 돋보이는 세계에서 가장 합리적인 문자"라며 극찬하고 "한글이 간결하고 우수하기 때문에 한국인의 문맹률이 세계에서 가장 낮다"는 평가를 내렸다. 시카고 대학의 맥컬리 교수는 "세계 언어학계가 한글날을 찬양하고 공휴일로 기념하는 것은 아주 당연하고 타당한 일"이라며 매년 10월 9일에는 지인과 학생들을 초대해 한국 음식을 먹으며 한글날을 기념하는 것으로 알려졌다. 메릴랜드 대학교의 로버트 램지는 이들 모두의 말에 쐐기를 박는다. "한글보다 뛰어난 문자는 세계에 없다. 한글은 세계의 알파벳이다." 세계가 한글을 이렇게 평가하는 마당에 무엇이 더 필요할까.

플러스 상식 ⊕ _____

한글과 한자, 컴퓨터와 스마트폰에서는 어떻게 글자를 입력할까?

중국은 3만개가 넘는 한자를 사용하고 있어서 컴퓨터 자판에 한자를 나열하는 것이 불가능하다. 그래서 일단 중국어 발음을 영어로 바꿔서 알파벳으로 입력한 후 화면에 표시된 단어마다 입력키를 눌러 한자로 바꿔준다. 영어로 발음 입력을 잘못하면 엉뚱한 단어가 표시되고, 발음마다 같은 단어가 여럿 있을 수 있으니 꽤 까다롭고 번거로운 일이다. 요즘은 아예 중국어를 배울 때 모든 한자마다 영문자를 그 발음기호로 정하고, 사성四聲의 성조聲調, 강약부호만 붙여서 발음 표시를 할 정도다.

문자 키보드가 12개밖에 없는 스마트폰은 더욱 불편해서 우리가 한글로 5초면 보내는 문장을 한자는 40초나 걸린다. 8배나 더 느린 셈이다.

컴퓨터 자판에 모든 자음과 모음이 한꺼번에 들어가고, 작은 스마트폰에서도 다섯 개의 자음과 세 개의 모음만 있으면 어떤 문장이든 손쉽게 입력할 수 있는 한글의 힘. 이것이 오늘날 우리를 컴퓨터 강국으로 만든 숨은 이유다.

토론해 봅시다 💬

1. 한글전용론자의 편에서 한자의 장점을 생각해봅시다. 또 처지를 바꿔서 한자병행론자의 편에서 한글의 장점을 생각해봅시다. 그리고 서로의 생각을 나눠봅시다.

2. 한자 교육을 받고 있거나 받은 경험이 있다면 그것이 학교 수업에 어떤 도움이 되었습니까? 한자 교육을 받은 적이 없다면 그것 때문에 겪은 불편이나 어려운 점은 무엇이었습니까? 자신의 경험을 바탕으로 느낀 점을 얘기해봅시다.

실전 gogo ✏️

초등학교 3학년 이상 교과서에 한자를 병기하자는 의견과 한글만으로도 충분하니 필요 없다는 주장이 팽팽합니다. 여러분이 솔로몬의 지혜를 발휘한다면 어떤 의견을 낼 것인지 자신의 생각을 적어봅시다. (400자 내외)

표준어 규정,
꼭 있어야 할까

학교교육에서는 표준어 사용이 중심이고, 신문과 방송에
서도 표준어 사용이 기본이다. 우리의 경우 원활한 의사
소통과 모국어에 대한 통합된 의식을 갖게 하기 위해서
표준어를 규정하고, 표준어 장려정책을 쓰고 있다. 하지만
한편에서는 표준어를 규정하는 기준 자체가 모호하고, 표
준어 중심주의가 방언의 다양한 정서를 틀 안에 가둬버
린다며 비판한다. 표준어 규정, 꼭 필요한 것인지 살펴보
면서 우리말과 글에 대해 깊이 고민해 보자.

키워드로 읽는 논쟁

1. 표준어에 대해

표준어는 말 그대로 한 나라의 표준이 되는 언어를 말한다. 대개 각국의 수도에서 쓰는 말을 기초로 하는데, 우리 나라의 경우 '교양 있는 사람들이 두루 쓰는 현대 서울말'을 표준어로 정했다. 한 나라의 공용어*에 일정한 '규제'를 가한 이상적인 언어라고 할 수 있다. 우리나라뿐만 아니라 각 국가 안에는 다양한 방언方言이 있기 때문에 교육, 정치, 문화 등의 공용어가 필요한 것이고 그래서 일정한 기준에 맞는 방언을 택해서 표준어로 삼는 것이다.

표준어와 대비되는 말로는 현실언어, 자연언어, 지역어, 방언, 사투리 등이 있다. 표준어가 일정한 규제를 가한, 가공한 언어인 데 비해 방언 같은 경우는 지역의 사람들이 실제 사용하는 언어이다. 또한 현실언어나 자연언어, 방언 등은 지역의 문화적, 지리적 특색을 담고 있고, 시대나 문화의 변천에 따라 다양한 형태로 변화한다. 표준어에 비해 보다 풍부한 '살아있는' 언어인 셈이다.

2. 표준어는 어떻게 만들어지는가?

* **공용어** 公用語

국가나 공공단체가 정식으로 사용하는 언어로, 법령·공문서를 비롯하여 공식의 기록·통신 또는 교육·방송 등의 언어로서 널리 쓰여져, 사회의 공통된 언어가 되어 있는 경우가 많다. 그러나 인도나 벨기에처럼 사용 언어가 다른 사람들이 공존하고 있는 곳에서는, 공용어의 선택을 둘러싸고 종족이 대립하는 경우도 있고 또 식민지 같은 곳에서는 지배자의 언어가 일방적으로 공용어가 되는 경우도 있다. 또한 국제회의나 국제연합 같은 데서 공식으로 사용되는 언어를 뜻할 경우도 있고, 방언이나 속어에 대해서 표준이 되는 언어를 가리킬 때도 있다. 한편 '공용어'는 일반어로, '표준어'는 언어학 관련 전문어로 구분하고 있다. 뜻을 고려할 때, 표준어는 공용어의 하나로 볼 수 있지만, 엄밀하게 하위 관계에 놓인 것으로 볼 수는 없다.

앞에서 말했듯 표준어는 대부분 수도나 문화중심지의 교양 있는 사람들이 쓰는 언어를 기반으로, 인공적으로 제정한 것이다. 즉, 영국의 런던어, 프랑스의 파리어, 일본의 도쿄어, 한국의 서울말 등이 이런 예에 속한다. 그리고 여러 방언 가운데 세력이 큰 언어가 기반이 되는 경우도 있다. 예를 들면 독일에서는 루터의 독일어가, 이탈리아에서는 단테, 페트라르카, 보카치오 등이 작품에서 사용한 피렌체시市의 상류사회 언어가 표준어의 지위를 점하고 있다.

이처럼 표준어도 본래는 특정한 지역의 방언이었지만, 표준어로 만드는 과정에서 지역적인 특색을 없애고, 언어를 순화하고, 어휘를 현대화해서 만들어내는 것이다. 한편 표준어는 인위적으로 규정한 것이라 국가 차원에서 개편하기 전까지는 사회, 문화의 변화가 있다고 해도 자연적으로 변하지 않는다.

3. 세계적으로 표준어는 언제쯤 등장했나?

세계적으로 봤을 때 실제로 표준어가 등장한 것은 별로 오래되지 않은 일로, 서구에서 표준어라는 용어가 등장한 것은 19세기 후반이다. 하지만 서구의 표준어는 15세기부터 18세기에 걸쳐 이루어졌으니 꽤 오랜 기간을 거쳐 형성된 것이다. 서구의 표준어는 봉건시대를 지나오면서 왕정이 존재했던 지역의 언어가 주변의 언어들을 통합해가면서 일종의 공통어를 형성한 것으로 볼 수 있다. 이 공통어를 왕실이나 귀족사회에서 사용, 발전해오다가 19세기 국민국가 시대에 접어들어 공교육을 통해 표준어가 탄생하기에 이른 것이다.

4. 우리나라의 표준어는 어떤 과정을 거쳐 만들어졌나?

서구에 비해 우리나라의 표준어 형성은 역사가 짧고, 국민적 합의 없이 특정 단체에 의해 단기간에 이루어졌다. 일제강점기인 1933년, 조선어학회가 우리말 사전편찬을 목표로, 그 기초 작업으로 '한글 마춤법 통일안'을 만들었는데, 이것이 우리말 표준어 규정의 시초인 셈이다. 이와 같은 작업이 식민 상황에서 민족 정신을 지키고 국민들의 의식을 계몽시킬 수 있는 가장 빠른 길이라 생각한 것이다.

이후 1988년에야 정부 차원에서 '교양 있는 사람들이 두루 쓰는 현대 서울말'을 표준어로 정했고, 지금까지 이어지고 있다. 한편 우리의 표준어 규정과 정책은 다른 나라에 비해 비교적 강한 편이다. 가까운 일본만 해도 정부가 규범으로 표준어 규정을 정해놓지 않았으며, 단지 맞춤법이나 표기법에 대한 기준만 마련해 놓고 있을 뿐이다. 표준어라는 개념과 실체는 존재하지만 규정으로 못 박아 두지 않고 사전을 중심으로 그 형태가 유지되고 경쟁적으로 어휘가 발전할 수 있도록 열어두고 있는 것이다. 그에 비해 우리나라는 맞춤법 규정 외에 표준어에 관한 세부 규정이 별도로 존재하고 있으며 표준어 사용을 권장해오고 있다.

5. 표준어를 정하고 사용을 권장하는 이유는 무엇인가?

원활한 의사소통이 가장 큰 목적이다. 여러 지역의 방언을 난립해서 쓰는 것보다는 효율적이라는 것이다. 또한 표준어를 사용함으로써 모국어에 대한 통합된 의식을 갖게 하고, 교육적인 측면에서도 효율성을 높이겠다는 의도도 많이 작용하고 있으며, 우리 말과 글을 잘 지키는 데도 도움이 된다는 이유도 있다. 하지만 이에 대해 일각에서는 표준어 강조가 언어의 다양성을 해치고, 변화하는 언어 환경에 적합하지 않으므로, 표준어 규정 자체를 폐지해야 한다고 주장하기도 한다.

신조어 탐구생활

답정너 : 은 정해져 있고 너는 대답만 해라 (자신이 듣고 싶은 대답이 있을 때 상대방에게 그 대답을 요구하는
물음이다.)

갑분싸 : 갑자기 분위기가 싸해졌다 (누군가 허무한 농담 등을 했을 때 주로 사용한다.)

엄근진 : 엄격 근엄 진지 (점잖고 엄숙한 상황이나 태도를 일컫는 말로, 근엄한 태도를 보이는 사람을 비꼬는 말로
쓰이기도 한다.)

커엽 : 귀엽 ('귀'와 '커'의 형태가 비슷하다는 점에 착안해서 생겨난 신조어. 비슷한 형태를 가진 단어로 글자를 바
꾸어 쓰는 것을 '야민정음'이라 부른다.)

싫존주의 : 싫어하는 것을 당당히 밝히는 현상 (다양성을 중시하는 현대사회에서 직설적이고 솔직한 현대인의
모습을 보여준다.)

롬곡 : 폭풍눈물 (폭풍처럼 많이 눈물을 흘린다는 뜻을 가진 폭풍눈물을 거꾸로 뒤집은 모양.)

TMI : Too Much Information (어떤 사람/ 사건 등에 대해 과도한 정보를 주는 것. 굳이 관심 없거나 필요하지
않은 정보를 알게될 때 주로 사용한다.)

"표준어 규정, 있어야"

1 원활한 의사소통과 모국어에 대한 통합된 의식을 위해 표준어 규정 필요해

한국어는 경기방언, 서울방언, 충청방언뿐 아니라 고려어, 조선족 연변방언, 재일교포 조선어 등 의외로 종류가 다채롭다. 경상도 사람이 경상도 말을, 전라도 사람이 전라도 말을 하는 것, 즉, 지역의 언어를 쓰는 것은 자연스러운 일이다. 하지만 사적인 자리가 아닌 공적인 자리에서 방언을 쓴다면 어떤 일이 벌어질까? 뿌리 깊은 지역감정을 고려할 때, 지역언어를 공적인 자리에서 쓰게 되면 혈연과 지연에서 비롯된 감정에 휩싸여 이성적 판단을 흐리게 할 수도 있다. 따라서 공공성이 앞서는 자리에서는 표준어 사용을 장려하는 것이 맞다. 또 지역언어보다 표준어를 사용하는 것이 명확한 의사전달과 원활한 의사소통에 더 유리하다. 더구나 지금처럼 지역을 넘어 상호 교류가 활발한 현대사회에서 동일한 언어 사용은 모든 면에서 효율적이다. 표준어가 서울 중심의 언어고, 중산층, 혹은 사회의 주류 계층의 언어라며 계층적 장벽을 가지고 있고 지역소외를 강화할 수 있다고 반론을 제기하는 사람들이 있다. 하지만 그런 점을 인정한다고 해도 의사소통의 효율성을 무시할 수는 없지 않은가.

또 하나 표준어가 모국어에 대해 사람들의 의식을 통합하고 결집할 수 있다는 점도 도외시해서는 안 된다. 우리의 표준어가 어떻게 만들어졌는지 생각해보라. 일제 강점기에 민족정신을 지키고 국민들의 의식을 계몽하기 위해 표준어의 초석을 닦았다. 모국어에 대한 이러한 의식이 나아가 민족결합의 원동력이 되기 때문이다. 의사소통을 위한 효율성, 모국어에 대한 통합된 의식을 위해서도 표준어 규정은 꼭 필요하다.

2 언어순화와 우리 말 보존을 위해서도 표준어 규정 필요

우리말과 글이 위태롭다. 인터넷과 스마트폰이 발달하면서 줄임말과 이모티콘 사용이 증가하는가 하면 기상천외한 언어가 생겨나고 있다. 또한 다양한 외래어가 유입되면서 우리말과 외래어가 섞인 말들도 늘고 있다. 더구나 10대들의 언어는 외래어에 버금간다. '우디르급 태세전환 실화냐, 극혐 각 인지용~?'같은 식이다. 이 말은 '갑자기 태도를 180도 바꾸는 것이 말이 되느냐, 정말 마음에 안드는 상황인 것 인정하냐'라는 뜻이란다. 이러한 현상들은 자연히 언어파괴로 이어질 수밖에 없다.

표준어 규정에 반대하는 사람들은 이 말들이 사회현상을 담고 있으며, 언어는 언중言衆(같은 언어를 쓰는 사람)에 의해 자연스럽게 진화와 도태를 거듭하는 것이라고 한다. 또한 청소년들의 외래어 수준의 언어구사는 또래집단 의식이 강한 청소년기의 특징이라면서 표준어는 이와 같은 자연스러운 언어생활에 오히려 걸림돌이 된다고 비판한다.

물론 표준어는 현실의 언어와 다소 차이가 있다. 하지만 그렇다고 현실 언어의 변화를 즉시 반영하는 것이 꼭 옳은 것은 아니다. 새 언어가 살아남을지 속단할 수도 없을 뿐 아니라, 언어를 순화해서 체계화할 필요가 있기 때문이다. 현재 우리 말의 오염현상은 심각한 수준이다. 따라서 이를 걸러줄 '체' 역할을 하는 표준어가 절실히 필요하다. 우리 언어는 후손들이 길이 사용할 소중한 자산이고, 우리는 이를 아름답게 보존할 의무가 있다. 표준어 교육을 강화하고, 표준어 사용을 권장하는 것이 위태로운 우리 언어를 지키는 현실적인 방안이다.

3 언어의 다양성을 지키는 것과 표준어 규정은 별개

표준어 폐지를 주장하는 사람들은 '교양 있는 사람들이 두루 쓰는 현대 서울 말'이라는 표준어의 잣대가 지역적, 계층적 편향성을 띠고 있다고 비판한다. 또한 표준어를 규정하고 사용을 권장하는 행위가 공공성을 내세운 억압성을 갖기 때문에 지역언어, 즉 방언을 사멸死滅시키고 우리말의 다양성을 해친다고 주장한다.

사투리(방언)는 우리 민족의 삶을 담은 아름다운 그릇이요, 지켜야 할 우리 언어다. 특히 우리 말의 토속적인 정서와 아름다움을 간직하고 있다. 그런데 표준어를 규정하고 사용하는 것이 방언을 억압해서 언어의 다양성을 해친다거나, 우월적 지위를 차지한다는 비판에 대해서는 받아들일 수 없다. 올바른 표준어를 규정하고 사용하는 것과 이것은 별개의 문제이다. 표준어가 다양한 방언들을 없애기 위해서 있는 것이 아니지 않은가.

물론 표준어가 현실적으로 쓰이는 언어와 조금 차이가 있을 수 있다. 하지만 그렇다고 언어 변화를 당장 반영하는 게 옳은 건 아니다. 새로운 언어가 살아남을지 속단할 수 없고, 이 새로운 언어를 순화해 정리하는 일은 표준어의 역할이다. 뿐만 아니라 표준어 규정이 있어야 외래어와 한자어로부터 우리 말을 제대로 보전시킬 수 있다. 만일 표준어 규정으로 인해 다양한 언어가 위축된다면, 이를 살릴 다른 방법을 찾고, 만일 표준어 제정에 그럴 소지가 있다면 제도를 보완하면 될 일이다. 다양성을 해친다는 이유로 표준어 폐지까지 주장하는 것은 지나친 처사다.

'곤밥 먹은 소리'

제주어로 표준어는 '곤밥 먹은 소리'다. 제주 말로 '곤밥'은 '쌀밥'이란 뜻이다. 그렇다면 왜 하필 '곤밥 먹은 소리'라고 한 것일까. 그 이유는, 제주도에서는 쌀이 거의 안 나기 때문에 보통은 보리나 조, 밀 같은 잡곡을 주식으로 먹었다. 하지만 육지에서는 아무리 흉년이 들어도 주식은 여전히 쌀이었기 때문에 '육지 사람 = 쌀밥 먹는 사람'이란 등식이 성립한 것. 여기서 '육지 사람들의 말 = 표준어'란 공식이 생겼다. 따라서 '곤밥 먹은 소리'는 바로 표준어를 부르는 말이 된 것이다.

대한민국 표준어

대한민국 표준어大韓民國 標準語는 대한민국에서 표준으로 쓰이는 한국어이다. '교양 있는 사람들이 두루 쓰는 현대 서울말'로 정함을 원칙으로 한다. 국립국어원이 관리하고 있다. 표준어는 입말로서의 한국어에 대한 규정이고. 한국어를 글로 적을 때 따르는 한글 맞춤법 규정을 따른다. 이 두 가지는 1933년 처음으로 제정될 때부터 불가분의 관계이다. 현 규정은 1988년 1월 9일 고시되었다.

"표준어 규정, 문제 있어"

1 표준어 사용은 계층적 차이와 지역 소외를 부추기는 경향이 있다

우리나라의 표준어 원칙은 '교양 있는 사람들이 두루 쓰는 현대 서울말'이다. 문제는 이 원칙이, 사회의 중산층 이상, 주류 계층이 사용하는 언어라는 계층적 편향성과 서울 중심의 언어라는 지역적 편향성을 띠고 있다는 점이다.

더구나 표준어는 공공성이 있는데, 이 때문에 표준어에 맞는 표현을 써야 하고 그렇지 않은 표현은 교정해야 한다는 억압적 성격을 갖게 된다. 대부분 수도권 중류 계층의 언어습관을 표준으로 받아들이는 것을 타당하다고 보지만, 언어학적으로 꼭 그래야 하는 필연성은 없다. 사투리나 은어 역시 표현력이나 문법 면에서 아무런 문제가 없기 때문이다. 더구나 표준어의 억압적 성격은, 권력적인 도구의 성격을 띠면서 차별을 가속화할 수 있다. 지방에서 서울로 이주한 사람들의 경우, 서울말 표현이 자연스럽게 익혀지는 경험을 하게 되는데 이는 지역 방언이 세련되지 못하고, 지적이지 못하다는 인식을 갖게 하기 때문이다. 또 경우에 따라서는 표준어를 익히는 과정에서 열등감을 느끼는 경우도 다반사다. 이처럼 표준어 정책은 계층적 장벽과 지역소외 현상을 강화하고, 표준어만이 우월한 언어요 기준인 것처럼 받아들이게 함으로써 소외와 차별을 낳을 소지가 많다.

2 표준어는 언어현실과 거리감이 크다

언어는 사회 문화적인 환경에 따라 끊임없이 변화한다. 새로운 언어가 계속 생겨나고 낡은 언어는 자연스럽게 도태된다. 그런데 표준어는 이 자연스러운 과정을 인위적으로 조정하고 있다. 정부 차원에서 표준어를 제정하는데, 이런 인위적인 조정은 결코 유동적인 언어 변화를 따라갈 수 없다.

더구나 우리의 표준어는 1933년과 1988년 딱 두 번 개정을 했다. 이런 상황이니 아무리 표준어가 언어를 순화해 체계화한다고 말해도, 언어현실과 동떨어질 수밖에 없고, 따라서 언중과 계속 마찰을 일으킬 수밖에 없는 것이다.

실제 생활에서 쓰는 말들을 살펴보면 뉴스에 나오는 아나운서가 사용하는 말과는 다르다는 것을 알 수 있을 것이다. 대체 예전에 썼던 '삭월세'가 '사글세'가 돼야 하는 이유가 있는 걸까. 짜장면이 자장면이 됐다가 다시 짜장면이 된 것처럼 표준어 규정에 얽매이다보면 언어생활을 어렵게 하고 혼란만 가중시킬 뿐이다. 실제 현재의 표준어 규정을 문제로 만들어 각계각층의 사람들을 평가해본 결과 평균 50점을 넘지 못했다. 그만큼 표준어 규정과 현실 사이에 거리가 멀다는 뜻이다.

3 언어의 다양성, 창의성 해쳐

각 지역의 사투리는 어떤 언어보다도 사람들의 삶과 정서를 담은 살아 있는 언어다. 눈이 많은 울릉도에는 눈에 관한 말이 많다. 특산물인 오징어를 부르는 이름은 잡히는 시간대에 따라 각각 다르다. 하지만 이 다양한 언어들이 표준어라는 틀에 갇혀 점점 사라져가고 있다. 표준어 규정에 따른 지역어의 쇠퇴다. 또한 인터넷과 스마트폰의 발달로 새로운 유형의 언어들이 만들어지고 있다. 이를 언어파괴라고 몰아붙이고 있지만, 이것 역시 한국어의 표현 가능성을 키우는 하나의 시도

일 수 있다. 비속어는 어떤가? 18세기 이전까지만 해도 셰익스피어를 비롯한 당대 문인들은 작품 속에서 속어를 필수적으로 다루었다.

언어의 문법성이란 누군가가 표준으로 정해야 하는 것이 아니라 언중言衆(같은 언어를 쓰는 사회 속의 대중)의 머릿속에 있는 것을 학자들이 기록해서 법칙성을 찾아내야 하는 것이다. 사투리 문법이든 표준 문법이든 모든 문법은 똑같이 논리적이고 복잡하며, 무한대로 생각을 표현할 수 있는 문장을 만들어낼 힘이 있다. 유명한 언어학 입문서에도 "당신의 문법 규칙이 다른 사람의 문법과 다를지라도 당신의 문법에는 어떤 잘못도 있을 수 없다"라고 쓰여 있다. 하지만 현실에서는 사투리로 그 사람의 정체성을 왜곡하는 현상까지 있다. 전라도 사투리를 쓰는 폭력배, 경상도 사투리를 쓰는 권위적인 남자 식으로. 따라서 표준어를 강요해서는 안 되고, 사투리나 신조어, 비속어를 쓴다고 무시할 것이 아니라 언어를 개성있게 쓸 수 있도록 해줘야 한다.

플러스 상식 ⊞ _____

표준어 제일주의

종류 및 강도의 차이가 있으나, 표준어 제일주의는 간단히 말해서 말을 할 때는 표준어 표현만을 사용하고, 글에서는 표준어의 맞춤법 표현을 따르는 것을 올바른 것, 추구해야 할 것으로 여기고 표준어 이외의 표현에 대해서는 교정과 순화가 필요하다고 보는 생각이다. 한국도 표준어 제일주의의 성향이 강하지만, 가장 대표적인 행보는 미국 보수주의자들의 움직임이었다. 이들은 흑인영어와 히스패닉이 쓰는 스페인어에 맞서 영어의 우월성을 증명하려 했다. 현재 미국의 이런 움직임은 진정될 기세가 보이고 있는데, 한국은 이와 관련해 반성적 사유가 부족한 편이라 앞으로 문제가 될 소지가 크다고 한다.

토론해 봅시다 💬

1. 표준어 규정을 폐기해도 좋을까요? 나의 입장을 정한 다음 논리적 근거를 가지고 찬반 토론을 해봅시다.

2. 교양있는 사람들이 두루 쓰는 현대 서울말'이라는 표준어의 정의에 대해 여러분은 어떻게 생각하나요? 문제가 있다고 생각한다면 어떤 점이 그런지, 반대로 없다면 왜 그렇게 생각하는지 이야기를 나눠봅시다.

실전 gogo ✏️

표준어 규정과 사용 권장이 언어의 창조적인 사용을 억누른다는 견해에 대해서 어떻게 생각하나요? 신조어나 외래어, 외래어와 우리말이 합쳐진 말, 방언 등의 표현을 찾아서 이 중 몇 개의 사례를 활용해 자신의 견해를 주장해봅시다. (300~400자)

역사를
어떻게 기술할 것인가

있는 그대로의 역사 vs 해석으로서의 역사

역사 교과서를 둘러싼 논쟁이 한참동안 시끄러웠다. 구체적 논점은 접어두고, 한걸음 물러나 이 논쟁의 본질을 들여다보면, 역사를 어떻게 볼 것인가에 대한 견해 차이가 뿌리깊게 존재한다. 한쪽에서는 사실 그대로를 보여주는 것이 역사가의 의무라는 랑케 류의 역사인식을 가지고 있고, 다른 한쪽에서는 해석으로서의 역사에 무게를 두고 있다.

오늘은 내일의 과거요 내일의 역사다. 역사를 어떻게 바라보고 기술할 것인가에 대한 고민이 바람직한 역사의식을 세우는 첫걸음이 되길 기대해본다.

키워드로 읽는 논쟁

1. 역사란 과거의 사실을 모아놓은 것?

사람들은 흔히 역사란 과거에 일어난 모든 사건과 사실들을 통칭하는 것으로 이해하고 있다. 이런 이해가 잘못된 것은 아니다. 역사의 의미를 교과서적으로 정리해보면 크게 두 가지로 나눠볼 수 있다. 하나는 '과거에 있었던 사실'로서의 역사이고, 다른 하나는 '조사되고 기록된 과거'로서의 역사이다. 이러한 두 가지 정의는 '역사'라는 단어의 어원을 살펴보면 더욱 분명히 알 수 있다. 독일어로 역사를 뜻하는 'geschichte'는 geschehen(일어나다)이라는 동사가 명사화된 것으로 '일어난 일'을 의미한다. 과거에 일어난 모든 일을 통칭해 역사라 부른 것. 한편 영어의 'history'는 '탐구를 통해 획득한 지식'을 의미하는 그리스어 'historia'에서 연유한다. 역사가에 의해 조사되고 서술된 자료를 역사라고 부른 것이다.

이처럼 역사를 규정하는 단어에서부터 역사 서술을 보는 관점의 차이가 드러난다. 역사란 자료나 문헌을 통해 과거의 사실을 체계적으로 정리하고 집적한 것이어야 하는지, 역사가가 주관적으로 구성한 해석의 산물이어야 하는지의 차이다. 그런데 과거 사실의 총합, 즉 실증주의적 역사도 생각보다 오래되지는 않았다.

2. 실증주의적 역사가 부각된 배경

18세기까지 서양 사람들은 역사를 단순히 실용적인 학문으로 생각했다. 그래서 과거에 일어난 일의 정확성에 대해 큰 관심을 기울이지 않았다. 당시만 해도 역사책에는 사실과 역사가의 상상이 뒤섞여 있었다. 이런 경향은 19세기에 들어서면서 달라진다. 자연과학이 발달하고 그 영향을 받아 모든 학문의 객관성이 점차 중시되자 역사학 역시 그 영향을 받게 된 것.

있는 그대로의 역사를 처음으로 강조한 사람은 독일의 역사학자 랑케다. 실증주의 역사학을 연 그는 역사를 서술할 때 역사가의 상상에 의존해선 안 되고 엄격한 기준에 의해 과거에 일어났던 사실을 정확하게 밝혀야 한다고 주장했다. 이러한 관점에 따르면 역사가는 있는 그대로의 과거 사실을 재구성하는 임무를 갖는다. 하지만 '과연 있는 그대로의 사실을 서술하는 것이 가능한가'라는 문제제기가 끊이지 않았다. 역사가가 모든 사실을 밝혀내고 정리할 순 없으며 여러 사건과 사실 중 서술할 내용을 선택해야 하는데 이 과정에서 주관이 개입할 수밖에 없다는 비판이다.

3. 랑케*의 입장을 비판하는 이들은 역사를 어떻게 바라보았나?

20세기에 등장한 크로체나 콜링우드 같은 사람들은 랑케의 입장을 비판하며 과거를 본래 있는 그대로 정확하게 복원하는 것 자체가 불가능하다고 말한다. 역사에 있어 중요한 것은 역사가의 해석이라 본 것. 역사가는 수많은 사실 중에 일부를 선택해 서술할 수밖에 없고, 역사란 현재의 눈을 통해서 볼 수밖에 없다는 것이다. 역사가의 개인적 경험, 가치관, 시대적 통념 등이 역사 서술에 반영될 수밖에 없고 그런 점에서 현재의 시각으로 과거를 어떻게 해석할지가 무엇보다 중요하다고 본 것이다.

이러한 입장의 학자들은 역사를 바라보는 눈, 즉 사관을 중시한다. 또한 역사가의 해석이 결여된 단순한 연대기적 역사 서술은 죽은 역사라고 주장한다. 현재의 시각으로 과거를 해석하고 그 속에서 의미를 찾아야 역사가 존재하는 이유가 생긴다고 보는 시각이다. 하지만 이 관점 역시 취약점이 없지 않다. 역사가의 주관을 중시하다보면 역사란 고정된 것이 아니고 왜곡된 역사 역시 하나의 역사로 인정할 수밖에 없다는 결론에 이르기 때문이다. 그래서 실증주의적 역사관과 주관주의적 역사관을 절충하는 입장도 등장했다. E.H 카가 대표적인 경우이다.

4. E.H 카의 역사 서술 관점

에드워드 H. 카는 《역사란 무엇인가》**에서 역사란 역사가와 사실의 부단한 상호작용의 과정이자 현재와 과거의 끊임없는 대화라고 설명했다. 사실을 정확히 밝히는 것은 역사가의 기본적 임무이자 필요조건이지만 그 자체만으로 역사가의 본질적인 역할을 설명할 수 없다고 본 것. 사실을 명확히 규명하고 이에 대해 현재의 관점에서 부단히 해석하는 과정 자체가 역사라는 것이다. 사실을 밝혀내지 못하는 역사가는 무능하며, 역사가가 조명하지 않는 과거는 생명을 부여받지 못한 무의미한 사건에 불과하기 때문이다.

이같은 에드워드 H. 카의 관점은 다소 절충적인 성향이 없지 않으며 넓게 보면 주관주의적 역사관에 근접해 있다고 볼 수 있다.

역사를 바라보는 에드워드 H. 카의 시각은 이후 폭넓게 받아들여졌지만 여전히 역사적 사실을 객관적으로 입증하는 것이 보다 중요하다는 주장이 제기되고 있다. 과학이 객관적 자료와 경험을 중시하듯 인문과학으로서의 역사학 역시 사실을 밝혀내고 입증하는 것이 무엇보다 중요하며 사실을 복원하는 것이 충분히 가능하다는 시각이다.

---

* **랑케** Leopold von Ranke

근대 역사학을 확립한 독일의 사학자. 랑케는 베를린 대학에 있으면서 《로마 교황사》《종교개혁 시대의 독일사》등 많은 저작을 남겼다. 랑케는, 헤겔 같은 이념의 자기 발전 법칙을 부정하고, 어떤 시대도 각각 독특한 가치를 갖는다고 주장했다. 또 역사가는 '본래 그것이 어떻게 있었는가'를 알리는 것만 의도해야 한다며 객관주의를 지켰다. 그가 생각하는 역사 서술은 감정이나 가치 판단에 있어 주관성이 철저히 배제된 것이어야만 했으며 이것은 그의 신념인 동시에 확고한 실천 계율이었다. 그는 역사 사실은 사료 속에 원래 있었던 그대로 담겨져 있다고 보았다. 따라서 역사가의 임무는 비판적인 방법을 엄격히 적용하여 사료 속에 담겨진 순수한 사실을 발견해 내는 것이라고 확신하였다. 그래서 그는 "있었던 그대로의 과거wie es eigentlich gewesen"를 밝혀내는 것이 역사가의 사명이라고 보았다.

** **《역사란 무엇인가》**

역사의 본질을 묻는 역사학자 에드워드 H. 카의 역사철학서. 19세기에는 역사란 곧 사실의 열거라는 등식이 성립되었고 또 역사란 진보를 향한 것이라고 믿었기 때문에 역사가 무엇이냐고 물어볼 필요조차 없었다. 그러나 20세기에 들어와 두 번의 대전을 거치고 또 '서구의 몰락'이라는 말이 인용부호가 필요 없을 정도로 흔하게 되어버리자, 과연 역사란 무엇인가 하는 의문이 다시 대두되었다. 이러한 질문에 답하여 에드워드 H. 카 교수가 역사에 대해 느끼고, 생각했던 것을 한데 모아 여섯 차례의 강의로 풀어나갔는데, 이 책은 그 강의 내용을 책으로 엮은 것이다.

"가능해"

1 역사란 원래 있었던 그대로를 서술하는 것이다

역사는 과거부터 현재에 이르기까지 일어났던 모든 사건과 사실의 총합이다. 따라서 역사를 기술할 때에는 당연히 인간이 당대를 어떻게 살았는지 있었던 그대로를 객관적으로 서술해야 한다. 만약 인류가 특정한 시대와 상황을 어떻게 살았는지 주관적인 해석을 개입해서 서술한다면, 역사 소설과는 다르겠지만 근본적인 차이가 없다고 할 수 있다. 모든 유물과 사료를 정확히 재구성하는 것이야말로 역사 서술에서 가장 중요한 것이다.

자연과학자는 실험과 관찰을 통해서 현상을 객관적으로 파악하고, 그 현상 안에서 작용하는 법칙을 발견해 이론화한다. 마찬가지로 역사학자 역시 있는 그대로의 사료와 유물을 객관적으로 파악하고 기술해야 후대의 인류가 그것들로부터 의미 있는 결과를 도출해냄으로써 인류의 진보를 이끌어 낼 수 있다. 따라서 역사가는 중립적이어야 하고, 이해관계로부터 벗어나 사실 규명에 힘써야 한다. 물론 과거에 있던 사소한 사건들을 일일이 시간과 공간을 포괄해서 집대성하기란 불가능하다. 하지만 확인 가능한 사실을 입증하고 서술하는 과정이 쌓이고 쌓여 하나의 역사가 만들어지는 것이라는 사실을 잊어서는 안 된다.

2 현재의 시각으로 과거를 재단하는 것은 무의미한 결론에 도달하게 만든다

물론 역사는 연속적인 흐름 속에서 끝없이 이어져간다. 한 시대는 그 시대 자체로 단절된 것이 아니라 다음 시대로 이어진다. 하지만 그렇다고 한 시대가 다음 시대를 위한 징검다리는 아니다. 모든 시대는 고유한 가치체계와 규범을 갖고 있고, 그 시대를 특징짓는 개성이 있으며, 그 자체로서 완결된 구조를 갖는다. 따라서 한 시대에 대한 인식은 그 시대가 가진 독자적인 개성에 대한 이해이며, 당연히 그 시대에 대한 평가는 그 시대의 가치체계에 기초해서 이루어져야 한다.

하지만 실증적인 역사적 사실을 규명하는 일보다 역사가의 해석을 중시하는 사람들은 현재의 시각으로 과거를 재단한다. 더구나 과거의 사실은 그 자체만으로 아무 의미가 없다고 단언한다. 조선시대의 어떤 사실史實을 두고, 일제 시대의 관점에서 파악하고, 근대의 관점에서 파악하고, 현대의 관점에서 파악한다고 치자. 이렇게 동일한 과거에 대해 시대가 흘러갈 때마다 다른 시각으로 평가한다면 무수히 많은 역사가 생겨날 것이며, 과거의 결론이 별 의미를 갖지 못하는 공허한 행위가 반복될 수 있다. 더구나 정치적, 사회적 견해 차이에 따라 같은 시대에 대해 여러 역사가 존재하는 결과를 낳을 수도 있으며, 결국에 가서는 역사란 의미 없는 것이라는 회의적인 생각으로 이어질 우려가 크다. 현재의 시각으로 과거를 평가하는 것은 공허한 결론에 도달할 수밖에 없다.

3 역사의 주관적 해석을 인정하면 결과적으로 역사 왜곡조차 인정하게 된다

"역사는 승자에 의해 서술된다"라는 말이 있다. 이 말처럼 우리 역사를 보면, 승자의 관점에서 사실이 왜곡돼 서술된 역사가 많다. 일례로 정도전은 조선의 역적이라는 평가를 받아왔다. 역사를 기술할 때 기술자의 주관적 관점과 해석을 인정하면 결국에는 역사 왜곡으로 이어지고, 이 왜곡이 정당화될 수 있다. 우리가 사실로서의 역사가 아닌 역사가의 선택과 주관성을 인정하게 되면, 그 순간 다양한 해석을 인정할 수밖에 없게 되고, 그 결과 왜곡된 역사도 받아들여야 하는 함정에 빠지게 된다. 역사의 주관성을 강조하는 관점에 의지하면, 독도가 일본 영토임을 실은 일본의 역사교과서나, 중국이 '동북공정'이라는 정책연구를 통해 고구려와 발해를 자신들의 소수민족이 세운 나라라고 규정짓는 역사 왜곡 현상에 대응할 수 없다.

이처럼 역사가의 주관을 인정하면 역사적 사실은 실종되고 역사 해석만이 전부가 되며, 실용적 목적에 따라 마음대로 역사가 재구성되는 상황이 벌어질 수밖에 없다. 이는 역사를 객관적 사실의 입증과 총합으로 보지 않은 데에서 비롯된 것이다. 역사가의 관점이 배제된, 객관적 사실로서의 역사를 중시한다면 역사 조작이나 왜곡은 있을 수 없고, 혹여 이런 일이 일어났다고 해도 금세 실증적 사실을 밝혀낼 수 있게 된다.

"불가능해"

반대
CONS

1 역사가는 있었던 사실을 전부 선택할 수 없으므로, 역사는 해석일 수밖에 없다

실제 있었던 일(사실事實)이 모두 역사적으로 의미 있는 사실史實이 될 수 없다. 역사는 과거의 사실을 토대로 하지만, 일어났던 모든 사건이 역사가 되는 것은 아니라는 얘기다. 개인의 역사인 일기를 떠올려보자. 하루에 일어났던 일 모두가 아니라 가장 의미 있는 일을 판단하고 선택해서 기록한다. 역사 기록도 마찬가지다. 역사가는 수많은 과거 사실 중에 가장 의미 있고 중요하다고 생각되는 사건을 선택할 수밖에 없고, 선택의 기준은 사실事實에 대한 해석인 것이다. 이렇게 역사 서술을 위해 사실을 선택해야 하기 때문에 역사란 온전히 객관적일 수 없다. 따라서 역사가의 임무는 과거를 단순히 기록하는 것이 아니라 사료들 중에 의미 있는 것들을 선택해 자신의 관점에서 이를 해석하고 평가하는 데 있다.

한편 역사가는 어쩔 수 없이 시대의 제약을 받을 수밖에 없다. 역사가가 과거로 시간여행을 가서 그 시점에서 서술할 수는 없는 것이다. 그리고 역사가가 역사를 기술하는 언어 속에는 이미 그가 살고 있는 시대의 갖가지 고정관념이 깊이 개입돼 있다. 역사가의 정치적 성향, 가치관, 개인적 경험 등이 사실의 선택이나 서술에 영향을 미칠 수밖에 없는 것이다. 따라서 역사란 과거에 객관적으로 존재한 사실을 단순히 발견해내는 것이 아니라 그 사실을 평가하고 재해석하는 과정인 것이다.

2 과거의 사실 자체로는 의미 없으며, 현재적 해석을 통해 역사는 의미를 갖게 된다

어떤 일 혹은 사건이 과거에 일어났다는 사실 자체만으로 어떤 의미를 가질 수 있을까? 있는 그대로의 사실 자체는 현재의 우리에게 별다른 의미를 줄 수 없다. 역사는 현재의 입장에서 해석될 때 의미를 얻는다. 모든 역사는 현재사現在史이다. 과거의 역사는 단순히 지나간 옛일이 아니라 오늘로 이어지는 '현재적 과거'이기 때문이다. 더구나 역사는 시대마다 단절되어 따로 존재하는 게 아니라 연속된 흐름 속에 있다. 따라서 전체적인 흐름을 조망하며 현재에 유의미한 역사 해석을 이끌어내는 것이 중요하다.

물론 현재의 역사적 판단과 해석이 시대가 흐르면서 달라질 수 있고, 새로운 해석으로 거듭날 수도 있다. 하지만 그렇다고 역사 해석의 의미가 폄훼될 수는 없다. 끊임없이 재해석되면서 현재의 의미를 되새기는 역사적 성취가 누적되어 하나의 역사를 이루어내는 것이기 때문이다. 우리는 과거 해당 시대의 관점으로 서술되었던 역사를 다시 검토하며 또 다른 교훈을 얻기도 한다.

시대와 관점에 따라 무수히 많은 역사가 나온다 해도 그러한 역사들이 의미가 없는 것은 아니다. 그러한 과정 역시 하나의 역사적 사실이며 인류의 본질을 깨닫게 하는 소중한 자료이기 때문이다.

3 진정한 역사의 객관성은 현실인식에 기반한 것으로, 현재의 문제를 해결하고 미래를 꿈꾸는 자세이다

역사는 해석될 수밖에 없다는 실증주의적 역사를 무시하는 건 아니다. 하지만 실증적 사실과 사료는 역사 서술의 기본이지 역사의 전부일 수는 없다. 또한 역사를 다양한 관점에서 해석한다는 말이 제멋대로 역사를 해석해도 된다는 의미는 아니다. 역사가의 선택이 주관적이라면 사람들의 동의를 얻어낼 수 없을 것이며, 역사가의 관점은, 당대 사람들의 가치관이나 현실 인식에 기반해 동의를 얻어낸 것에 한한다. 여기서 더 나아가 미래를 살아갈 후손들에게도 인정받을 만한 것이라는 평가를 받을 때, 비로소 '객관적'이게 되는 것이다. 객관성이 결코 실증주의는 아니지만 그렇다고 하나의 동일한 사건을 제멋대로 해석해도 된다는 뜻은 아니다. 어떤 산을 바라볼 때 어떤 각도에서 보느냐에 따라 모습을 다르다. 하지만 그렇다고 산 전체의 객관적인 형상이 없는 것은 아니요, 한 부분에서만 왜곡해서도 안된다. 역사에 대한 해석과 역사 왜곡은 엄연히 다르다.

한편 랑케 류는 있는 그대로의 역사를 강조하고, 역사가의 선택과 관점을 배제한 역사를 주장하는 쪽은 대체로 현 질서를 옹호하는 태도를 갖는다. 그들은 공평과 객관의 가치 속에 보수성을 숨겨놓는 경우가 많다. 역사를 해석하는 것, 역사에 의미를 부여하는 것은 현재의 문제를 극복하고 새로운 미래를 꿈꾸겠다는 하나의 자세다. 살아 있는 역사를 실증과 객관의 덫에 가둬두려 해서는 안 된다.

플러스 상식 ✛ _____

《역사는 현재다》

저명한 좌파 사상가 타리크 알리와 세계적인 영화감독 올리버 스톤이 '역사'를 주제로 가진 대담. '역사는 무엇일까' '현재를 살아가는 우리에게 역사는 어떤 영향을 미칠까' '왜 폭력으로 얼룩진 끔직한 역사가 반복될까' '한 개인의 삶에 역사는 어떤 영향을 미칠까'… 이 책은 역사를 둘러싼 무수한 물음에 답하고 있다. 타리크 알리와 올리버 스톤은 지금 우리가 살고 있는 현재의 역사는 모두 과거와 관련이 있으며 과거의 역사를 알지 못하면 우리의 현재도 설명할 수 없다고 말하고 있다. 그래서 '역사는 현재다'라고 힘주어 말한다.

1. 역사란 사료나 문헌을 통해 과거의 실증적인 사실을 체계적으로 집적한 것인지, 아니면 역사가가 주관적으로 구성한 해석의 산물인지 자신의 생각을 정한 후 토론해봅시다.

2. 만일 우리가 역사학자가 된다고 가정해보고, 가장 바람직한 역사가의 자세와 임무는 무엇일지 자유롭게 이야기 나눠봅시다.

실전 gogo ✏️

E.H.카의 관점을 토대로 역사가의 주관적 해석이 개입되면 역사 왜곡이 정당화될 수 있다는 주장에 대해 반론을 펼쳐봅시다. (500자 내외)

_____

_____

_____

_____

_____

_____

_____

_____

_____

_____

_____

_____

_____

_____

학과통폐합과
인문학의 위기

중앙대 철학과에 재학 중이던 김창인 학생이 자퇴를 했다. 그는 "정의가 없는 대학은 대학이 아니다"라며 비용절감을 이유로 교양과목을 축소하고, 학과를 통폐합하는 것은 부당하다고 지적했다. 학과통폐합과 인문학의 위기는 비단 중앙대만의 문제가 아니다. 벌써 많은 대학이 인문학이나 예술 관련 학과를 통폐합하고 있다. 기업에서는 대학이 실제 기업에서 필요한 학문을 가르쳐야 한다고 주장하는 한편, 대학에서는 인문학이 고사하고 있다며 현재의 학과통폐합은, 고사하고 있는 인문학을 두 번 죽이는 조치라고 지적하고 있다. 인문학의 위기에 대해 의견을 세우고, 현재 진행중인 학과통폐합에 대해 찬반으로 나누어 토론해보자.

키워드로 읽는 논쟁

1. 인문학이란?

인문학은 라틴어 '후마니타스humanitas'에서 유래했고, 인간과 인간문화에 대한 연구를 가리키는 말이다. 흔히 좁은 의미로는 문학, 역사, 철학文·史·哲 같은 학문 영역을 지칭하기도 한다. 인문학은 시대 변화와 함께 내용과 방법도 조금씩 달라졌다. 르네상스 이전의 인문학은 주로 신화와 종교학, 그리고 능동적인 시민양성을 위한 일반적인 교양이 주 내용이었다. 그러나 중세 이후 르네상스 시기부터 신神 중심의 사고에서 인간 중심의 사고로 변화가 일어나며 humanitas라는 용어가 부활하고, 문예 및 학술활동, 시, 역사, 도덕철학 등의 분야가 인문학을 의미하게 되었다.

근대에는 자연과학이 발달함에 따라 인문과학이라는 영역도 생겨났다. 오늘날 인문학의 범주에는 '문사철' 같은 전통적인 인문학 분야를 비롯하여 정신과학, 사회과학 등 인간의 자기표현 능력을 합리적으로 인식하고 이해하기 위한 모든 과학적 연구방법까지 그 범주로 보고 있다.

2. 현재 우리 사회에 대두된 인문학 위기론의 배경은?

IMF사태 이후 실용학문을 중시하면서 인문학 위기론이 부상하기 시작했다. 대학이 학부제를 도입하면서 인기학과와 비인기학과가 확연히 갈리고 실용성이 떨어지는 인문학의 입지가 축소되었다. 급기야 지방 사립대의 인문계열 학과는 지원 학생이 없어 폐과되는 상황에 이르자 인문학 위기론이 공론화되기 시작했다. 또한 돈벌이가 되는 학과나 첨단 기술을 다루는 학과에 대한 지원은 정부와 대학

차원에서 많이 이루어지고 있으나 인문학과에 대한 지원은 거의 없어 위기를 심화시켰다는 지적도 있다.

대학이란 기본적으로 사회문제를 비판적으로 제기하고 사회의 진보를 주도해야 하는데 시장의 논리에 대학의 학문 전체가 좌우되고 있다는 비판도 있다. 인문학의 위기는 기본적으로 대학의 위기라는 지적도 있지만, 무엇보다 압축 성장을 거듭해온 부작용으로써 만연된 물질화, 비인간화, 시장만능주의 등이 위기를 불러왔다는 데는 대체적으로 공감하고 있다.

3. 서구의 인문학에 대한 태도

미국의 경우 인문학은 문화의 정수로 꼭 필요한 것이라는 인식이 사회 전반에 퍼져 있다. 이는 미국의 인문학 지원체계에 드러나는데, 국립인문재단에 비해 민간재단의 점유율이 60%를 넘고 있고, 연구 범위와 지원내용 역시 매우 폭넓다. 더구나 대학에만 집중돼 있지 않고 전국의 미술관이나 박물관, 초중고생에 대한 역사 교육 및 인문 자산 접근 기회 확대, 인문학 관련 콘텐츠 제작 등 다양하게 활용되고 있다.

한편 프랑스는 국가가 인문학 진흥책을 지휘하고 있는데, 정부가 운영하는 국립학술원이라는 연구자 양성기관에서 직접 인문학 연구 활동을 지원한다. 특이할 만한 점은 국립학술원 안에 있는 여러 연구 영역들이 서로 긴밀한 네트워크를 이루어, 학제간의 연계 연구를 활발히 진행시켜 성과를 내고 있다는 점이다.

4. 학과통폐합과 인문학의 위기는 어떤 관계가 있나?

학과통폐합의 원인은 대학의 기업화에서 찾을 수 있다. 1990년대 중반 우리 사회는 세계화와 맞물려 대학의 기업화 바람이 불기 시작했는데, 1995년 '5·31 교육개혁안' 발표를 기점으로 대학은 급속히 기업화하게 된다. 'CEO형 총장'이 등장해 대학 '경영'시대가 도래한 것이다. 총장이 발 벗고 기금을 모으고, 학교 운영에 효율성을 강조한다.

기업의 실질적인 대학 지배도 함께 이루어졌다. 1996년 성균관대를 삼성이 인수하고, 2008년 중앙대를 두산그룹이 인수해 대학을 운영하고 있다. 미국에서처럼 우리나라에서도 문화전쟁cultural war*이 벌어진다. 대학이 기업화하는 과정에서 실용과목에 비해 경제적 효율성이 떨어지는 기초학문 과목은 홀대를 받기 시작했다. 기업이 대학을 지배하면서 대학 교육에서 기업이 원하는 교육을 하려는 것이다. 가령 중앙대는 전 학생이 회계학을 이수해야 졸업이 가능하다. 또 당장 기업에서 써먹기 어려운 인문학 관련 학과나 신입생이 적은 학과, 취업률이 낮은 학과를 통폐합하고 있어, 인문학 위기론이 다시 대두되고 있는 것이다.

5. 인문학 위기론에 대한 입장들

크게는 인문학이 시대의 변화를 담아내는 패러다임으로서 한계가 있으므로 그 학문적 근간을 일신해야 한다는 주장과 인문학 자체의 중요성은 변함이 없으나 주변 인프라의 변화로 인해 위기적 상황으로 인식되고 있다는 의견으로 나뉘

＊**문화전쟁**cultural war

기업이나 거대 자본이 대학을 지배하고 기업식 경영기법을 도입해 대학을 운영하는 체제를 말한다. 대학의 기업식 경영기법이 도입되면서 대학 발전계획은 경영컨설팅 회사가 수립하고, 교수 임용은 헤드헌팅 업체의 평가에 좌우되며, 학과와 교과목의 개폐도 경영적 관점에서 결정된다. 설상가상으로 재벌언론이 주도하는 대학평가에 스스로 목을 맴으로써 대학은 더욱더 깊숙이 시장에 종속되는 형국이다. 이렇게 되면 수익성, 효율성, 경쟁력을 앞세운 시장논리가 대학운영의 지침으로 자리잡게 된다. 시장의 논리가 대학 사회에 들어오면서 진리 추구나 학문의 자유 같은 대학 고유의 가치들은 낡고 시대착오적인 것으로 무대에서 밀려나고 있다.

1980년대부터 대학이 급속히 기업에 종속되기 시작한 미국에서는 1990년대 중반부터 비판의 목소리가 커지고 있다. 하버드대학 총장을 역임한 데렉 복은 대학이 시장의 욕망을 좇다가 결국 자신의 영혼을 팔아버린 '파우스트의 거래'를 하고 있으며, 그 결과 '시장의 포주로 전락'했다고 신랄하게 비판한다. 시카고대학 교수들은 대학의 기업화를 적극적으로 추진하던 소넨샤인 총장에게 보낸 공개서한에서 "마케팅에 근거해서 학문적인 결정을 내리는 것 자체가 인간정신에 대한 범죄행위"라고 규탄한 바 있다.

고 있다. 물론 양측 주장의 저변에는 정보화, 세계화 시대를 맞아 인간을 둘러싼 조건이 크게 바뀜으로써 인문학이 새로운 면모를 갖춰야 한다는 공통된 문제의식이 존재하고 있다. 위기에 대한 문제해결 방법 역시 기존 인문학적 가치를 공고히 하는 쪽과 새로운 시대에 맞는 인문학적 비전을 제시해야 한다는 입장으로 나뉘고 있는데 인위적인 지원과 부흥책으로 보호할 것인지, 인문학 스스로 시장에서 살아남기 위한 자구책을 찾아야 할 것인지에 대해서도 입장이 갈리고 있다.

인문학의 위기, 학과통폐합 해야 하나

"통폐합 해야"

1 시대에 따라 인문학이 바뀌었듯 인문학에 대한 고정관념 바뀌어야

최근 인문학 관계자들은 인문학을 교양이라고 말한다. 인문학이 교양이라면 교양을 위해 대학 4년을 허비할 필요는 없다. 양식 레스토랑에서 포크와 나이프의 용도를 알기 위해 4년 동안 배워야 하는 것과 뭐가 다른가. 지금 대학에서는 학과를 통폐합하는 것이지 인문학 교양 강좌를 폐지하는 것은 아니다. 교양이 필요한 학생은 인문학 책을 읽거나 교양과목으로 개설된 관련 강의를 수강하면 된다.

현대사회는 정보화 사회이다. 과학의 시대이기도 하다. 르네상스 이전과 이후, 그리고 현대에 이르면서 인문학이 시대에 따라 바뀌었듯이 이제 인문학에 관한 생각도 바뀌어야 한다. 문학, 역사, 철학만 고집할 게 아니다. 지금은 오히려 과학적인 지식, 삶을 살아가는 현실적인 지식을 인문학이라고 봐야 한다.

조선시대 북학파를 지금 높이 평가하는 것은 그들이 기존 지식을 답습해서 그런 것이 아니다. 새로운 것을 받아들였기 때문이다. 대학의 학과통폐합은 현대의 인문학이라 할 수 있는 새로운 학문을 받아들이고 심화, 확장하기 위한 조치이다. 일부 대학에서 개설한 '최고경영자 인문학과정'에 빈자리가 없을 정도로 기업들도 인문학에 높은 관심을 보이고 있다. 좋은 현상이다.

이처럼 인문학은 평생교육과정에서 다뤄야 할 문제이지 대학에서 시급하게 다뤄야 할 문제는 아니다. 필요한 사람이 우물을 파는 법이다. '문사철'을 현대의 인문학이라고 보기 어렵다. 대학의 학과통폐합은 현대의 인문학이라고 할 수 있는 새로운 학문을 받아들이고 심화, 확장하기 위한 조치이다.

2 대학에서 실용교육을 하지 않아 기업의 신입직원 교육비용이 늘고, 취업이 어려워지고 있는 현실을 직시해야 한다

대학은 다양성을 추구해야 하지만, 기본적으로 사회적 수요도 생각해야 한다. 현재 대학들은 대학의 제1목표를 취업으로 설정하고 있다. 실용성이 없는 학문은 사회에서 받아들여지지 않는다. 기업에서는 신입사원을 선발하고도 '도대체 대학에서 뭘 배웠는지 모르겠다'고 한탄한다. 대학이 기업에서 필요로 하는 인재를 배출하지 못하기 때문이다. 기업이 대학에 요구하는 인재를 배출할 의무도 있는 것이다. 2012년 스위스 국제경영개발원IMD*의 발표에 따르면 한국 대학 교육의 경제 사회 요구 부합도는 전체 58개국 중 46위로 거의 최하위권 수준이었다. 대학에서 실사구시 학문을 가르치지 않는 것이다. 이에 따라 기업이 신입사원에게 투자하는 교육비용이 날로 증가하고 있다. 그 비용을 줄인다면 기업과 대학이 함께 윈윈할 수 있다. 그래야 경제는 물론 국가 발전에도 이바지할 수 있다.

기업이 바라는 인재를 대학이 배출하지 못하면 학생들의 취업은 더더욱 힘들어진다. 취업을 하지 못하면 학생 개인의 삶에 치명적인 오점이 될 수 있다. 대학을

---

* **국제경영개발원** International Institute for Management Development, IMD

스위스 로잔에 있는 비영리 실무학교. 상설 부속 기관인 세계경제포럼WEF을 통해 지난 1980년부터 해마다 세계 60여 개 국가 경쟁력을 종합 평가해 순위를 매겨 보고서를 발표하고 있다. 보고서에 따르면, 2015년 기준으로 국가경쟁력은 26위이고, 교육경쟁력은 이보다 더 낮은 31위에 머물고 있다. 2012년 우리나라 GDP 대비 교육 관련 공공지출은 31위이지만, 25~34세 인구의 고등교육 이수율은 2위이다. 대학에 진학하는 사람은 많으나 정부의 지출은 턱없이 부족할 수밖에 없는 자료이다.

위해서 선택과 집중을 통한 학과통폐합이 이루어지는 것이 아니라 학생 개개인의 미래를 위해서 학과통폐합이 이루어지고 있다. 대학 교육이 공급자(교수) 중심에서 수요자인 기업과 사회의 요구에 맞춰 학과를 새롭게 개편하는 작업은 거스를 수 없는 시대 조류이다. 문어발식 다양한 학과가 있을 필요도 없다. 선택과 집중의 지혜를 발휘해 대학 교육의 질을 높여야 한다. 대학에서 실용교육을 실시하지 않아서 기업의 신입 사원 교육비용이 증가하고, 학생들의 취업이 힘들어지고 있는 현실을 직시해야 한다.

3 경쟁력이 없거나 취업률이 낮은 학과 혹은 학문 때문에 전체 대학교육이 공멸할 것이다

인문학이 실용과목에 비해 경제적 효용성이 떨어지는 것은 부정할 수 없는 사실이다. 모든 학문은 시대의 흐름이 있다. 인문학이 각광을 받은 시대도 있었다. 하지만 지금은 그런 시대가 아니다. 모든 지식은 인터넷에서 구할 수 있고, 시대는 급속하게 변화한다. 언제까지 탁상공론에 몰입해 있는 인문학을 지지할 것인가?

인문학의 위기라는 말이 나온 것이 어제오늘의 일도 아니다. 도대체 인문학 관련자들은 지금까지 뭘 하고 있었는지 한심하다. 2020년이 되면 대학 정원의 10만명 정도를 충족시키기 어려울 것으로 전망된다. 취업률이 낮으면 신입생이 감소할 것이고, 이는 자연스럽게 폐과의 과정을 밟게 될 것이다. 결국 학교가 문을 닫게 되는 불상사도 일어날 것이다. 이 때문에 교육부는 대학평가로 재정지원 제한 대학을 가리는 등 정부 주도의 대학 구조조정에 나선 것이다. 경쟁력이 없는 기초학문 학과나 인문학 계열 학과를 그대로 두면 대학은 공멸하게 된다. 대학에서의 인문학? 대학이 공멸하면 아예 꿈도 꾸지 못할 일이다. 이게 현실이다. 현실을 무시해서는 안 된다.

TABLE 4_ 학문과 교육

"통폐합 안돼"

1 현대 실용학문이
학문의 뿌리인 인문학을 대신하지 못해

인문학은 인간에 대해 탐구하는 학문으로 모든 학문의 뿌리다. 따라서 단기적이고 가시적인 효과가 없다 해도 장기적인 관점에서는 필요성이 여전히 크다. 대학교육도 장기적인 안목에서 봐야 한다. 사회과학부터 자연과학까지 모든 학문은 풍부한 인문학적 기초가 있어야 발전이 가능한데, 당장 수요가 적다고 특정 학문을 버리는 것은 근시안적인 태도이다. 인문학이나 예술은 오랜 사유와 숙련의 시간이 필요하다. 창조적인 작업은 하룻밤새 결과물을 낼 수 없다. 기다려야 한다.

현재 학과통폐합이라는 이름으로 기초 학문 과목을 폐지하고 있는데, 이는 수학을 배우지 않고 공학을 하겠다는 꼴이다. 인문학은 취업을 위한 학문이 아니라, 인간이 인간답게 사는 방법을 알려주는 학문이다. 인터넷이 발달해 모든 정보를 구할 수 있겠지만 삶의 지혜를 인터넷이 가르쳐주지는 않는다. 일부 대학에서 개설한 '최고경영자 인문학과정'에 빈자리가 없는 것은 대학에서 배워야 할 것을 제대로 못 배운 탓에 생긴 기현상이다. 대학이 구조조정의 채찍에 쫓겨 취업률을 기준으로 학문을 줄 세우면서 인문학을 홀대하고 있다. 이는 인문학이 살 길이 있는데도 길을 막고 열어주지 않는 것과 다르지 않다. 돈이 없으면 인간답게 살지도 말라는 말과 다를 것이 없다. 사람답게 살게 해주는 학문이 인문학이다. 현대의 실용적인 학문이 이 자리를 대신하지 못하고 있다. 대학에서 기초학문이 발전해야 응용학문도 발전할 수 있다.

2 대학의 제1목표가 취업은 아니다

아무리 사회적 수요를 감안한다고 해도 대학의 첫 번째 목표가 취업이라는 데에 동조할 수 없다. 대학은 학문을 탐구하는 상아탑이지, 직업학교가 아니다. 기업에서 신입사원 교육을 하는 건 기업에서 필요한 인재를 육성하기 위한 것이다. 기업은 신입사원이 어떤 대학에서 무엇을 전공하고 공부했든 상관없이 자신들에게 필요한 인재를 육성하기 위해 교육을 시키는 것이다. 당연히 이 문제는 기업의 몫이요, 대학이 관여할 이유가 없다. 만일 대학에서 미리 실용교육을 시켜도 기업은 다시 신입교육을 실시할 것이다. 대학의 실용교육은 일종의 선행학습에 지나지 않는 셈이다. 시장의 요구를 대학이 절대선처럼 보는 시각부터 바꿔야 한다.

또 대학이 학과통폐합을 하는 이유가 학생들의 취업을 위해서라고 하는데, 사실 그 내용을 들여다보면 대학 간의 경쟁으로 입학 정원을 채우지 못하거나 그럴 가능성이 높은 학과를 없애고 있을 뿐이다. 대학의 재정 확충을 위해서 학과통폐합이 이루어지고 있는 것이다. 대학 교육이 공급자 중심에서 수요자 중심으로 바뀌어야 한다는 말은 인정한다. 하지만 그 수요자가 기업과 사회는 아니다. 대학교육의 수요자는 엄연히 학생이다. 학생 중심의 교육에서 학생 의견이 무시된 학과통폐합은 있을 수 없다. 대학은 직업학교가 아니고, 학문을 탐구하는 곳이다. 대학교육의 수요자인 학생을 무시하는 학과통폐합은 있을 수 없다.

3 효용성, 경제성으로 교육을 판단하는 관점, 버려야 한다

교육은 경제적인 효용성만으로 판단해서는 안 된다. 대학은 법률에 따라 자율성이 보장된다. 이는 대학이 사회에 대한 책임을 지고 있기 때문이다. 대학은 사회 전체가 가치를 잃지 않도록 방부제 역할을 해야 하고, 진리를 탐구하는 역할을 동시에 수행해야 한다. 이것이 대학의 본질이다. 이와 같은 대학의 본질을 경제적인 효용성으로 판단할 수 있는가? 더군다나 변화속도가 가파를수록 대학은 올바른 도덕성을 제시하고, 시대정신을 지키며, 가치 판단 기준을 명확히 세워야 한다. 컴퓨터 공학이 이를 제시할 수는 없다.

인문학의 위기에 대해 관련된 학자와 학계가 슬기롭게 대처하지 못한 점도 있다. 하지만 정부와 대학은 그동안 줄곧 인문학 관련 학과에 대한 지원을 줄이는 정책을 펼쳐왔을 뿐이다. 인문학의 쇠퇴는 인문학 관련 학자가 조장한 것이 아니라 정부와 대학 당국이 기형적인 제도를 조장한 데 기인한다. 정부가 재정지원이라는 무기로 대학을 평가하는 것도 잘못된 일이지만, 더더욱 잘못된 일은 대학 평가 기준에서 취업률 비중이 가장 높다는 점이다. 정부의 이러한 기준 때문에 대학이 취업률이 높은 학과만을 선호하게 된다. 지금 시급한 것은 대학과 각 학과를 경쟁체제로 모는 것이 아니라 학과 간 학문 교류가 자유롭게 이루어질 수 있도록 통섭*의 시스템을 정책적으로 만드는 것이다. 교육을 효용성으로 판단할 수는 없다. 정부가 재정지원이라는 무기로 폭넓은 학문의 길을 막고 있다. 경쟁체제로 대학교육을 볼 게 아니라 통섭의 시스템을 도입해야 한다.

＊통섭統攝

통섭은 미국의 사회생물학자인 에드워드 오스본 윌슨의 책 'Consilience'를 최재천 이화여대 석좌교수가 '통섭統攝'으로 번역하면서 쓰인 말. 통섭은 물리, 화학적 결합을 넘어 새로운 것이 창조되는 생물학적 합침을 뜻한다. 학문적 벽을 허물어 자연과학과 인문학의 통합을 의미하기도 한다. 스티브 잡스가 대표적인 '통섭'형 인재로 꼽힌다. 그는 이공계 출신이면서 인문학과 예술 감각에 능했다. 그는 "우리가 아이패드를 만든 것은 애플이 항상 기술과 인문학의 갈림길에서 고민했기 때문에 가능했다"며 인문학의 중요성을 강조하기도 했다. 최재천 교수는 21세기 통섭형 인재가 되기 위해서는 다양한 분야와 지식을 아우르는 기획 독서가 필요하다고 조언한다.

1. 현재 인문학의 위기가 시대의 변화를 감당하지 못하는 인문학 자체의 위기인지, 인문학적 가치를 소홀히 하는 우리들의 태도가 문제인지, 토론해봅시다.

2. "대학에 더 이상 정의는 없다. 이제 학생회는 대의기구가 아니라 서비스 센터. 간식은 열심히 나눠주지만, 축제는 화려하게 진행하지만, 학생들의 권리 침해에는 입을 닫았다. 학과가 말도 안 되는 이유로 폐과되고, 청소노동자들이 부당한 대우를 받아도, 학생회는 움직이지 않는다." 중앙대 철학과에 재학 중이던 김창인 학생이 자퇴하던 날 기자회견장에서 발표한 '자퇴 선언' 일부입니다. 김창인 학생의 자퇴를 보면서 어떤 생각을 하게 되는지 자유롭게 말해봅시다.

실전 gogo ✏️

기업의 효율적인 시스템을 대학 운영에 도입해야 한다는 주장이 있습니다. 대학들이 과거의 시스템을 고집한 채 시장의 요구에 계속 귀를 닫는다면 점점 우물 안 개구리로 고립되고 만다는 것입니다. 한편에서는 학문을 돈으로 재단할 수 없으며, 대학은 기업이 아니라는 논리로 이를 반대합니다. 기업의 효율적인 시스템을 대학에 도입했을 때의 장단점을 적어보고 자신의 입장을 논술해봅시다. (500자 내외)

체벌,
얼마나 효과가 있을까

청소년이나 어린이가 다니는 학교뿐 아니라 영유아 교육을 담당하는 유치원과 어린이집에서도 심각한 체벌 사례가 발생하고 있어 사회적 논란을 불러일으키고 있다. 서울시교육청이 학생인권조례를 통해 체벌금지를 명시한 이후 또다시 체벌문제가 도마 위에 오른 것이다. 교육을 위해 일정한 체벌은 불가피하다는 주장과 아이는 꽃으로도 때리지 말라는 주장이 팽팽히 맞서고 있다. 여러분은 어느 편의 손을 들어줄 텐가?

키워드로 읽는
논쟁

1. 법은 학교 체벌을 어떻게 규정하고 있을까?

체벌과 폭력을 구분하는 기준이 명확치 않아 논란이 되어오다가 1997년 초중등교육법이 제정되면서 체벌 관련 조항이 명문화됐다. 이전에는 '군사부일체君師父一體'로 대표되는 전통적 유교사상의 영향으로 교사의 권위를 중시하는 분위기가 많았고, 그 때문에 교사의 체벌에 대해서도 비교적 관대한 입장을 취해왔던 게 사실이다. 그럼에도 불구하고 과도한 체벌 사례들이 빈번하게 발생하면서 사회적 논란을 불러일으키자 정부가 관련 법규를 만들기에 이른 것이다.

현행 초중등교육법 18조 1항에는 "학교의 장은 교육상 필요한 경우에는 법령과 학칙으로 정하는 바에 따라 학생을 징계하거나 그밖의 방법으로 지도할 수 있다. 다만, 의무교육을 받고 있는 학생은 퇴학시킬 수 없다"라고 되어 있으며, 초중등교육법시행령 제31조 8항에는 "학교의 장은 법 18조 1항 본문에 따라 지도를 할 때에는 학칙으로 정하는 바에 따라 훈육·훈계 등의 방법으로 하되, 도구, 신체 등을 이용하여 학생의 신체에 고통을 가하는 방법을 사용해서는 아니 된다"라고 규정되어 있다. 다만, 교육적 필요에 의해 학교 구성원들의 의견을 수렴하여 '교육벌'의 범위를 학교 규칙에 명시하여 허용하고 있으며, 이 경우에도 신체적인 고통을 가하지 않는 범위에서 허용되고 있다.

2. 체벌에 대한 석학들의 생각

고대 그리스의 철학자 플라톤은 "체벌은 능력이 있는 자를 일깨운다. 그래서 똑똑한 아이에겐 필요하지만 못난 아이에게는 필요 없다. 체벌은 나쁜 습관적 행동을 교정하고 제지하는 데 필요하다"고 체벌 찬성론을 폈다. 교육의 아버지라고 불리는 페스탈로치 역시 "매를 들지 못하는 교사는 아이들의 영혼을 가꾸는 어버이로서의 자격을 갖추지 못한 교사다"라며 체벌의 필요성을 강조했다.

논리학자면서 철학자인 버트런드 레셀은 "나는 체벌은 어떤 상황에서도 옳지 않다고 생각한다. 가벼운 체벌의 경우 그 폐해는 적지만 아무 효험을 보지 못하고 호된 체벌은 잔인성과 야만성을 낳는다고 확신한다. 체벌이 습관화되면 아이들은 익숙해져서 체벌을 자연스러운 일로 여긴다. 그러는 사이에 아이들 마음속에는 권위를 지키기 위해 신체에 고통을 가하는 것은 정당한 일이라는 생각이 자라난다"며 체벌 반대론을 폈고, 고대 중국의 공자는 "율령으로 사람들을 다스리고 형벌로 사람들을 통치하면, 사람들은 단지 처벌을 받지 않으려고 할 뿐 결코 부끄러워하지 않는다. 그렇기에 덕으로 다스리고 예로 사람들을 동화시켜, 사람들이 스스로 부끄러움을 알고 바른길로 가도록 해야 한다"고 가르치는 자의 덕과 예를 강조했다.

그런가 하면 영국의 근대 사상가 존 로크는 "뜻을 새김질할 수 있는 아이들에게 선택적으로 체벌을 가하고 한편으론 애무를, 다른 한편으론 채찍질을 하는 사랑과 미움의 행위가 동시적으로 이뤄져야 한다"며 적절한 조화를 주장했다.

3. 다른 나라의 체벌 규정은 어떨까?

미국은 학교 체벌 여부를 중앙정부의 법에 명시하지 않고 주 정부에 위임했다. 통계에 의하면 체벌이 일어나는 지역은 텍사스를 비롯한 남부지역으로, 전체 체벌 건수의 95% 가량이 이곳에서 발생하는 것으로 나타났다. 그 외 지역은 엄정한 훈육절차를 체벌의 대안으로 마련함으로써 법적으로 체벌을 규정한 국가들보다 체벌발생 빈도가 낮은 것으로 알려졌다. 한편 부모들은 제한적인 체벌을 할 수 있도록 했다.

영국은 1970년대까지만 해도 기숙사제 학교를 중심으로 체벌이 행해졌지만 이후에는 체벌에 관한 법령을 새롭게 제정함으로써 전면 금지됐다. 일본은 1947년부터 법적으로 체벌을 금지하고 있으나 체벌의 발생빈도가 높아서 여전히 이 문제에 관한 논란이 벌어지고 있다. 최근 오사카에서 체벌을 받은 한 고교생이 스스로 목숨을 끊은 사건을 계기로, 학생에 대한 질책, 한 곳에 세워두기, 별실로 데려가서 지도하기, 숙제나 청소시키기 등은 허용하고, 반항적인 학생을 때리거나 들고 있던 펜을 던져서 맞히는 건 금지하는 등 체벌 기준을 제정했다.

중국의 경우 체벌이 원칙적으로 금지되어 있다. 중화인민공화국 미성년자 보호법을 통해 "교사가 체벌, 변칙 체벌, 인격을 해칠 수 있는 언어폭력을 할 경우 처벌을 받게 된다"고 규정, 포괄적으로 체벌을 금하고 있다. 하지만 간간이 체벌 논란이 불거지는 것을 봐서는 교육현장에서 원천적으로 근절하지는 못한 것으로 보인다. 스웨덴과 독일 등 39개국이 가정을 비롯한 모든 곳에서 아동의 체벌을 금지하고 있다.

4. 체벌까지 기록한 할아버지의 육아일기 《양아록養兒錄》

《양아록》은 조광조의 문하생으로 을사사화와 기묘사화에 휘말려 두 형과 조카, 아들들을 잃고 귀양까지 떠난 이문건(1494~1567)이 병으로 남은 아들마저 잃으면서, 아들이 남긴 손자 수봉의 탄생 순간부터 17세에 이르기까지의 성장과정 등을 시와 산문으로 기록한 일종의 조선판 육아일기다. 유배지에서 손자를 직접 기른 무려 17년간 육아 과정에서 일어난 소소한 일들을 기록으로 남긴 것이다.

손자가 14세 되던 새해 첫날 이문건의 일기에는 이런 대목이 있다.

"늙은이가 아들 없이 손자를 의지하는데 손자 아이가 지나치게 술을 탐하여 번번이 심하게 토하면서 뉘우칠 줄을 모른다. 운수가 사납고 운명이 박하니 그 한을 어떻게 감당할까"라며 손자의 음주벽에 대해 매우 마음 아파했다. "극도로 화가 나는 것을 이기지 못해 대살가지로 등과 궁둥이를 때렸더니 숨을 잘 쉬지 못하기에 그만두었다."

《양아록》에는 위와 같은 강한 체벌의 기록이 자주 등장한다. 이를 통해 조선 시대에는 체벌의 관행이 아이를 잘 양육하기 위한 교육 방법의 하나로 보는, 당대 사람들의 인식을 엿볼 수 있다. 《양아록》은 1997년에 우리말로 번역되어 태학사에서 출간된 적이 있으나 현재는 절판되었고, 이후 《선비의 육아일기를 읽다》라는 제목으로 글항아리에서 새롭게 출간되었다.

플러스 상식 ✚ _____

스코틀랜드 자녀 체벌 완전 금지

2017년 10월 19일(현지시간) 스코틀랜드 자치정부는 자녀 체벌을 완전히 금지한다고 발표했다. 영국 내 잉글랜드와 웨일스에서는 합리적인 체벌이라는 범위 안에서 자녀 체벌을 허용한다. 이 경우에도 멍자국 또는 찰과상 등 상처를 남길 정도로 심하게 체벌하면 형사기소될 수 있다. 이번 스코틀랜드 자치정부의 조치로 영국에서 가장 먼저 자녀 체벌을 금지하게 된 것.

존 피니 녹색당 의원은 같은 해 5월 자녀 체벌 금지 법안을 의회에 냈다. 아동에게 성인과 같은 법적 보호를 보장하자는 것이 주요 내용이었다. 피니 의원은 BBC와의 인터뷰에서 "체벌은 아이들의 장기적인 건강과 복지에 해롭다는 명백한 증거가 있다"고 말했다.

체벌은 52개 국가에서 법적으로 금지돼 있다. 스웨덴은 1979년에 자녀체벌금지법을 세계 최초로 제정했으며 2017년엔 프랑스가 자녀체벌금지국가가 됐다. 아일랜드는 2015년에 자녀체벌금지법을 통과시켰다.

"교육 효과 있다"

1 조상들은 눈물로 아이를 때렸다

얼마 전 국내 일간지들이 영국의 〈더 타임즈〉를 인용해 "교황이 바티칸에서 열린 행사에서 버릇없는 아이에게 매를 드는 것을 지지한다는 입장을 밝혔다"고 보도했다. 교황은 "아이의 존엄을 지키는 한도에서"라는 단서도 잊지 않았다. 교육을 위해 체벌이 불가피하다고 말하는 사람들의 입장을 대변해주는 것 같아서 반갑기 그지없다. 버릇없는 아이나 잘못을 저지른 아이는 그 자리에서 지적하고 바로잡아야 한다. 못 본 척하거나 어설프게 넘어가면 또다시 같은 잘못을 저지를 가능성이 크기 때문이다. 그것이 곧 교육이다. 다만 아이의 존엄을 건드려서는 안 된다는 원칙에는 변함이 없다.

최근 어린이집이나 학교에서 벌어지는 폭력사태를 접하곤 한다. 분명히 말하지만 그것은 체벌을 넘어 처벌이고 폭력이다. 심한 경우에는 분풀이로 보이기도 한다. 분명히 밝히지만 체벌이 필요하다고 해서 폭력이나 분풀이까지 용인하는 것은 아니다.

우리는 역사 속에서 많은 교훈을 배운다. 그 속에는 조상들이 경험으로 쌓아온 삶의 지혜가 고스란히 녹아있기 때문이다. 엄한 아버지에 자애로운 어머니라는 엄부자친嚴父慈親이라는 단어도 가정교육과 관련한 사자성어다. 선생이라는 직업을 이르는 교편敎鞭은 "교사가 수업이나 강의를 할 때에 필요한 사항을 가리키기 위하여 사용하는 가느다란 막대기"를 말하는데, '편鞭(채찍편)'이 채찍을 가리키므로 본디 '채찍으로 가르친다'는 뜻이 숨어 있다. 가르침을 받을 때 쓰는 지도편달指導鞭撻 역시 유사한 의미라 하겠다. 어릴 때 잘못을 저질러 회초리를 맞고 나면 때린 부모님이 뒤돌아 앉아 눈물을 훔치는 광경을 목격한 사람이 많을 것이다. 때로는 잠든 자녀의 종아리를 어루만지며 눈물을 떨구는 부모님의 모습을 경험한 사람도 있을 것이다. 체벌에는 반드시 사랑이 담겼다. 그것이 담기지 않은 것까지 옹호할 생각은 없다.

2 잘못을 방치하는 것은 교육이 아니다

부모나 교사가 행하는 체벌은 처벌과 구분되어야 한다. 체벌은 잘못에 대한 응보應報의 차원이 아니라 그것을 바로잡으려는 교육적 차원에서 행해지는 것이기 때문이다. 가치판단이 명확하지 않은 아이들이 사회규범으로부터 일탈했을 때 그것을 따르는 것이 왜 중요한지 알려주는 것이 체벌의 역할이다. 그렇다고 해서 그때마다 체벌을 가하는 것은 아니다. 처음에는 지적도 하고 다음에는 훈계도 한다. 그 다음에 마지막 수단으로 꺼내는 것이 체벌이다.

이런 옛말이 있다.

"사람은 누구나 실수를 한다. 그러나 같은 실수를 되풀이하는 것은 사람이 아니다."

어리석은 사람을 일컫는 말일 테다. 바로 이 어리석음을 바로 잡는 최후의 수단으로 체벌을 선택하는 부모나 선생의 쓰린 마음도 이해해줘야 한다. 흔히 "관심이 있으니 싫은 소리도 한다"는 말을 한다. 그렇다. 관심이 있으니 체벌을 하는 것이지 그렇지 않다면 왜 서로 마음 상할 일을 할 필요가 있을까.

이런 뉴스가 있었다. 담배를 빼앗고 주의를 준 교감에게 달려들어 머리와 배를 주먹과 발로 찬 학생, 불량한 수업태도를 나무라자 선생의 머리채를 잡고 싸움을 벌인 학생, 말다툼하는 것을 말리는 선생에게 달려들어 입에 담지 못할 욕지거리를 해댄 학생, 의도적으로 교묘하게 친구를 괴롭히거나 선배들과 어울리며 나쁜 일을 일삼는 학생. 전부는 아니고 비일비재한 일도 아니지만 이런 일은 학교 현장에서 종종 일어난다. 소위 문제학생이다. 이런 학생들조차 체벌을 하지 말자는 것은 교육을 포기하라는 말과 다름없다.

3 체벌은 바른 교육의 마지노선이다

공자의 후학들이 정리한 동양고전인 《예기》에 이런 글이 있다.

"싸리나무 회초리와 가시나무 회초리. 두 개는 모두 교육의 권위를 유지하기 위한 것이어서 약간의 체벌은 필요하다."

체벌의 역사는 교육의 역사와 그 궤를 같이 한다. 교육이 생기면서 체벌도 자연스레 생겨났다는 의미다. 체벌에 반대하는 이들은 체벌을 대체할 효과적인 교육방법이 많다고 말한다. 그러나 그런 방법이 있었다면 이미 체벌은 없어졌을 것이고, 이런 논쟁도 이미 결론이 났을 일이다. 현재 대안으로 제시되고 있는 교육방법들은 사실 현장에서 한계나 문제점을 이미 드러내고 있다.

수업에 방해된다는 이유로 체벌 대신 교실 밖으로 내보내면 안전사고나 범죄에 노출될 위험이 크다. 휴대전화를 압수하는 일은 인권침해 소지가 다분하다. 얼마 전에는 바로 그런 이유로 학생이 교사를 폭행한 일이 실제로 일어났다. 생활기록부에 기재하거나 벌점을 주는 것은 상급학교 진학을 포기한 학생에게는 아무런 위협도 되지 못한다.

이에 비해 체벌은 다른 어떤 방법보다 효과적이고 학생들의 행동을 교정하는 직접적인 효과를 낸다. 우리나라 같이 교사 한명이 담당해야 할 학생 수가 많은 현실에서는 더욱 그렇다. 일본이나 중국의 경우도 법으로는 체벌을 금지하고 있지만 여전히 그 문제로 몸살을 앓고 있다. 이는 학생들의 통제와 효과적인 교육을 위해서는 일정한 체벌이 필요하다는 것을 거꾸로 증명해주는 셈이다. 폭행으로 비쳐지는 체벌은 사라져야 하지만 최후의 수단으로 체벌을 존속시키는 것이 수렁에 빠진 아이들을 건질 마지노선이라는 사실을 이해해주기 바란다. 끝으로 체벌의 존폐여부를 묻는 여론조사에서 왜 학부모들이 체벌을 존속시키자는 쪽에 많은 표를 던지는지도 생각해보자.

"교육 효과 없다"

1 체벌이 아니라 학대요 폭력이다

아동 폭력은 여전히 빈번하고, 빈도도 점점 잦아지고 있다. 폭력의 가해자는 교육을 위한 체벌이라고 변명하지만 학대요 폭력임을 부인하지 못할 일들이다. 말을 잘 듣지 않는다고, 거짓말을 한다고 몽둥이에 맞아서 사망한 아이. 싸움을 한 아이는 물론 말린 아이까지도 빗자루로 맞고, 버릇을 고치려고 보낸 캠프에서 온몸이 멍투성이가 된 채 싸늘한 주검으로 발견된 아이도 있다. 장난감을 치우지 않는다고, 김치를 안 먹는다고, 이제 막 엄마 품을 떠나 어린이집에 다닐 나이의 아이를 엉덩이, 얼굴 가리지 않고 가차없이 때린다. 부모가 체벌에 동의한다는 동의서를 써주고 맞는 아이도 있다. 폭력의 당사자는 대부분이 선생님이나 부모. 장소는 어린이집을 비롯해 학교, 학원, 사설캠프, 대안학교 등 다양한 곳에서 벌어지고 있다.

일찍이 스페인의 공화주의 운동가면서 교육자인 프란시스코 페레는 "꽃으로도 아이를 때리지 말라"는 유명한 말을 남겼다. 하물며 피해자의 나이며 폭행의 도구며 폭력의 부위도 구분하지 않고 체벌을 하는 것은 분명한 폭력이다. 특히 우월한 힘과 지위를 이용해서 아무런 저항도 할 수 없는 아이에게 일방적으로 퍼붓는 폭력이라는 점에서 더욱 심각하다. 이는 이미 법으로 정해진 바대로 '위계에 의한 폭력'이므로 마땅히 처벌받아야 할 범죄행위인 것이다.

대부분의 사람들은 살아오면서 수많은 체벌을 겪었다. 가정과 학교, 군대 등 자신이 속한 준거집단에서 체벌은 이루어졌다. 그러나 그 체벌 중에서 진심으로 교육적이라고 인정할 만한 것이 있었는지 되돌아보자. 정말 그렇다고 믿는 이들이 있다면 그들에게 버트런드 레셀이 남긴 말을 들려주고 싶다. "학창시절에 회초리나 채찍으로 매를 맞았던 이들은 거의 한결같이 그 덕에 자신이 더 나은 사람이 되었다고 믿고 있다. 내가 볼 때는 이렇게 믿는 것 자체가 체벌이 끼치는 악영향 중 하나다."

2 체벌은 아이에게 폭력을 가르치는 셈이다

교육은 모르는 것을 알게 하는 수단이다. 좁은 의미로는 지식을 깨우치는 것을 일컫겠지만 넓은 의미로는 자신이 살아갈 사회에 대해 습득하는 사회화 과정이기도 하다. 루소는 그의 저서 《에밀》에서 체벌에 관해 이런 견해를 펼쳤다.

"아이에게 교훈을 줄 땐 말로만 아니라 경험을 통해 얻도록 하라. 잘못을 저질러도 체벌하지 말라. 그는 잘못이 무엇인지 모르기 때문이다. 그가 용서를 구하게 하지도 말라. 그에겐 도덕적 관념도 없을 뿐더러 그럴만한 의지도 없기 때문이다. 아이들은 구속받으면 구속받을수록 더 거칠어진다. 당신의 눈을 벗어나는 순간 아이는 그 속박의 고통에 대해 보상받고 싶어하기 때문이다."

아이가 잘못을 저지르는 것은 잘못이 무엇인지 모르기 때문이고, 잘못하고도 용서를 구하지 않는 것은 도덕적 관념이 없기 때문이니, 잘못했다고 체벌하지 말라는 것이다. 따라서 교육은 잘못이 무엇인지 가르치는 것이고, 잘못하면 용서를 구하는 도덕적 관념을 가르치는 일이다. 그렇다면 어떻게 가르칠 것인가라는 문제가 남았고, 여기에 체벌이 등장한다. 하지만 분명한 것은 체벌은 교육에 도움이 되지 않는다는 점이다. 공인된 사회조직인 학교나 가정에서 교육을 이유로 체벌을 사용한다면, 아이들도 자신이 옳다고 생각하는 바를 관철하기 위해 폭력을 써도 무방하다는 것을 무의식 중에 배우게 된다는 사실을 잊지 않았으면 좋겠다. 결국 학교나 가정은 교육이라는 명목으로 폭력까지 가르친 셈이 되는 것이다.

3 체벌 없이도 세계 최상위권인 스웨덴 핀란드 학생들

세계에서 가장 공부 잘하고 모범적인 학생들을 꼽으라면 단연 스웨덴과 핀란드를 빼놓을 수 없다. 세계 최상위 교육수준을 자랑하는 이 두 나라는 일찌감치 아이들에 대한 모든 체벌을 없앴다. 스웨덴은 1979년부터, 핀란드는 1983년부터 가정과 학교에서 아동과 청소년을 향한 모든 폭력을 금지하는 법을 통과시켰다. 이 부분 세계 1, 2위의 기록이다. 학교에서 아이들에게 내릴 수 있는 최대의 체벌은 혼자 앉아서 반성의 시간을 보내게 하거나, 수업시간에 방해가 되면 내보내는 것 정도다. 이쯤 되면 교육을 위해 체벌이 불가피하다는 이들에게 묻고 싶은 게 있다. 체벌이 교육에 효과가 있다면 이들 나라의 학생들은 어떻게 해석을 해야 할까? 나아가 이들 나라의 교육법은 배우려고 안간힘을 쓰면서 아이들에 대한 배려는 배우려 하지 않는 것은 모순이 아닐까?

체벌론자들은 또 이렇게 말한다. 체벌은 최후의 수단이라고. 하지만 체벌을 대체할 다른 교육적 방법들이 존재한다면 이야기는 달라진다. 실제로 반성문 쓰기, 벌점제도, 체력단련이나 봉사, 학생과 교사가 재판을 통해 합리적인 제재 수준을 합의하는 학생재판 등을 통해 상당한 효과를 거두고 있는 게 현실이다. 또한 이미 상당수 학교에서는 '체벌 없는 학교'를 위해 제도들을 만들어왔고 성과를 거두고 있다. 체벌 없이도 얼마든지 학생과 교사가 행복해질 수 있다. 문제는 체벌의 유혹을 견디는 인내심이다. 끝으로, 사실 여부는 알 수 없지만 시중에 떠도는 에피소드 한 토막을 소개한다. 세계학력평가에서 핀란드가 1위, 한국이 2위로 결과가 나오자 한국 교육 관계자가 웃으며 핀란드 교육 관계자에게 말을 걸었다고 한다. "허허, 근소한 차이로 저희가 졌습니다." 그러자 핀란드 교육 관계자가 차갑게 말했다. "저희가 큰 차이로 앞섰습니다, 핀란드 학생들은 웃으면서 공부하지만, 한국 학생들은 울면서 공부하지 않습니까?"

플러스 상식 ✚

체벌에 대한 교사와 학생의 인식차

학생과 교사 간에 차이가 분명한 부분은 체벌의 빈도보다는 체벌의 이유, 목적, 효과 등에 관한 것이었다. 특히 체벌의 이유에 대해서 교사와 학생 간의 인식차가 명확하게 드러났다. 교사들은 체벌의 이유를 '전체를 위하여' '학급관리'를 위해서라고 언급한 반면에 학생들은 '교사의 화풀이' '자신의 잘못된 행동을 고치기 위해서' 등 개인적인 이유를 중심으로 답변했다.

체벌에 대한 태도, 체벌의 필요성, 체벌금지, 체벌의 즉시성, 차별적인 태도, 체벌시 교사의 감정개입 여부에 있어서도 차이가 난다. 대부분의 교사들은 체벌을 옹호하는 입장에서 현실적으로 체벌이 필요하고 금지해서는 안되며, 차별적이지 않고, 감정을 개입하지 않고 있다고 답변했다. 이에 반해 반수 이상의 학생들은 교사의 인식과는 전혀 다르게 체벌금지를 주장하면서 체벌시 교사의 차별과 감정개입이 있다고 말했다.

체벌에 대한 교사와 학생 간의 인식차이는 비행아들에게 있어 더욱 크게 나타났는데 비행아들은 학생들 사이에서도 모범생과 자신들을 비교하면서 모범생은 적게 때리는 반면 자신들은 더욱 심하게 다룬다고 주장하면서 교사의 차별적인 체벌을 강하게 주장하였다.

<학교에서의 체벌과 인성교육>(김계현) 발췌

토론해 봅시다 💬

1. 체벌을 없앨 것인가, 유지할 것인가 하는 문제는 아주 오랫동안 토론의 단골 주제가 되어 왔습니다. 체벌금지라는 교육청의 입장과는 달리 아직도 두 의견은 팽팽하게 맞서서 결론을 내리지 못하고 있는 실정입니다. 여러분의 생각은 어떤가요?

2. 체벌을 대체할 교육방법 중에서 여러분의 학교는 어떤 방법을 사용하나요? 그리고 그 효과는 실제로 어떤지 체벌과 비교하며 친구들과 토론해봅시다.

실전 gogo ✏️

체벌을 당한 자신의 경험을 간략하게 정리하고, 그것이 스스로의 생활태도나 마음가짐에 어떤 변화를 일으켰는지 적어봅시다. (500자 내외)

정보화
사회

TABLE 5

DISH

디지털혁명의 시대, 정보격차는 해소될 수 있을까

현재 인류는 디지털혁명의 시대를 맞고 있다. 정보화사회 초입의 디지털 기기 보급과 관련된 정보격차를 넘어 스마트폰 보급률이 가파르게 성장하면서 사회·문화·교육·경제 전반의 지형이 말 그대로 '혁명적'인 변화를 겪고 있다. 그러나 세계인구 3명 중 2명은 인터넷과 담을 쌓고 사는 등 새로운 질적 정보격차가 기존의 사회구조적 불평등과 맞물려 불평등을 심화시키고 있다는 비판의 목소리가 높다. 인류는 이 새로운 불평등을 해소할 수 있을까?

키워드로 읽는 논쟁

1. 정보화사회, 디지털혁명

정보화사회는, 정보 중심의 사회, 즉 정보의 가치가 높고 정보의 생산이 산업의 중심이 되는 시대를 말한다. 인류는, 수렵사회 → 농경사회 → 산업사회 → 정보화사회로 발전중인데, 정보화사회는 1950년대 컴퓨터가 일으킨 정보혁명을 계기로 시작된 새로운 인류사회이다. 이전 시대에는 눈에 보이는 유형의 물건을 생산하고 유통하는 것이 가치생산의 중심이었던 반면, 정보화사회에서는 눈으로 볼 수 없는 무형의 '지식'과 '정보'의 생산, 유통이 경제활동의 중심이 되고 있다. 더구나 90년대 이후 인터넷이 확산되고 스마트폰 보급율이 가파르게 높아지면서 디지털기술 혁신은 애초의 예상을 초월해 전세계적으로 삶의 지형을 뒤바꿔놓은 상황이다.

앨빈 토플러는《제3의 물결》이라는 책에서 "제1의 물결(농업혁명)과 제2의 물결(산업혁명)을 거쳐 인류는 현재 정보화혁명이란 제3의 물결을 타고 있다"고 역설했다. 재미있는 사실은 농업혁명이 세계로 확산되는 데 5천여년이 걸리고, 산업혁명이 300여년이 걸린 반면에, 디지털혁명은 30년 만에 전세계로 확산되었다는 점이다. 디지털혁명은 처음에는 기업을 바꿔놓았지만 현재에는 기술, 산업, 경제, 생활 나아가 국가 간의 관계, 기업과 기업, 기업과 개인, 개인과 개인의 의사소통방식까지 변화시키는 등, 패러다임의 획기적인 변화를 몰고 왔다. 그러나 한편에서는 정보 접근, 공유, 활용에 있어 격차가 생기는 정보격차(디지털격차)와 이로 인한 사회불평등 문제가 다보스 포럼(매년 스위스 다보스에서 개최되는 '세계경제포럼')에서도 핫이슈로 떠오를 만큼 여전히 논쟁이 되고 있다.

2. 정보격차^{digital divide}, '컴맹' 혹은 '넷맹'을 넘어 '인터넷맹'으로

정보격차 혹은 디지털격차란, 새로운 정보기술에 접근할 수 있는 능력을 보유한 자와 그렇지 못한 자 사이의 정보 불평등 현상을 말한다. 지식격차* 이론의 정보화 버전이라고 할 수 있다. 디지털혁명 초기에는 정보격차를 판단할 때 단순히 정보기기(디지털 인프라)나 정보자료에 대한 접근성을 중심으로 보았지만 최근에는 정보자원을 적절히 활용할 수 있는 능력이나 정보를 수용하는 태도까지 포함해서 판단한다. 쉽게 말해서 '누가 정보매체에 더 잘 접근할 수 있는가' '누가 더 많은 정보를 취득할 수 있는가' '누가 정보를 올바르게 사용하고 어떠한 태도로 접근하는가' 등을 포괄하고 있다. 이에 따라 초기에 정보격차 해소방안의 경우, 정보취약계층을 '컴맹'이라 부르며 하드웨어의 확충과 보급, 조작능력 훈련에 주목했고, 이후에는 소위 '넷맹'이라고 해서 활용능력 배가를 위한 소프트웨어 보급과 그 체험 기회 증가에 역점을 두었다. 현재에는 정보 활용을 넘어 정보를 이용해서 어떻게 삶의 질을 높이는가와 관련해 있다.

정보격차가 문제가 되는 이유는 IT 산업이 국가 경제력과 생산성 증대, 고용 기회를 창출하는 등, 국가경제에 중추적인 역할을 계속적으로 해나갈 것으로 전망되기 때문이다. 당연히 정보 접근성을 비롯해 정보 활용력의 격차가 소득격차로 이어질 수 있는데다 지금처럼 정보의 쌍방향성, 즉 정보의 수용자들이 생산자로 자리매김하는 시대에 정보격차는 필연적으로 사회적 불평등으로 이어질 수밖에 없다. 특히 73억 인구 중에서 인터넷 사용인구는 30억을 넘지 않으며 나머지 43억명은 '인터넷맹'으로, 3명 중 2명이 세계 경제 네트워크와 담을 쌓고 있는 셈.

✽지식격차

정보격차나 정보불평등 문제에 대한 최초의 문제제기는 1970년에 등장한 '지식격차 이론'에 기대고 있다. 이 이론은 미디어가 사회계층 간의 지식격차를 축소시키기보다는 확대할 가능성이 많다고 보는 이론으로, 티처너와 그의 동료들이 처음 제기하였다. 이 이론에 따르면 사회경제적으로 우위에 있는 계층이 열악한 계층보다 미디어를 더 많이, 더 쉽게 이용하며 따라서 정보습득의 양도 더 많고, 정보의 습득량 또는 지식 수준이 높을수록, 사회경제적으로 우월한 위치에 오를 가능성이 더 많다는 주장이다.

3. 스마트 정보격차

스마트 정보격차란 스마트폰이나 태블릿 PC와 같은 모바일 인터넷기기 이용 상황에서 발생하는 격차를 말한다. 2014년 정보소외계층 스마트 정보화 수준은 전체 국민 대비 57.4%로 나타났다. 한국지역정보개발원의 보고서에 의하면 계층 별 스마트 정보화 수준이 저소득층(72.4%), 장애인(60.2%), 장노년층(54.3%), 농어민(51.4%)순으로, 4대 정보소외계층 스마트폰 보유율이 52.2%로 국민 전체 보유율 78.3%에 비해 낮은 것으로 나타났다.

하지만 현재 이같은 스마트 정보격차 해소를 위한 정책은 마련돼 있지 않다. 정보격차 해소 사업 예산의 절반 이상이 PC조작과 프로그램 활용 교육에 투입해 있는 실정이다. 개발원은 스마트 정보격차 해소를 위해, '국가 정보화기본법' 조항을 세분화해 법률적 기반 마련, 자치단체와 민간기업이 정보격차 해소 사업에 참여할 수 있도록 인센티브 마련 등이 필요하다고 말했다.

4. 전세계에서 인터넷을 사용하는 사람은 얼마나 될까?

인터넷 시대를 연 '월드 와이드 웹www'이 등장한 지 26년이 흘렀다. 그리고 애플의 아이폰이 등장하면서 인터넷 없는 세상은 상상하기 어렵다. 특히 우리나라의 경우 전 국민의 90% 이상이 인터넷을 이용하고 있다. 크고 작은 일상생활을 비롯해 전문적인 정보에 이르기까지 거의 모든 정보를 인터넷에서 실시간으로 구할 수 있는 세상이다.

하지만 이러한 디지털 문명의 혜택을 전 세계 사람들이 똑같이 누리고 있는 것은 아니다. 국제전기통신연합ITU에 따르면 2015년 말이 돼야 79억명 중에서 32억명이 인터넷을 사용하게 될 것이라고 전망했는데, 이 추정대로 실현된다고 해도 세계 인구의 43%만이 인터넷을 사용한다는 말이 된다. 즉, 나머지 57%는 '인터넷 맹'으로 살아가야 한다는 뜻이다. 특히 아프리카의 인터넷 보급률은 16%로 아시아 대륙 전체의 보급률과 비교하면 절반 수준이다. 다행인 것은 최근 구글, 페이스북을 비롯한 인터넷 거대기업들이 투자를 확대, 이들도 머지않아 인터넷 사용이 가능할 것으로 전망되고 있다. 현재 세계는 아프리카, 중남미, 인도, 중국을 비롯한 이 국가들이 어떻게 경제적 영향력을 행사할지에 주목하고 있다.

5. 디지털격차, 선진국도?

구글이 발표한 '아태지역 모바일 앱 보고서 2016'에 따르면 우리나라의 스마트폰 사용률은 91%에 달한다. 스마트폰 보급률 1위 국가. 그래서 그런가. 우리들은 프랑스나 독일 같은 선진국 국민들은 모두 우리처럼 국민 대다수가 스마트폰을 사용할 것이라고 생각한다. 디지털격차 또한 크게 문제가 되지 않을 거라고 짐작한다. 하지만 선진국에서도 디지털격차가 크게 벌어진 것으로 나타났다.

연합뉴스 보도(2017.05.03)에 따르면, 선진국들의 스마트폰 보유율이 그다지 높지 않다. 3일 퓨리서치센터가 전 세계 14개 선진국을 대상으로 조사한 결과 프랑스의 스마트폰 이용자가 55%에 불과한 것으로 드러났다고. (피처폰 32%, 미보유 9%) 이탈리아와 독일 또한 스마트폰 보유 비율이 각각 63%, 66%였다.

이 조사에 따르면 스마트폰 보유 비율이 연령과 교육, 소득 수준에 따라 크게 갈리는 것으로 나타났다고. 특히 일본에서는 50세 이상의 스마트폰 보유율은 29%에 그쳤다. 일본의 경우 성별에 따른 격차도 감지됐다. 응답자 가운데 남성은 62%인데 반해 여성은 49%에 불과한 것.

선진국과 개발도상국 간의 디지털격차도 갈수록 커지고 있지만, 선진국 내에서의 디지털격차도 무시할 만한 일은 아닌 듯하다.

"해소될 수 있어"

1 디지털 정보격차, 충분히 해소할 수 있어

라디오나 텔레비전, 케이블 TV나 컴퓨터 등 새로운 매체가 등장할 때마다 비평가들은 '정보불균형'을 내세웠다. 하지만 돌아보면, 이는 도입 초기에 발생하는 일시적인 현상일 뿐이다. 미국 헤리티지재단에 따르면 전화의 경우 미국 인구의 50%가 이용하는데 걸린 시간이 71년이었지만 인터넷의 경우에는 10년밖에 걸리지 않았다고 한다.

컴퓨터의 경우를 보자. 국내에 처음으로 개인용 컴퓨터가 들어온 것은 1980년대 초중반인데 컴퓨터 한 대값이 무려 수백만원에 달했다.(당시 물가를 감안하면 어마어마한 액수다) 하지만 90년대 들어 불과 몇 년 만에 개인용 컴퓨터가 보급되기에 이르렀고, 현재 우리는 1인당 1대 휴대폰 시대고, 컴퓨터 보급률의 경우 100%를 상회하고 있다.

'천장효과Ceiling effect'라는 말이 있다. 정보를 얻는 속도에 차이가 날 뿐, 결국 천장에 이르면 한 군데서 만나게 되듯, 정보격차는 기술발전에 힘입어 줄어들게 돼 있다. 인터넷 보급률을 봐도 그렇다. 물론 현재는 세계 인구의 3명 중 2명은 인터넷맹으로 살아가고 있다. 하지만 이미 움직임은 시작되었다. 구글의 세계 인터넷

망 구축 사업인 '프로젝트 룬'은 상용 서비스가 임박해 있다. 무료 와이파이를 구현해주는 비행풍선 수천 개를 띄워 인터넷 네트워크를 구축한다는 구상이다. 당연히 기지국이 없는 아프리카나 남미의 시골학교에서도 이 비행풍선을 통해 인터넷에 접속해 수업관련 자료를 찾아볼 수 있게 된다. 페이스북을 비롯한 일련의 인터넷 기업들이 움직이고 있고, 조만간 극적인 변화가 올 것으로 전망하고 있다. 양적, 질적인 정보격차는 충분히 해소될 수 있다.

2 누구나 쉽게 사용할 수 있는 디지털 기기의 편리성, 단기간에 질적 정보격차도 따라잡을 수 있을 것

인류사의 3대 혁명 중에서 농업혁명이 세계로 확산되는 데 5000여년이 걸리고, 산업혁명은 300여년이 걸렸지만 디지털혁명은 30년 만에 전세계로 확산되었다고 말한다. 이것은 디지털 기술만이 가지고 있는 특성 때문이다. 기술의 발전은 편의성도 높여 누구나 쉽게 디지털기기를 이용, 정보 접근을 쉽게 할 수 있도록 돕는다. 초창기 도스Dos 운영체제로 운영될 때에 비해 '마우스'라는 디바이스의 개발은 편리성을 극대화해 인터넷 활용도를 폭발적으로 높였고, 이후 '터치'만으로 기기 사용이 가능해지자 누구나 손쉽게 정보 공유를 가능케 만들었다. 더구나 스마트폰 보유율이 높아지면서 이제는 노년층에서도 쉽게 인터넷을 사용할 수 있게 되었다.

정보격차가 심화될 것이라고 주장하는 사람들은 이용자의 교육 수준에 따라 인터넷 활용 유형에 격차가 있다고 말한다. 하지만 이것 역시 일시적인 문제다. 디지털시대의 특징은 누구나 정보접근이 용이하다는 점이다. 어마어마한 정보가 사방에 널려 있고, 이제 학력과 상관없이 누구나 언제 어디서나 정보를 취합해 새로운 것을 만들어낼 수 있는 시대가 온 것이다. 나아가 이러한 힘이 의외의 창의성으로 발현되는 경우가 얼마나 많은가. 질적 정보격차를 좁히기 어렵다고 말하지만, 인프라만 제대로 구축된다면 정보 활용 능력은 얼마든지 빠른 시간 안에 습득할 수 있는 환경이다. 세계적인 인터넷 기업들이 인터넷 네트워크를 구축하고 있고, 이에 전세계가 한번도 인터넷을 사용하지 않은 이들 '인터넷맹'들이 몰고올 극적 변화에 대해 기대하고 있다. 정보격차 운운하는 것은 그 자체가 낡고 패배적인 관념이다.

3 디지털혁명, 오히려 사회불평등 해소의 해법이 될 수 있다

디지털혁명의 가속화가 정보격차를 초래해 결국에는 사회불평등을 심화한다는 주장은 하나의 가정으로 구체적으로 입증된 게 아니다. 중앙대 전석호 교수는, 실제로 디지털화로 인해 빈부격차가 심화되었는지에 대해서는 적어도 5년여의 시차를 두고 검토해야 할 문제이며, 아직은 가설단계에 불과하다고 말한다. 물론 현실적으로 정보격차는 존재한다. 특히 선진국과 개발도상국 간의 정보격차는 심각한 수준이다. 하지만 앞에서 말했듯 이미 정보격차를 완화할 인프라 구축이 시작되었고, 이것이 마련된다면 오히려 디지털혁명을 통해 그동안 지속돼온 사회불평등 문제를 충분히 돌파해낼 수 있을 것이다.

이미 우리나라의 경우 디지털 인프라는 확보된 상태고, 스마트폰 보유율 또한 높다. 저소득층, 저학력층, 중장년층까지 이미 손쉽게 인터넷을 이용하는 상황이다. 이러한 여건들은 오히려 기존의 사회불평등을 완화시키는 결과로 이어질 수 있다.

일례를 들어보자. 우리 정부는 디지털사회로의 급속한 변화와 발전과 함께 농업부문의 경쟁력 강화를 위해 다양한 정보화를 추진해나갔다. 정보 인프라를 구축하고, 정보화 교육, PC보급, 초고속통신망 확대, 정보화 인력육성, 정보화 선도 마을 육성, 농사 홈페이지 지원, 농산물 유통정보시스템 구축, 농산물 전자상거래 및 사이버 도매시장 활성화 등의 정책을 추진해나갔고, 그 결과 산간벽지의 오지에서도 지역 특산물을 전자상거래를 통해 판매해 고수익을 창출하고 있다.

이 사례는 오히려 정보화가 사회불평등의 해결책이 될 수 있음을 보여주는 것이며, 이러한 사례를 기반으로 전지구적으로 정보격차 완화정책을 확산해나감으로써 사회불평등 문제를 해소할 수 있다.

지식 정보의 생산 교환 저장 방식이 디지털화, 네트워크화됨으로써 모든 부문의 비용이 절감되고, 업무처리 시간이 단축되는 등, 적은 자본으로도 얼마든지 새로운 비즈니스 기회를 가질 수 있는 여건이 조성되었다. 게다가 디지털혁명은 어마어마한 양의 인류의 지식과 정보를 누구나 사용할 수 있게 집적해두었고, 따라서 누구든지 개인의 창의력과 정보 큐레이팅을 통해 적은 비용으로 새로운 부가가치를 창출할 수 있는 시대가 도래한 것이다.

"해소 어려워"

1 정보격차, 쉽게 해소되기 어렵다

정보화사회에 낙관하는 사람들은 정보격차가 기술 도입 초기에 발생하는 일시적인 현상으로, 기술 발전으로 정보격차를 줄일 수 있다고 주장한다. 물론 정보화 초기에 비하면, 정보 소유나 인프라 부문에서의 격차가 다소 줄어든 것은 사실이다. 하지만 이것 역시 IT 강국으로 평가되는 우리나라와 같은 OECD 국가의 경우에 불과하고, 그나마 장애인, 고령층, 다문화가정 등 취약계층의 경우 인프라 부문의 정보격차는 여전한 실정이다. 국제전기통신연합이 발표한 보고서를 보면, 2015년 말이 돼도 전세계 인구의 43%만이 인터넷을 사용한다. 이들 인터넷 사용 인구를 선진국과 개발도상국, 최저개발국으로 나누어놓고 보면, 개발도상국이 21억명으로 압도적이고, 선진국이 10억명, 최저개발국은 1억명 정도다. 이 수치는 2000년에 비해 많이 늘어난 것이지만, 매일 인구의 83%가 인터넷을 하는 우리나라와 비교하면 그 격차가 아주 심하다. 게다가 가정에서 인터넷을 사용하는 비율을 보면 격차가 더 벌어진다. 선진국은 81.3%나 되지만, 최저개발국은 6.7%에 그쳐 10가구당 1가구꼴도 되지 않는다.

구글이나 페이스북 같은 인터넷 기업들이 인터넷 네트워크를 위해 헬륨 풍선을 띄우고 드론을 띄운다고 말하지만, 중요한 것은 인프라 구축이다. 선진국들은 풍부한 인프라를 기반으로 인터넷 공간에서 자유롭게 경제행위를 하고 있지만, 개발도상국과 최저개발국이 이를 따라잡기란 현실적으로 매우 어려운 일이다. 가시적인 성과를 앞세워 디지털기술로 정보격차를 줄일 수 있다는 생각은 따라서 비현실적이다.

2 정보의 수용성, 활용성, 생산성 측면에서 봤을 때 정보격차는 심해지고 있다

오늘날의 정보격차는 단순히 정보 접근이나 인프라 문제에만 국한돼 있지 않다. 정보의 수용성, 활용성, 생산성의 측면에서 다양하게 바라봐야 하고, 그렇게 봤을 때 정보격차는 나아지기는커녕 더 심각해진 상황이다. 새로운 기술이 등장하면 이미 정보를 소유한 층에게 우선적으로 습득의 기회가 주어진다. 그리고 이렇게 축적된 정보의 차이는 정보의 수용, 활용, 생산 면에서 월등하게 우월한 결과를 낳을 수밖에 없고, 따라서 정보격차는 전혀 둔화되지 않게 되는 것이다. 이용자의 교육 수준에 따라 인터넷 활용 유형에 있어서 명백하게 격차가 발생하고 있다. 교육수준이 높을수록 건강, 재정, 직업, 뉴스와 관련한 정보를 탐색하는가 하면 자본향상활동이 활발한 반면, 교육 수준이 낮은 사람일수록 게임, 도박, 오락 등을 위한 여가 활동이 활발한 상황이다. 더구나 성, 지역, 세대, 인종 등으로 대표되는 사회적 조건은 각종 콘텐츠 및 서비스 활용에 영향을 미치는데, 이는 각 사회적 집단의 소수 계층, 즉 여성, 농어민, 중장년층, 소수 인종 등에게 유용하고 적합한 콘텐츠가 수요에 비해 턱없이 부족하기 때문이다.

뿐만 아니라 디지털혁명은 정보가 생산자에서 수용자로 한 방향으로 흐르는 것이 아니라 쌍방향으로 오가도록 만들었다. 즉, 정보 수용자이면서 동시에 정보 생산자로 자리바꿈하고 있는 양상이다. 따라서 정보화에 앞선 사람들은 블로그, 사이트, 홈페이지를 비롯해 SNS를 통해 정보를 생산하는 한편 네트워크를 조직해 전세계 사람들과 실기간으로 정보를 주고받고 있는 상황이다. 따라서 이들이 정보의 축적이나 정보를 통한 가치 생산의 기회를 더 많이 소유하게 될 수밖에 없지 않겠는가.

3 정보격차는 결국 사회불평등을 심화시킬 것이다!

정보화사회, 디지털혁명의 시대는 IT산업이 국가 경쟁력과 생산성의 중추적 역할을 하는 사회를 말한다. 즉 무형의 정보와 지식이 부의 원천인 사회다. 따라서 정보기술을 잘 이용할 수 있는 사람들과 그렇지 않은 사람들 사이에 생산성 차이가 나고, 결국 소득격차가 더욱 벌어지게 되는 것은 명약관화한 일이다. 그런데 문제는 소득이 높은 사람들은 정보기기 및 기술 혜택을 많이 받게 되고 소득이 낮고 가난한 사람들은 그렇지 못하기 때문에, 다시 소득격차가 정보격차를 유발하고, 정보격차가 다시 소득격차를 초래하는 악순환에 빠지게 되는 것이다.

한양대 공성진 교수는, "네트워크를 통해 나스닥 시장의 구체적 동향까지 장악한 기관투자가들만이 돈을 벌고, 정보에서 소외된 개인투자자들이 몰락하는 것도 정보화로 인한 불평등과 빈부격차를 보여주는 단적인 예"라고 말했다. 개미들의 몰락이 바로 정보격차에 의한 소득격차를 보여주는 현상이라는 것이다.

물론 한편에서는 정보화의 진전이 오히려 이러한 사회불평등을 해소할 해결책이 될 수 있다고 주장한다. 정보비용이 저렴해 새로운 기회를 얻을 수 있다는 설명이다. 하지만 이것은 지나치게 낙관적인 견해이다. 한 국가 안에서 발생하는 지역별, 성별, 연령별, 계층별 정보격차도 문제지만, 전세계적으로 봤을 때 선진국과 개발도상국 간의 정보격차는 고스란히 국가경쟁력의 약화와 빈부격차로 이어지고 있는 상황이다. 2013년 초에 열린 다보스 세계경제포럼에서도 이러한 디지털 불평등 문제가 핵심 이슈로 떠올랐다. 세계 주요기업의 CEO를 대상으로 정보통신기술에 대한 설문조사 결과 응답자의 50%가 인터넷이 개발도상국 사이의 부의 차이 등 세계적 빈부 격차를 확대시킬 것'이라고 응답했다. 또한 매스커뮤니케이션 전문가나 정보사회학자들 역시 디지털화의 진전이 지역간 계층간 격차를 더 벌어지게 할 것이라고 말하고 있다. 정보격차는 당연히 소득격차로 이어져 사회불평등을 심화시키기 때문에 국내는 물론, 전세계적인 대책 마련이 시급히 요구된다.

플러스 상식 ⊞ _____

디지털격차와 불균형

세계적으로 인터넷 이용률이 지속적으로 늘어나고 있는 것은 사실이다. 그러나 이러한 증가 추세가 언제까지 지속될 수 있을지 미지수다. 싱가포르, 미국 혹은 유럽 등의 선진국들은 미디어 소유와 이용료가 저렴해 시민들이 정보통신 기기를 일상적으로 사용할 수 있는 반면에, 개발도상국에서는 상당히 비싼 가격과 이용료를 지불해야 하기 때문이다.

(중략)

호주의 경우 100%가 무선광대역정보통신서비스를 이용하는 반면에, 방글라데시, 캄보디아, 스리랑카는 1%도 채 되지 않는다. 이렇듯 정보통신 이용료 문제 때문에 선진국과 개발도상국 간 디지털격차가 쉽게 해소되기는 어렵다. 더욱이 정보통신기술의 발달과 함께 지속적으로 새로운 서비스가 제공되어 개발도상국 시민들이 디지털 기술의 격차를 좁히며 살기는 어려울 것이다.

설사 개발도상국들의 정보통신 환경이 현격히 좋아졌다 하더라도 인터넷을 쓰려면 컴퓨터 이용 기술을 습득해야 한다. 전 세계 빈곤 인구가 10억명을 넘는 상황에서 인터넷 이용 확산에는 한계가 있을 뿐더러 문맹 완전 퇴치도 성공하지 못한 현 상황에서는 어려운 과제다.

《미디어의 세계화 이론과 모순》(한수경)

토론해 봅시다 💬

1. 현재의 디지털혁명의 현주소를 점검해보고, 과연 앞으로 정보격차가 더 심화될지 축소될지 찬반으로 나누어 토론해봅시다.

2. 디지털혁명의 시대에 정보격차가 사회불평등을 심화시킬지, 아니면 오히려 사회불평등을 해소할 돌파구가 될지 사례를 들어 토론해봅시다.

실전 gogo ✏️

선진국과 개발도상국 사이의 정보격차는 현격한 상황입니다. 한쪽에서는 현재와 같은 불균형이 지속된다면, 개발도상국과 선진국 간의 경제력 격차와 해당국 개개인의 삶의 질 차이가 더욱 확대될 것으로 전망합니다. 이러한 견해에 대해 근거를 들어 자신의 생각을 정리해봅시다. (500자)

디지털 시대,
종이책은 사라질까

세상의 모든 것이 디지털로 유통되는 세상이다. 책도 예외는 아니다. 전자책 산업은 그저 종이책이 디지털 옷을 입고 그대로 이동하는 것이 아니라, 콘텐츠, 단말기, 소프트웨어 기술, 통신 네트워크 분야가 어우러진 새로운 융합산업으로 진화중이다. '디지털 책'을 누가 제공하고, 어떻게 읽을 것인가를 두고 산업 간의 경쟁이 치열하다. 리더기의 진화와 태블릿 PC의 보급으로 종이책의 정체성이 위기를 맞고 있다. 이러다 종이책이 사라지는 건 아닐까 하는 생각이 절로 든다. 디지털 시대, 정말 전자책이 종이책을 대체할 수 있을까? 종이책의 미래가 궁금하다.

키워드로 읽는 논쟁

1. 전자책이란?

보통 e북이라고도 하는 전자책은, 종이에 담겨 있는 지식과 정보를 디지털화해서 디지털기기를 이용해서 읽고 보고 들을 수 있는 디지털 책을 말한다. 현재 전자책이라는 용어는 다소 혼란스럽게 사용되고 있지만, 흔히 전자책이라고 하면 크게 콘텐츠를 지칭하는 '디지털 북digital book'과 이 디지털 북을 읽게 만들어주는 소프트웨어나 하드웨어, 즉 '전자책 리더' 두 가지를 지칭하는 용어로 사용되고 있다. 디지털 북은 CD-ROM이나 유무선 네트워크를 통해 전달되는, 정보나 지식을 표현하는 비트들의 모음이라고 할 수 있고, 전자책 리더는 컴퓨터나 태블릿 PC에서 디지털 북을 구현해주는 소프트웨어인 전자책 앱, 또는 아마존의 킨들이나 예스24의 크레마처럼 다른 기능은 배제한 채 전자책 전용 리더로 개발된 하드웨어 단말기를 의미한다.

2. 전자책의 특징

전자책은 종이책과 달리 음성, 그래픽, 동영상 등 멀티미디어형 정보를 이용할 수 있다. 인터넷 정보를 이용하듯 링크를 통해 세부 정보를 확인할 수 있고, 책 내용에 대한 검색도 용이하다. 또 전자책은 종이책에 비해 가격이 저렴하다. 서버에 원본 파일을 보존하고 독자가 책을 구입할 때 전자책 파일을 카피copy해 다운로드하는 방식이기 때문에 종이 값, 인쇄비, 발송비, 재고관리 및 유통비용 등을 획기적으로 줄일 수 있다. 또 한꺼번에 많은 내용을 저장할 수 있고, 인쇄과정과 유통과정을 거치지 않아도 돼서 내용을 빠르고 쉽게 개정하고 새 정보를 업데이트할 수 있다.

또 하나는 독자가 일방적으로 정보를 받는 게 아니라 필요한 정보를 취사선택해 재가공할 수 있는 편집기능도 있고, 책을 읽고 소셜네트워크를 통해 다른 사람과 소통할 수 있는, 양방향성이라는 특징도 갖고 있다. 전자책의 진화가 하루가 다르게 빨라져, 미디어 지형 전체를 변화시키고 있는 상황이다.

3. 전자책은 인류의 읽기 관습에 어떤 영향을 미치고 있나?

전자책의 특징은 여러 가지 있지만, 무엇보다도 인간의 '읽기' 관습에 근본적인 변화를 가져오고 있다는 점에 주목할 필요가 있다. 우선 과거에는 텍스트에 몰입해 읽었지만, 전자책은 그 페이지에 있다가 순식간에 다른 텍스트로 이동해서 읽을 수가 있다. 손쉬운 터치로 텍스트 넘나들기가 가능하다. 또한 '소셜 읽기'가 가능하다. 이 말은 혼자서 읽는 게 아니라 소통하면서 읽을 수 있다는 것이다. 종이책은 읽고 난 후, 혹은 읽기 전에 다른 사람과 의견을 교류했지만, 전자책의 경우 읽으면서도 다른 사람들과 소통할 수 있다. 킨들의 밑줄긋기 기능은 다른 독자가 그은 밑줄을 확인할 수 있게 해준다. 또한 '증강읽기'가 가능할 것으로 예견된다. 즉, 독자의 안구 움직임을 추적해 어떤 낱말을 읽고 있는지, 무엇을 건너뛰는지, 어떤 단어에 주목하는지를 표시해서 알려주는데, 이에 따라 독자는 원텍스트에 새롭게 부가된 '증강텍스트'를 읽게 된다.

4. 현재 전자책 시장은 어떻게 움직이고 있나?

애플의 아이패드 등장은 출판계와 미디어 산업의 지형을 근본부터 흔들고 있다. 전자책 전용 리더기 킨들을 개발하고 보급함으로써 전자책 시장을 주도해온 리더는 아마존인데, 미국최대 서점업체 반스앤드노블이 누크를 개발, 추격중이다. 여기에 애플의 아이패드 등장으로 태블릿 PC가 전자책 앱을 장착하면서 한층 경쟁이 심화된 상황. 뿐만 아니라 세계 최대의 인터넷 기업 구글도 전자책 플랫폼 경쟁에 뛰어들었는데, 애플과 아마존이 전자책 리더라는 하드웨어를 앞장세운 것과 달리, 구글은 '검색'을 앞세워 시장에 진입하고 있다. 구글북스가 그것인데, 하버드대, 스탠포드대, 게이오대 등이 함께 시작한 이 프로젝트는, 이들 대학도서관이 소장하고 있는 책을 텍스트로 만드는 프로젝트로 벌써 700만종을 디지털 텍스트로 전환한 상태이고, 2012년 한국어 서비스도 시작한 상태이다.

우리나라의 경우도 교보문고, 예스 24 같은 도서유통업체가 전용 리더기를 앞세워 전자책 시장을 열고 있다. 디지털 도서관도 늘고 있는 추세이긴 하지만, 전반적으로 시작단계라고 할 수 있다. 어쨌든 이러한 경쟁 자체가 종이책 또는 인쇄책의 쇠퇴, 그리고 전자책의 급속한 확산을 의미하는 것으로 받아들여지고 있어서 일각에서는 전자책이 종이책을 대신할 것이라고 예견하기도 한다.

5. 전자책의 종류

전자책의 종류는 크게 두 가지다. EPUB와 앱북인데, PDF 전자책도 있다.

1. EPUB는 전자책 전용파일로, 전자문서 회사와 전자책 회사가 모여서 만든 형식이다. EPUB 전자책은 페이지를 넘기고 밑줄도 치고, 메모하기 기능도 지원한다. 책갈피 기능도 있다. 현재 한국의 전자책 서비스는 대부분 EPUB으로 서비스하는데, 전용뷰어로 읽을 수 있다.

2. 앱북은 모바일 앱으로 전자책을 읽는 방법. 애플 앱스토어나 구글플레이에 있는 앱으로 책을 담는다. 저작권 보호 기간이 지난 책은 무료로 등록된 경우도 있다. 앱북은 앱북을 산 단말기 또는 해당 운영체제에서만 읽을 수 있다. 애플스토어에서 구매한 것은 아이폰이나 아이패드에서만 읽을 수 있고, 구글플레이에서 구입한 앱북은 안드로이드폰이나 안드로이드 태블릿PC에서만 읽을 수 있다.

3. PDF는 문서파일로 전자책 전용파일은 아니지만 전자책용 파일형식으로도 쓰인다.

"종이책, 사라져"

1 구매가 편리하고, 가볍고 휴대가 간편한 전자책이 종이책을 대체할 것이다

전자책의 장점 몇 가지만 언급해도, 전자책이 종이책을 대체할 수밖에 없다는 생각이 들 것이다. 우선 전자책은 구매가 너무 간단하다. 리더기에서 직접 책을 구매하면 몇 초 안에 무선으로 다운로드돼 리더기에 담을 수 있다. 인터넷 서점에서 종이책을 구매하고 배송을 기다리는 것과는 비교도 할 수 없다. 더구나 리더기의 진화로 리더기에 태블릿 PC 기능이 장착되기도 하고, 태블릿 PC에 전용 전자책 앱이 있으니, 언제 어디서든 다양한 텍스트를 읽을 수 있고, 전자도서관에 접속해 손쉽게 책과 자료를 열람해서 볼 수 있다. 게다가 리더기나 태블릿 PC는 책 한 권보다도 가벼운데, 이 가벼운 기기에 수십, 수백 권의 책을 담을 수 있으니 시공간의 제약 없이 책을 읽을 수 있다.

이처럼 전자책의 가장 큰 장점은 가볍고 휴대가 용이하다는 점이다. 종이책은 무겁고 부피를 많이 차지해 몇 권만 가방에 넣어도 무거운데, 전자책은 한 권이든 수백, 수천 권이든 무게가 똑같다. 더구나 디지털로 변환한 텍스트라 손쉽게 검색해서 원하는 내용을 찾아볼 수 있다. 이처럼 종이책의 한계를 초월한 편리한 전자책이 미래에 종이책을 대체하는 것은 너무나 당연한 일이다.

2 멀티미디어 정보를 제공하고, 양방향 상호소통이 가능한 전자책은 독서행위를 더 깊이 있게 해준다

전자책은 종이책과 달리 음성, 그래픽, 동영상 등을 첨가한 멀티미디어형 정보를 이용할 수 있다. 전자책의 이러한 특성은 독자의 흥미를 유발하고, 내용에 대한 이해도를 높인다. 예를 들어 어린이용 전자책은 장면마다 다양한 애니메이션과 음향, 내용에 맞는 배경음악을 제공할 뿐만 아니라, 책을 읽어주는 기능까지 갖추고 있다. 그리고 책을 읽다가 모르는 단어가 나올 때 그냥 손가락으로 터치만 해도 바로 뜻이 나온다. 만일 더 알고 싶은 게 있으면 인터넷으로 즉시 검색하거나 위키피디아 같은 사전을 열어볼 수 있고, 관련 영상 자료도 찾아볼 수 있게 돼 있어 책의 내용을 훨씬 풍부하게 이해하도록 해준다.

또한 전자책은 일방향성이 아닌 양방향성이다. 예전에 독서는 혼자 즐기는 취미였다. 하지만 킨들의 밑줄긋기 기능처럼 다른 사람들이 이 책의 어느 구절을 어떻게 읽었는지 세밀하게 알 수 있게 해줌과 동시에 소셜네트워크의 발달로 책을 읽고 소감을 공유하고, 의견을 교환할 수 있으며, 저자와 독자가 실시간에 대화를 주고 받을 수도 있다. 이와 같은 양방향성 상호소통은 독서 행위를 더욱 깊이 있게 해준다.

3 값이 저렴한 전자책, 환경보호를 위해서라도 종이책은 사라져야 한다

전자책의 강점은 비용이 저렴하다는 것이다. 종이책은 종이값과 인쇄비와 유통비가 많이 들기 때문에 당연히 책값이 비쌀 수밖에 없다. 이에 반해 전자책은 인쇄·유통·관리비가 전혀 들지 않고 단순 복제로 무한정 생산할 수 있다. 출판사들은 저렴한 비용에 질 좋은 콘텐츠를 개발해서 발간하고, 독자들 역시 저렴한 비용으로 책을 구매할 수 있으니 독서 활성화에도 기여할 것이다.

더욱이 환경보호를 위해서도 종이책은 사라져야 한다. 전세계적으로 3억

5000만권 이상 팔린 해리포터 때문에 과연 몇 그루의 나무가 잘려나갔을까? 책한 권의 평균 무게를 700그램으로 잡고 계산해보면, 대략 1400만 그루가 잘려나갔는데, 거의 독도 100개 면적이라고 보면 된다. 또한 세계에서 가장 많은 탄소를 배출하는 분야가 출판업계라고 한다. 종이제작과 인쇄, 운반, 폐기 등의 과정에서 대량의 탄소를 배출하기 때문이다. 전자책은 나무를 사용하지 않아 숲의 황폐화를 막고, 제지회사 공장에서 뿜어져 나오는 각종 매연을 줄여주며, 쓰레기 매립량을 줄이는 결과를 낳는다.

플러스 상식 ⊞ _____

양피지와 파피루스 vs 종이책과 전자책

기원전 190년경에 발명된 양피지는 8세기 중엽까지 유럽에 퍼져나갔다. 양이나 염소 가죽으로 된 양피지는 파피루스나 초기 종이에 비해 견고하고 장기간 보존이 가능해서 거의 상류층이 사용했고, 양피지에 기록된 지식을 이들이 독점하는 데 공헌을 했다. 상류층에게 책이란 당연히 양피지로 만든 고급 물건으로 투기 목록으로 관리되기도 했다고 한다. 처음 파피루스를 본 상류층은 이를 책이 아닌 저질 재료의 묶음으로 받아들였다고 한다.

하지만 그들의 생각과 다르게 종이책은 빠른 속도로 퍼져 결국에는 양피지 책의 가격을 폭락시키면서 재산가치도 없게 만들어버렸다. 파피루스는 책의 본질적인 목적인 지식과 문화전달에 더욱 충실할 수 있게 만들었다. 종이책이 양피지를 몰락시킨 이유는 더 싸고 더 빠르게 지식을 전파할 수 있었기 때문이다. 즉 책이라는 기록매체는 기본적으로 전파를 목적으로 제작되고 따라서 더 많이 더 빠르게 더 싸게 공급할 수 있다면 그쪽이 책의 본질에 더 가까운 것이다. 양피지가 그랬듯, 종이책도 그런 운명을 맞이할 때가 도래한 듯하다.

-TISTORY, DESIGNLITOL에서 발췌 교열

"종이책, 안 사라져"

1 전자책이 아무리 편리하다고 해도 종이책의 감성을 대신할 수 없다

가볍고 휴대가 편리하다고 해서 기존의 것을 모두 새것으로 바꿀 수는 없다. 라디오가 신문을 대신하지 못했고, 인터넷이 TV를 없애지 못했듯, 하나의 미디어가 다른 미디어를 완전히 대체하기는 어렵다. 전자책은 종이책이 갖지 못한 여러 장점들을 가졌지만, 종이책이 지닌 아날로그적인 감성을 흉내낼 수 없다. 책이 지식과 문화를 전달하는 기록매체지만, 사람들은 책이 주는 부피감과, 냄새, 손끝으로 느낄 수 있는 촉감을 좋아한다. 아무리 기술이 발달해 전자책이 종이의 질감과 잉크의 번짐까지 똑같은 전자종이를 개발한다고 해도, 이런 감성을 구현할 수는 없는 것이다. 종이책은 정보의 저장고일 뿐만 아니라 하나의 문화요, 지식, 교양 그 자체다. 어린 시절 즐겨보았던 만화책을 버리지 않고 간직하는 것도 그 자체가 문화이기 때문이다.

하지만 전자책은 독서라는 1차적 목적이 채워지면 쓸모없게 된다. 수백 권의 책이 가득한 서재를 자랑하는 사람은 있어도 전자책이 담긴 수십 개의 단말기를 자랑하는 사람은 없을 것이다. 더구나 종이책은 가독성이 전자책에 비해 월등하고, 전기가 없는 오지에서도 볼 수 있다는 장점이 있다. 특별한 뷰어나 단말기가 없어도 누구나 손쉽게 책을 볼 수 있다. 편리성만으로 2000년에 가까운 종이책의 전통을 단절시킬 수는 없는 것이다.

2 종이책이 전자책에 비해 가독성이 좋고, 텍스트에 대한 집중도가 높다

전자책은 멀티미디어용 정보를 다양하게 제공하고, 소셜네트워크의 발달에 힘입어 독서 행위를 상호 공유할 수 있게 해준다. 전자책의 매력에 대해 부정할 생각은 없다. 하지만 전자책과 종이책을 비교했을 때 전자책이 깊이 있는 독서행위를 하는 데는 확실히 종이책에 비해 적합하지 않다. 특히 정보의 내용이 깊이가 있을 때는 더 그렇다. 전문적인 내용을 전자책으로 부담없이 읽기란 어렵다. 학습의 속도와 정확성에서도 종이책 교과서가 전자 교과서보다 더 우월하다는 연구결과도 나와 있다.

물론 전자책을 읽으면서 한 번의 클릭으로 모르는 단어의 뜻을 알 수 있고, 관련 자료도 찾아볼 수 있어서 편리할 것이다. 하지만 다른 각도에서 보면, 이러한 행위가 원래 텍스트의 흐름을 방해하는 단점으로 작용할 수도 있다. 즉, 종이책은 하나의 주제를 긴 호흡으로 읽어 내려가게 해주는데, 만일 중간에 다른 자료들이 제공될 경우 이러한 흐름을 방해하기 쉽다.

또한 한 연구결과에 따르면 독자들은 스크린으로 보는 정보보다 종이에 인쇄한 정보를 훨씬 더 쉽게, 더 깊이 이해한다고 한다. 실제로, 우리는 인터넷에서 찾은 정보가 중요한 내용이고, 생각이 많이 필요한 경우에는 종이로 인쇄해서 읽곤 한다. 왜냐하면 종이에 인쇄된 글이 훨씬 가독성이 높고, 생각을 집중해서 읽을 수 있기 때문이다. 이런 이유들 때문에 전자책이 늘어난다고 해서 종이책이 완전히 사라지는 일은 없을 것이다.

3 값이 저렴하다고 책을 많이 읽는 게 아니며, 전자책이 환경보호 면에서도 별반 좋을 게 없다

물론 전자책이 종이책에 비해 저렴한 것은 사실이다. 하지만 그렇다고 독서 활성화에 기여한다거나 출판산업을 활성화한다고 보기는 어렵다. 싸다고 많이 읽는 것은 아니기 때문이다. 오히려 제대로 내용을 갖추지 못한 책들이 제작이 쉽고 비용이 저렴하다는 이유로 전자책으로 출간될 수 있는데, 이는 책에 대한 문화적 가치를 오히려 떨어뜨려 독서 행위를 대수롭지 않은 것으로 여기는 풍토를 조장할 수도 있다. 한편 멀티미디어가 결합된 콘텐츠를 개발하는 비용 때문에 전자책이 종이책보다 꼭 싼 것도 아니고, 전자책은 언제든지 수정이 가능하기 때문에 보다 엄격하게 내용을 검증하려는 출판사의 자세도 해이해질 수 있다.

가장 황당한 주장은 환경보호를 위해서 종이책이 사라져야 한다는 것이다. 우선 전자책은 휴대폰처럼 단말기를 교체해야 하기 때문에 전자 쓰레기를 만들어낼 소지가 크다. 종이책은 인류가 단순히 정보를 담는 그릇이 아니다. 인류가 오랫동안 발전시켜온 귀중한 매체이다. 이 매체를 환경보호 때문에 사라져야 할 대상으로 꼽는 것은 유치한 발상이다. 전자책의 도래를 부인할 생각은 없다. 전자책과 종이책은 인류와 함께 끝까지 공존할 것이다.

1. 가까운 시일(대략 10여 년) 안에 종이책의 상당수가 사라지고 전자책으로 대체될 것이라고 보나요? 전자책이 출판의 지배적인 시장이 될지, 여전히 종이책의 수요가 상당부분 살아남을지 구체적인 사례와 근거를 제시하며 토론해봅시다.

2. 전자책의 대중화를 두고 '제3의 지식혁명'이라고 말하기도 하는데요, 만일 전자책이 대중화된다면 어떤 변화를 일으킬지 자유롭게 말해봅시다.

실전 gogo ✎

종이책이 사라질지 여부를 떠나 전자책과 종이책 중 지식정보 사회에 보다 더 적합한 형식은 무엇일지, 그렇게 판단하는 이유는 무엇인지 자신의 생각을 정리해봅시다. (400자)

정보사회와
주민등록번호,
개편이냐 폐지냐

카드 3사의 개인정보 대량 유출은 우리 사회에 큰 충격을 주었다. 개인정보 유출에서 가장 문제가 되는 것은 주민등록번호의 유출이다. 주민번호는 개인정보를 줄줄이 캐낼 수 있는 만능열쇠이기 때문이다. 개인정보 유출이 도마 위에 오르자 정부는 주민등록번호 개편을 검토중이라고 밝혔다. 주민번호를 포함한 현행 주민등록제도가 인권침해를 야기한다는 지적은 오랫동안 있어왔는데, 정보사회를 맞이하면서 주민등록번호를 통해 개인정보가 줄줄이 샐 소지가 많아 위험한 뇌관으로 돌변하고 있다. 주민등록제도에 대해 전방위로 살펴보고, 이를 토대로 주민등록번호 폐지 여부까지 고민해보자.

키워드로 읽는 논쟁

1. 주민등록제도

주민등록제도는 모든 주민이 해당 주소지의 시·군 또는 구에 등록하는 제도를 말한다. 주민의 인구 동태를 파악해 행정과 공공서비스를 원활하게 제공하기 위한 목적이다. 우리나라 주민등록제도의 뿌리는 일제강점기의 '기류법'에서 찾을 수 있다. 일제가 식민지 지배를 위해 호적을 정리하고 호적과 증을 만드는 틀이 기류법이었다. '기류제도'는 해방 이후에도 시행되다 1962년 박정희 시대에 주민등록법을 새로 제정하면서 없어졌는데, 이것이 우리나라에 처음 등장한 전국민 대상 등록제도인 셈. 이후 1968년 간첩식별과 주민통제를 위해 주민등록증제도가 도입, 현재에 이르렀다.

현재 주민등록제도는 주민등록표와 주민등록증, 주민번호로 이루어졌는데, 세 가지 모두에 개인정보가 과도하게 담겨 있다는 비판이 제기돼 왔다. 주민등록표에 등록되는 정보는 140개 항목으로, 이 중 78개는 국가가 관리하는 데이터베이스에 수록돼 있는데, 이름, 생년월일, 혈액형을 비롯, 혼인관계, 자격 면허, 학력, 직업 등 웬만한 개인 정보가 다 집적돼 있는 상황이다.

2. 우리나라 주민등록제도의 특징

우리 주민등록제도는 독특한 특징이 있다. 의무적인 주거등록제도와 전국민에게 고유하고 불변하는 번호를 부여하는 고유번호제도, 모든 성인에게 강제 발급하는 국가신분증제도가 모두 포함되어 있다는 점이다. 현행 주민등록제도의 핵심은 주민등록증과 주민번호라고 할 수 있는데, 주민번호는 출생등록과 동시에 개인에게 부여되는 것으로, 평생 바꿀 수 없는 고유 번호이다. 13자리 번호만 봐도 생년월일, 성별, 출생지역 등을 알 수 있으며, 모든 개인정보를 식별하는 역할을 하고 있다. 또 다른 특징은 지문날인제도를 강제적으로 시행하고 있다는 점이다. 전 국민을 대상으로 하는 열손가락 지문날인은 세계에서 거의 유일하다.

한편 현행 주민등록제도는 오랫동안 논란이 돼 왔는데 무엇보다 주민 관리를 위한 주거 등록제도라고 하기에는 개인정보 수집이 과도하고, 국가 관여가 심한 편이라는 것. 즉, 국가가 국민을 감시·통제하고, 국민의 자기정보통제권을 침해한다는 비판을 받고 있다. 지문날인 역시 위헌이라는 비판을 받아왔는데, 현재 논점이 되고 있는 것은 개인정보 유출과 관련해 주민등록번호 존폐 여부이다.

3. 주민등록번호 개편 논의가 제기된 배경

현재와 같은 정보사회에서 주민등록번호는 개인을 인증하는 문화를 만들어 냈다. 극장 포인트 카드를 만들 때도, 온라인 쇼핑몰에 가입할 때도, 휴대폰 개통 때도 주민번호를 입력해야 하는 우리의 일상을 돌아보면 쉽게 알 수 있을 것이다. 그러다 보니 개인정보 유출과 관련해서 끊임없이 논란이 돼 왔는데, 최근 카드 3사의 개인정보 대량 유출 사건이 터지자, 주민번호 제도 개선을 요구하는 목소리가 높아졌다.

주민등록번호는 그 자체로 대단한 정보를 담고 있지 않더라도 다른 정보와 연결될 때 결정적인 역할을 하기 때문에 추후의 정보유출을 막아낼 방안이 없다는 위기의식 때문이다. 이에 행자부는 개인정보 보호 강화 대책으로 주민등록체제 개편을 검토하겠다고 밝혔다.

1999년 전 국민을 대상으로 재발급된 지 15년이 지나 2014년 주민등록번호를 일체 갱신할 시기가 되었고, 카드 유출과 맞물려 대대적인 개편이 필요하다고 본 것. 가장 먼저 거론되는 것은 주민등록번호를 개인의 생년월일과 출생지를 기준으로 하는 것이 아니라 무작위 번호로 생성하고, 필요할 때 바꿀 수 있도록 하겠다고 하는데 구체적인 논의는 아직 이뤄지지 않고 있다. 또한 주민등록번호를 개인 금융거래 등 사적영역에서 개인 식별 용도로 사용하는 것을 제한하겠다고 한다. 하지만 일각에서는, 어떤 번호든 국가가 개인을 식별하려는 목적을 바꾸지 않는 한 기존의 주민등록번호와 달라질 게 없으며, 주민등록번호가 개인정보 유출의 만능열쇠 구실을 하므로 주민등록번호 자체를 폐지하고 각각의 목적에 맞는 고유번호체계를 만들어 사용하면 된다며, 주민등록번호를 폐지해야 한다고 주장하고 있다.

4. 다른 나라도 우리와 같은 주민등록제도가 있나?

우리나라처럼 주거등록제도와 함께 고유번호제도, 국가신분증제도를 통일적으로 관리하는 나라는 거의 없다. 미국, 영국, 호주, 캐나다 등은 전국민적인 주민등록제도가 없고, 영국, 미국, 일본의 경우에는 국가신분증이 아예 없다. 또 주민등록번호 같은 개인식별 번호를 두고 있는 나라도 북유럽 외에는 드물고, 개인식별번호가 있다고 해도 사용 범위를 공적영역 등으로 엄격히 제한하고 있다.

미국의 사회보장번호가 다양한 용도로 쓰이고 있어 사실상 주민등록번호 구실을 한다고 볼 수 있지만, 이것 역시 무의미한 숫자 9자리 조합이며 손쉽게 새 번호를 신청할 수 있다는 점에서 우리나라와는 차이가 있다. 스웨덴 역시 출생과 동시에 생일과 성별을 알아볼 수 있는 일련번호를 주민들에게 부여하지만 번호의 사용 목적을 복지행정과 지방자치단체 운영 등으로 한정하고, 민간 영역에서의 사용을 엄격히 규제하고 있다.

주민등록번호의 의미와 기능

주민등록번호는 식별기능, 인증기능, 연결기능, 묘사기능을 갖는다.

1. 개인식별 기능

속칭 '인간 바코드'로, 주민번호가 확실한 본인 식별 수단이 되는데, 그 이유는 각 개인마다 고유하고 변하지 않는 것으로서 심지어 강제적으로 부여된다는 점에서 특별한 사정이 없는 한 이를 벗어날 수 없기 때문이다.

2. '인증수단'으로서의 기능

주민번호는 어떤 사람의 본인 여부를 특정 문서나 기관에 인용하여 증명하게 한다는 점에서 '인증수단'이 되기도 한다. 이러한 '인증기능'은 주민등록번호가 '식별기능'을 가진다는 점에서 함께 인정될 수 있는 기능이다.

3. 연결기능

주민등록번호는 현재 여러 정보들과 결합, 연결됨에 따라 단순히 국민 개개인을 특정하기 위한 '식별자'로서의 고유식별번호 기능에 그치지 않고, 모든 정보에 접근하기 위한 '만능열쇠' 내지 '공통 코드', '연결자' 내지 '노드node'(각종 공중 정보망의 데이터 교환점)가 되고 있다. 정보사회가 심화됨에 따라 주민번호의 파괴력이 커질 수밖에 없다.

4. 묘사기능

주민등록번호를 통해 개인이 가지는 속성, 혹은 민감한 정보까지 알려준다.

주민등록번호, 폐지해야 하는가?

찬성
PROS

"폐지해야"

1. 주민등록번호, 개인정보 유출의 근본 원인이므로 하루빨리 폐지해야 한다

주민등록번호는 전 국민을 하나의 번호체계로 파악할 수 있게 해준다. 당연히 효율성이 크고, 이 일련번호에 따른 개인정보를 데이터베이스로 만들어내 전자정부 구축을 가능하게 해주었다. 공적인 영역 이외에 사적인 영역에서도 개인정보의 집적은 아주 손쉽다. 물건을 사러 온라인 마켓에 들어가 회원가입을 하려면 주민번호를 입력해야 하고, 만일 개인정보 사용에 동의하지 않을 경우에는 서비스 이용에 큰 제약을 받게 된다. 우리는 이미 아주 오랫동안 별다른 문제의식 없이 주민등록번호를 온라인으로 통하는 만능 키처럼 쓰고 있는 것이다.

하지만 이 말을 곰곰이 뒤집어 보면 누군가 나의 주민등록번호를 알게 된다면, 이 만능키를 타인이 손에 넣으면 나도 모르게, 내가 원하지 않는데도 나에 대한 개인정보를 무차별적으로 수집할 수 있게 돼 있다는 얘기다. 너무나 일상적으로 주민번호를 사용해와서 이것이 얼마나 무서운 일인지 무감각해 있는 우리들을 경악하게 만든 사건이 있었다. 2014년 주요 카드사의 개인정보가 유출된 사건이 터졌다. 한 신용평가사 직원이 카드사로 파견나가 국민, 롯데, 농협의 고객 개인정보를 유출시켜, 대출모집광고업자와 대출모집인에게 정보를 넘긴 사건이다.

주민등록번호만 있으면 신용정보 뿐만 아니라 의료기록, 인터넷 실명제 아래 온라인 상에 쓴 글 등을 캐낼 수 있고, 이를 토대로 개인의 삶을 완벽하게 노출할 수 있는 것이다. 일부에서는 아이핀 제도* 도입이나 제도 개편을 통해 정보유출을 막을 수 있다고 하지만, 어림없는 소리다. 더구나 현행 주민등록번호는 재발급이 불가능한 고유 번호다. 단 한 번만 유출돼도 평생 피해가 반복될 수 있어서 치명적이다. 개인정보 보호를 위한 근본적인 해결책은 주민등록번호 폐지다.

2 주민등록번호는 태생적으로 국민을 감시·통제하려는 수단이기도 하며, 기본권 침해 소지도 있다

주민등록번호는 속칭 '인간 바코드'로 개인식별 수단이다. 물론 이를 통해 국가는 국민의 기본권 보장에 기여할 것이라고 말하지만, 거꾸로 이와 무관하게 쓰일 수도 있고, 과도하게 활용돼 오히려 기본권을 침해할 소지가 다분하다. 따라서 모든 국민에게 개인식별번호를 부여하려는 국가는 왜 기본권 제한이 필요한지, 이를 제한하면서 얻고자 하는 국가의 목적이 무엇인지 밝혀야 하지만, 현재 우리 정부는 이런 노력을 도외시하고 있다.

한편 정보사회로 급속히 진입하는 데 주민번호는 커다란 역할을 했다. 개인 정보를 국가와 사회가 집적하고 있을 때 당연히 개인은 종속적인 위치로 추락할 수밖에 없게 된다. 이 번호로 국가는 생년월일, 성별, 출생지, 가족관계, 혈액형, 범

＊아이핀 제도 Internet Personal identification Number, I-PIN

아이핀은 정부가 아니라 민간기업, 특히 인터넷 웹사이트에서 개인의 주민등록번호를 수집하고 이용하는 일이 많아짐에 따라 주민등록번호의 대규모 유출, 주민등록번호의 도용 및 각종 범죄에의 악용 등의 부작용이 나타나자 이를 해결하기 위해 정보통신부(2008년 폐지)와 한국정보보호진흥원(2009년 한국인터넷진흥원으로 통합)이 개발한 사이버 신원 확인번호 체계이다. 일종의 인터넷 가상 주민등록번호라고 볼 수 있다.

하지만 이 아이핀은 시행 전부터 특혜 논란과 함께 또다른 의미의 주민번호 생성이라는 문제점이 지적돼 왔다. 한마디로 주민등록번호 대체수단으로서의 효과가 불분명한 데 반해, 사용에 많은 제약과 불편함을 초래한다는 지적이 그것이다. 더구나 보안의 안정성 문제까지 제기되는 등 논란이 많은 제도이다.

죄기록 등 100여 가지 개인 정보를 손에 쥐게 되는 것이다. 더구나 이제는 커피숍 같은 곳에서 무료 와이파이를 쓰려고 할 때마다 주민번호 입력을 강요한다. 당연히 내가 어떤 시간에 어디에 있는지에 대한 정보까지 국가가 수집할 수 있는 세상이다.

주민등록번호제도는 본래 국민에 대한 감시와 통제를 위해 도입된 제도였다. 즉, 간첩식별과 주민통제를 위한 것이었다. 주민등록번호제도가 이처럼 국민에 대한 감시와 강제의 수단으로 남용될 가능성을 여전히 배제할 수 없다. 정부는 최근 주민등록번호 변경을 허용하거나 주민등록증 발행번호로 대체한다는 등의 대책을 내놓고 있지만, 이는 미봉책에 지나지 않는다. 개인 증명을 위해 어떤 번호가 필요하다면 그것은 정보를 담지 않는 무작위 일련번호여야 하고, 그런 번호조차 국가가 개인을 식별하려는 목적을 바꾸지 않는 한 기존의 주민등록번호와 다를 게 없기 때문이다.

3 개인 실명을 확인할 다른 수단이 있으므로 주민등록번호 고집할 필요 없다

우리는 주민등록번호가 없는 사회를 쉽게 상상하지 못한다. 오랫동안 이 제도에 익숙해 있기 때문이다. 하지만 선진국들은 우리와 같은 주민등록번호 없이도 훌륭하게 복지체계를 이끌어가고 있다. 또 개인식별번호가 없어도 인터넷 사이트 가입과 이용, 전자상거래 이용에 아무런 문제가 없다. 근본적인 대책은 간단하다.

주민등록번호제도 자체를 폐지하고, 대신 해당 목적에만 쓰이는 '목적별 번호'를 발급하면 된다. 목적별 번호란, 각각의 쓰임새에 맞는 고유 번호체계를 만들어 사용하면 된다는 얘기다. 마치 국방부가 군번으로 군사업무를 처리하듯, 건강보험공단은 건강보험번호를 만들어 관리하면 된다. 일부에서는 금융실명제 핑계를 대지만 여기서 필요한 것은 주민등록번호가 아니라 신분 증명이다. 주민등록번호가 없어도 실명확인은 가능하다. 물론 이렇게 바꾸는 데는 시간도 많이 들고, 비용도 많이 들 것이다. 뿐만 아니라 여러 가지 부작용도 많을 것이다.

우리는 과거와 달리 끝없이 개인정보가 노출될 수밖에 없는 정보화시대를 살아가고 있다. 카드사 개인정보 유출사건이 터지자 정부는 사이버 신원확인 번호 체계인 아이핀 사용으로 이를 막을 수 있다고 주장했다. 아이핀은 인터넷 상에서 쓸 수 있는 개인식별번호인 셈이다. 그러나 2015년 3월 아이핀을 발급하는 정부기관까지 해킹당해 아이핀 75만개가 부정발급된 일이 또 터졌다. 정보유출이 항시적으로 일어날 수밖에 없는 상황이다. 그래서 더더욱 주민등록번호 폐지가 답이다. 주민등록번호 제도를 계속 자연스럽게 받아들이게 된다면 이로 인한 불안과 재앙에 가까운 혼란을 막을 방법이 없다는 생각을 잊어서는 안 된다.

"폐지 주장은 과도해"

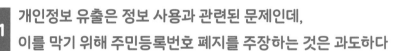

1 개인정보 유출은 정보 사용과 관련된 문제인데,
이를 막기 위해 주민등록번호 폐지를 주장하는 것은 과도하다

주민등록번호를 만든 이유는 전 국민에게 행정, 복지, 공공서비스를 원활하게 제공하기 위한 것이다. 개인 신분을 증명해 효율적인 공공서비스를 제공하는 데 이보다 더 간단하고 효율적인 제도는 없다. 또한 인터넷 상에서 익명성을 악용한 무분별한 행위를 규제하기 위해서도 본인인증은 꼭 필요한 일이다.

물론 최근 들어 주민등록번호가 사적인 영역에서도 광범위하게 쓰여 개인정보 유출을 쉽게 하는 현실은 인정한다. 하지만 개인정보 유출은 정보 사용과 관련된 문제이지, 주민등록번호 때문이 아니다. 따라서 수집된 개인정보의 오남용을 통제하기 위해 현재 도입된 아이핀 제도를 강화하고, 정보보호 기술을 개발하는 등 관련 대책을 마련해야지 주민등록번호를 아예 폐지하자는 주장은 받아들일 수 없다. 다시 말해 개인정보 유출의 위험성을 내세워 아예 주민등록번호 자체를 폐지해야 한다는 주장은 과도하다는 얘기다.

주민등록번호가 없어지면 신원 확인을 위해 이중 삼중의 조치가 필요한데 과연 모든 국민이 그와 같은 불편을 감수하겠다고 할지도 의문이며, 이에 대체할 제도를 만들기 위해 필요한 막대한 재정적 문제도 감안해야 한다. 우리나라와 비교적 유사한 주민등록제도를 가진 국가는 스웨덴, 프랑스 등인데 이들 국가는 개인정보의 수집과 사용을 엄격하게 한정하고 있고, 또 미국은 사회보장번호, 캐나다는 사회보험번호, 일본은 주민표 코드 등이 있지만 모두 민간에서는 사용을 금지하고 있다. 주민등록번호가 사적인 영역에서 사용되지 못하도록 하고, 현행 번호체계를 개편할 필요는 있지만 주민등록번호를 폐지할 필요는 없다.

2 주민등록번호는 행정서비스를 제공하기 위해서 꼭 필요하다

정부의 기능이 확대됨에 따라 정부가 필요로 하는 정보의 양도 커지는 것은 당연한 추세다. 그동안 주민등록번호를 비롯한 현행 주민등록제도는 주민의 의료, 연금, 복지, 조세, 선거 등 행정과 공공서비스를 원활하게 하기 위해 꼭 필요한 것이었고, 대부분의 국가가 실시하고 있는 제도이다.

특히 우리의 경우 국가 안보적 측면도 고려해야 한다. 다른 나라와 다르게 남북한이 대치하고 있는 상황이다. 북한 간첩의 국내 침투를 어렵게 만드는 데도 큰 역할을 하고 있고, 북한의 인터넷 심리전을 효과적으로 사전 봉쇄하는 역할도 하는 등, 사회 안정 및 질서 유지에 기여한 바가 크다. 따라서 지금과 같은 정보사회 복지국가에서 주민등록번호를 폐지하는 것은 바람직하지 않다.

현재의 주민등록번호가 기초적인 개인정보를 드러내고, 다양한 개인정보를 집적하는 마스터 키 구실을 하는 것은 사실이다. 하지만 그렇다고 개인의 자기정보통제권을 약화시켜 기본권을 침해한다는 비판은 순진한 발상이다.

문제가 분명하면 보완해서 해결해야 한다. 더구나 자기정보통제권은 어떤 이유로도 제한하면 안 되는 절대적 권리가 아니다. 이것 역시 다른 기본권처럼 국가안전보장, 질서유지, 공공복리를 위해 필요한 경우에 한해 제한될 수 있다. 또한 주민등록번호가 마치 국민들을 감시, 통제하기 위한 수단인 양 주장하면서 폐지를 주장하는데, 현실을 외면한 유토피아적인 망상에 가깝다. 현행 주민등록번호의 문제는 제도 개편으로 충분히 해결될 수 있다.

3 제도 폐지는 사회혼란을 부추기므로, 제도 개편을 통해 현재의 문제를 해결할 수 있다

정부와 전문가 집단들은 현재 국민에게 새로운 개인식별번호를 부여하는 주민등록번호 체계 개편 방안을 두고 연구, 검토중에 있다. 주민등록번호는 개인별 주민등록표에 등록할 때의 관리번호다. 따라서 이 관리번호가 꼭 개인식별번호로 사용돼야 하는 것은 아니다. 아직 구체적인 논의가 드러난 것은 아니지만, 지금과 같은 번호체계가 아닌 발행번호를 주민등록증에 기재하도록 하면 된다.

일례로 발행번호 부여방식을 발행연도(4)+숫자(8)+검증번호(1)를 부여하는 방식 등이 있다. 나아가 이렇게 바꾼 발행번호를 현행 주민등록번호처럼 공공, 민간이 범용적으로 쓰자는 것도 아니다. 이처럼 주민번호의 사적인 이용을 막고, 발행번호 부여방식도 바꾸고, 발행번호 요청이 가능하도록 제도적 장치를 마련하면 될 일을 가지고, 무조건 주민등록번호 폐지를 주장하면서 목적별 번호를 만들어 쓰자고 주장하고 있는데, 이는 불필요한 시간과 비용을 낭비할 뿐만 아니라 사회혼란을 부추길 소지가 크다.

주민등록번호는 그동안 선거, 조세, 취학, 병역, 복지 등 주요 행정의 밑바탕을 형성해온 제도이다. 이러한 제도를 하루아침에 폐기하자는 주장은 과도할 뿐만 아니라 무책임하다고 볼 수 있다.

실전 gogo ✏️

주민등록번호제도를 폐지해야 할까요, 아니면 개편 보완해야 할까요? 개인정보 유출과 정보 권력이라는 키워드를 중심으로 자신의 주장을 펼쳐봅시다. (500자 내외)

_____

_____

_____

_____

_____

_____

_____

_____

_____

_____

_____

_____

_____

한국은
인터넷 검열국

2014년 검찰은 온라인 허위사실 유포와 명예훼손 행위를 처벌하기 위해 '사이버 명예훼손 전담수사팀'을 설치했다. 각종 포털 사이트를 실시간 모니터링 하겠다는 방침이 거론되자 카카오톡 같은 모바일 메신저까지 통제한다는 소문이 네티즌 사이에 확산되었고 급기야 '카톡 엑소더스'(카카오톡 대탈출) 현상이 벌어졌다. 검찰은 모바일 메신저는 상시 모니터링 대상은 아니라고 해명했지만 인터넷 검열 논란은 연일 뜨겁게 달아오르고 있다.

과거 권위주의 정권 시대, 검열의 악몽을 떠올리는 건 너무 과장된 것일까?

키워드로 읽는
논쟁

1. 인터넷 검열이란?

인터넷 검열이란 인터넷을 통한 정보를 제한하는 행위를 말한다. 인터넷 검열의 목적은 다양하다. 오스트레일리아 같은 경우 선정적 정보의 무작위 노출을 방지하기 위해 포르노그래피 검열을 하고 있고, 일부 국가에서는 체제나 공공 안전을 위협할 만한 정보를 차단하기 위해 인터넷 검열을 시행한다. 한국의 경우 방송통신심의위원회가 2000년대에 들어서 불법 정보를 담은 사이트를 차단하기 시작했다.

한편 2012년 국경없는 기자회에서는 한국을 '인터넷 감시국'으로 선정했다. 2008년 이명박 정권 출범 이후 온라인 게시물 삭제, 트위터 사용자 국보법 적용, 트위터를 이용한 선거운동 규제 등을 근거로 제시했다. 물론 가장 강력한 인터넷 검열국은 중국이다. 중국은 국가 지도자의 이름이나 지정 금지어 등을 검색할 경우 구글 접속을 차단할 수 있다. 예를 들어 구글 검색창에 '천안문'이라고 치면 중국 검색창에는 천안문사태 사진은 나오지 않고 지도나 관광객 사진 등만 나오는 식이다. 현재 한국에서도 네이버밴드, 카카오톡 등 인터넷 검열 논란이 뜨거운 상황이다.

2. 국민 메신저 카카오톡 인터넷 검열 논란

국민 메신저 카카오톡이 인터넷 검열 논란의 중심에 서게 됐다. 그 시작은 2014년 6월 10일, 집시법 위반으로 정진우 노동당 부대표가 체포되면서였다. 그는 수사과정에서 묵비권을 행사하였고, 이에 경찰은 검찰을 통해 전기통신법에 의거한 압수수색영장을 신청, 검찰이 일주일 뒤인 6월 17일 영장 발부 집행을 집행, 카카오톡 측에 2014년 5월 1일부터 6월 10일까지 한달 동안의 카카오톡 내용을 요구했다. 이에 카카오톡 측은 정기적으로 내용을 자동파기하고 있어 검찰이 요구한 기간 내에 남아 있는 자료는 6월 10일치 분량이라는 통지와 함께 해당 자료를 제공했다.

이 소식이 전해지면서 국민들은 영장발부를 통해 이용자의 대화내용이 실시간 감청이 가능하다는 사실에 반발했다. 여기에 더해 이후 검찰은 '사이버 허위사실 유포 전담팀'을 신설했고, 카카오톡은 국가가 합법적인 절차에 따라 정보 제공을 요구하면 동의하겠다는 기존 입장을 밝혔다. 이때부터 인터넷 검열 논란이 불붙었고, 국내 이용자들이 대거 반발, 상대적으로 주목받지 못했던 텔레그램으로 사이버 망명길에 올랐다. 카카오톡 사태가 터지자 2014년 10월 둘째주에 전주 대비 약 65만명이 새롭게 텔레그램에 신규가입함으로써 가입자 증가세가 무려 61.2%에 이르렀으며, 한국에 거의 전무했던 텔레그램 가입자가 2주만에 120만명 가량 폭발적으로 증가했다. 카카오톡 사태로 불거져 나온 사생활 침해와 공권력 남용이라는 인터넷 검열의 문제는 여전히 뜨거운 감자다.

3. 중국! 방화장성

중국 인터넷 검열의 아버지로 불리는 팡방싱이 개발한 악명 높은 인터넷 검열 시스템. 만리장성과 방화벽을 합성한 말이다. 2006년 5월 24일부터 작동한 이 '인터넷 검열 방화벽'은 중국 당국이 접속을 금하는 해외의 모든 언론 매체와 사이트를 자동 차단시키는 인터넷 역사상 가장 강력한 '방화벽'이다. 방화장성은 중국에 비판적인 홍콩과 대만의 모든 언론 매체와 인터넷 사이트는 물론, 중국의 검열을 받아들이지 않은 '구글 뉴스 영문판'과 'BBC 중문판' 등 서방 매체도 차단한다. 또한 이메일 내용에 중국 당국이 금지하는 내용이 포함됐을 경우, 그 이메일의 수신을 차단하는 '특수 검열 기능'도 있다. 더 대단한 것은 이 검열 시스템이 네티즌들에게는 단지 기술적인 문제에서 발생하는 오류로 받아들여지도록 설계됐다는 점이다. 따라서 검열로 접속이 불가능하다는 사실을 깨닫지 못하게 만든다. 중국 당국의 인터넷 검열 시스템은 구글 검색뿐 아니라 글로벌 SNS 트위터·페이스북 등에서도 작동한다. 전 세계적으로 널리 사용되는 트위터와 페이스북조차 중국에서는 접속이 불가능하다. 얼마 전 중국 정부는 테러정보가 유통될 수 있다는 이유로 한국의 카카오톡과 라인을 사전 통보 없이 차단시켰다.

4. 영국의 <이코노미스트>, 한국은 검열공화국?

영국 경제주간지 〈이코노미스트〉에서는 한국의 인터넷 환경에 대한 심층 분석 기사를 게재했다. 제목은 'Why South Korea is really an internet dinosaur'로, 거대한 공룡과 같은 인터넷 초강국 한국이 동시에 인터넷 검열, 정치조작을 일삼는 괴물이 되었다는 뜻이다. 기사에서는 '매주 한국 웹의 일부가 정부의 검열에 의해 끌어 내려지고 있다'며 2013년에만 방송통신심의위원회(방통위)에 의해 '2만3000개의 웹 페이지들이 삭제됐고, 또 다른 6만3000개가 차단되었다'고 전하면서 방통위가 본질적으로 검열기관으로 작동한다고 보도했다. 인터넷 검열의 주요 내용은 음란물, 매춘 그리고 도박을 표적으로 하는데, 이 모든 것이 한국에서는 불법이라며 규제와 차단 수가 급증했음을 보도했다.

또한 기사에서는 트위터와 페이스북 글들도 광범위하게 삭제당하고 있다며, 2012년 대선 기간 중 박근혜 대통령을 지원한 국정원 여론 조작 사건 또는 대선 개입 사건에 대해서도 언급했다. 기사의 핵심 내용은 앞서 제목에 드러나듯 '한국인들은 굉장히 빠른 인터넷 연결속도를 즐길지 모르나 그것을 자유롭게 이용하는 것은 허락하지 않는다'는 것.

5. 숫자로 본 인터넷 검열의 역사

12 2012년 15세의 한국인 사이버게임 챔피언은 밤 12시가 넘은 시간, 프랑

스 시간으로는 낮에 진행된 '스타크래프트 II' 게임 대회에 참가하던 중 그의 계정이 잠겨버렸다.

104 2008년 리먼 브러더스의 붕괴와 원화의 추락을 예측하는 내용을 미네르바라는 필명으로 올렸던 블로거 박대성은 '허위사실 유포'로 104일을 감옥에서 보냈다. 한편 2012년 한 사진작가는 그가 아버지의 사진관을 물려받음을 북한의 권력승계에 비유하며 북한의 선전문구를 리트윗했다는 이유로 10개월 징역형과 집행유예를 선고 받았다.

4500 2009년에는 한국방송통신심의위원회가 4500건의 웹페이지 삭제 요청을 했다. 2010년에는 방송통신심의위원회의 요청에 의해 2만3000개의 웹 페이지들이 삭제됐고 또 다른 6만3000개는 차단됐다. 2011년에 방송통신심의위원회는 SNS 특별분과위원회를 설치하고 다음 해에는 트위터와 페이스북 상의 4500개 댓글과 좋아요를 삭제하도록 요청했다. 이는 2010년에 비해 13배 이상 증가한 숫자이다. 삭제된 댓글 숫자는 2012년 다시 6400개로 증가했다.

30만, 10만 2007년 7월 도입된 인터넷 실명제는 당초 하루 방문자 30만명 이상 사이트를 대상으로 적용됐으나 2009년 4월 하루 방문자 10만명 이상 사이트로 확대됐다.

"검열, 정당해"

1 모든 매체는 공공의 이익을 위해 검열이 이뤄지므로, 실질적으로 매체 역할을 하는 인터넷 검열도 당연하다

신문을 비롯해 TV·라디오 등의 모든 언론매체는 검열이 이루어진다. 사전검열이냐 사후검열이냐, 자의검열이냐 타의검열이냐가 다를 뿐이다. 언론매체는 대중에게 엄청난 파급력을 행사한다. 따라서 도를 넘은 선정물이나 폭력물 같은 온갖 유해 컨텐츠를 여과없이 매체에 싣는다는 건 공공의 적들이나 할 일이다. 물론 표현의 자유와 권리가 있지만, 국민 정서에 어긋난다거나 타인의 사생활을 침해하고, 명예를 훼손하는 경우라면, 이를 규제하기 위해서라도 검열은 당연한 것이다. 따라서 공공의 장인 인터넷도 예외일 수 없다.

인터넷 상에는 방대한 정보가 집적돼 있고 누구나 손쉽게 이 정보를 수집하며 가공할 수 있다. 정보의 메카 포털사이트는 뉴스를 직접 생산하지 않아 현행 법규상 언론이라고 보기는 어렵다. 하지만 이미 포털을 비롯한 인터넷은 실질적으로 언론의 역할을 하고 있으며 이를 통해 여론을 형성하기도 하고, 전파 능력을 가진 방송 기능까지 겸비하고 있다. 그럼에도 검열은 전혀 이루어지지 않고 있다.

표현의 자유를 내세운 포르노그래피나 급진주의 사상, 네오나치즘적인 폭력주의 사상이 정보의 바다인 인터넷에 떠다니고 있어도 아무런 규제나 제재조치가 없다면 어떤 결과를 초래할지 생각해봐야 한다. 더구나 스마트폰의 등장으로 연령대를 초월해 누구나 정보 접근이 가능한 세상이다. 무조건 인터넷 검열이라고 몰아세울 것이 아니라 인터넷 문화의 건전성을 위해서라도 적절한 규제와 제재 조치는 필요하다.

2 인터넷의 익명성이 초래하는 문제들로부터 인권을 보호하기 위해서 인터넷 검열은 꼭 필요하다

현재 인터넷은 무법지대다. 인터넷의 익명성에 기대 무작위로 근거 없는 비난과 무차별적인 인신공격이 행해지고 있다. 연예인을 비롯한 유명인사에게만 해당하는 것도 아니다. 지난해 대구여대생 살인사건의 경우 사건 당일 여대생을 태운 택시기사가 용의자로 몰린 적이 있는데, 관련 기사에 진범이 아닌 택시기사에 대한 인격모독과 악의성 댓글이 줄을 이었다. 이처럼 평범한 사람들도 사이버테러에 노출돼 있는 상황이다. 더구나 이러한 행위로 정상적인 생활이 불가능할 정도의 피해를 입었어도 이에 대한 책임을 지는 사람이 없다.

특히 연예인을 비롯한 유명 인사의 경우 악플러들이 허위사실을 유포하며 사이버테러를 가할 경우 치명적인 피해를 입을 수밖에 없다. 이번에 검찰이 사이버 명예훼손 전담 수사팀을 신설한 이유는 이처럼 사이버 공간에서의 허위사실 유포와 명예훼손 행위에 발빠르게 대응하기 위한 것이다. 그리고 검찰의 모니터링 대상은 모바일 메신저가 아닌 포털사이트고, 유명 인사 등에 대한 명예훼손 사건을 고소나 고발 없이 수사하기 위한 것이다. 그런데도 이를 마치 검열과 사찰인 양 비판의 날을 세우는 사람들이 있다. 무법지대인 인터넷을 정화하기 위해서도 검열은 필요하다.

3 정당한 규제조치를 두고 정치사찰이니 보안 검열이니 하며 네티즌을 오도해서는 안된다

현재 인터넷 상에는 근거 없는 선동이 난무하고, 허위사실을 유포해 국가 기강을 흔드는 일이 비일비재하다. 특히 대통령을 비롯한 정치가들에 대한 명예훼손은 도가 지나치다. 대통령을 인격적으로 모독하는가 하면, 대통령의 행적에 대한 온갖 소문들을 악의적으로 퍼뜨리고 있다. 검찰이 전담수사팀을 신설한 이유는 최근 들어 전직 대통령 가족이나 국회의원 등 사회 주요 지도층 인사와 연예인, 운동선수, 세월호 유족에 이르기까지 사이버 명예훼손의 폐해가 심각한 수준에 이르렀다고 판단했기 때문이다.

사이버 명예훼손은 혐의를 명확히 밝히고 그에 상응하는 처벌이 따라야만 그게 선례가 되어 개인의 명예와 사생활이 보호될 수 있는 것이다. 나아가 성장기의 아이들을 위해서도 반드시 비난과 욕설과 허위사실로 오염된 인터넷 문화를 적극 개선할 필요가 있다.

정당한 법적 절차에 따른 필요한 규제조치를 두고 일각에서는 정권 눈치보기라는 둥, 정치 사찰, 보안검열이라는 둥 자극적인 말로 네티즌을 선동하고 있다. 게다가 카톡 같은 모바일 메신저까지 검찰이 감시하고 통제한다는 소문도 확산시키고 있다. 사이버 명예훼손의 문제를 검열로 보거나, 정치적 힘겨루기로 오도하는 일은 없어야 한다.

전직 NSA 요원 스노든의 불법 감청 방지 노하우
-아는 사람은 하고 모르는 사람은 못하는…

1. 하드 드라이브 암호화
PC 전체에 비밀번호로 개인 파일을 보호한다. 개별 파일도 암호를 설정하는 것이 좋다. 윈도우 최신버전과 맥의 OS X는 암호화 툴이 기본적으로 내장되어 있다. 애플은 디스크 암호화 방법을 애플홈페이지에서 상세히 소개하고 있다. TrueCrypt라는 무료 소프트웨어를 사용하는 것도 좋다. 전자프론디어재단 Electronic Frontier Foundation은 상황 별로 하드 드라이브 암호화 관련 방법을 웹사이트에 게시하고 있다.

2. 브라우저에 온라인으로 트래킹되는 것을 피하는 플러그인 설치
브라우저 내 추적방지 버튼을 이용, 개인의 온라인 활동 흔적이 남지 않게 할 수 있다. 전자상거래 등 온라인 기업은 고객의 온라인 활동을 추적할 수 있는 플러그인 프로그램을 사용자의 PC에 심는다. 사용자는 브라우저 상에서 '추적방지' 기능으로 이를 막을 수 있다. 해당 기능을 갖춘 브라우저는 구글 '크롬257'과 마이크로소프트 '인터넷 익스플로러 10' 정도다. 하지만 자동적으로 트래커들을 차단하는 기능은 없다.

3. 토르Tor를 사용하라
토르 브라우저는 사용자 방문 사이트나 차단된 특정 사이트들을 우회해서 들어갈 수 있는 브라우저이다. 특히 사용자의 신분이나 IP주소를 방문한 사이트가 알 수 없게 해서 범죄에 이용될 수 있다는 평가를 받기도 한다. 이러한 익명성 때문에 개인 프라이버시를 보호하는데 매우 유용한 방법이다. 또한 비교적 개인정보를 적게 사용하고 암호화된 채팅 서비스를 제공하는 사일런트서클SilentCircle, 허쉬몰Hushmal 등을 소개하기도 했다.

"검열, 정당하지 않아"

1 인터넷 검열은 인터넷의 창의적이고 자유로운 정보 생산과 소비 방식을 위축시킬 수 있다

　모든 언론 매체에 대해 규제와 제재 같은 검열이 있다고 해서 인터넷도 검열해야 한다는 주장은 인터넷의 진정한 속성을 제대로 이해하지 못해서다. 국내에서 생산되고 유통되는 매체의 경우 규제조치나 검열이 가능하지만 인터넷은 다르다. 인터넷은 기존 매체와 본질적으로 속성이 다르다. 현재 전세계 수억명의 사람들은 매 분마다 방대한 분량의 정보를 생산하고 소비한다. 더구나 스마트폰의 출현으로 언제 어디서든 정보를 생산하고 소비할 수 있게 되었으며, 정보의 양 또한 거대하다. 이렇게 어마어마한 양의 유용한 정보유통을 허용하기 위해서는 어쩔 수 없이 소수의 비도덕적인 정보 또한 허용해야 한다. 그리고 네티즌들은 이와 같은 유해한 정보들에 대한 자정 장치를 충분히 갖추고 있다. 이러한 인터넷을 실시간으로 감시하고 통제한다는 발상은 너무나 시대착오적인 것이다.

　또한 인터넷은 여론의 장이다. 새로운 정보가 올라오면 이에 대해 게시판, 토론방, 댓글 달기를 통해 자신의 의견을 게재할 수 있고, 이러한 쌍방향성이 올바른 여론 형성에 크게 기여하고 있다. 그런데 이와 같은 민주적 여론 형성 도구를 '포탈도 실제는 언론'이라서 검열해야 한다고 하는 것은 인터넷 광장의 민주성을 모독하는 발상이다. 어떤 주장을 내세울 수 있는 권리는 역으로 다른 누군가가 이에 대해 반대할 권리를 가지고 있을 때 의미가 있는 것이다. 인터넷은 우리 삶을 혁명적으로 바꿔 놓았다. 달라진 세상에 대해 달라진 사고로 판단해야지, 인터넷 문화의 건전성을 위해 검열을 해야한다는 주장은 과거 군사독재 시대의 사고 방식이다.

2 사이버 명예훼손 문제는 댓글 운영 방식 변화 등 다각도로 해법을 찾아야지 인터넷 검열만이 능사가 아니다

사이버 명예훼손 문제의 심각성은 인정한다. 사이버 인신공격은 피해자를 죽음으로까지 몰고가는 중대한 범죄행위이다. 사이버 명예훼손 혐의로 재판에 넘겨진 사람도 늘고 있다. 현행법에는 허위사실을 유포할 경우 7년 이하의 징역이나 5천만원 이하의 벌금에 처하게 돼 있는데 세계적으로 점차 강화되고 있는 추세다. 영국과 미국의 경우에도 민사상 손해배상 책임 강화 방법으로 실질적으로 명예훼손에 대한 책임을 강화하고 있다. 사이버 명예훼손 문제에 대해서는 다각도로 해법을 모색해야 함에도 검찰은 상시 모니터링을 강화하겠다며 사이버 팀을 따로 구성했다고 밝혔다. 이는 명백한 인터넷 검열로 국민들이 온라인 상에서 남기는 글을 다 들춰보겠다는 것이다. 악플러의 문제도 마찬가지다. 이를 해결할 방법은 댓글 운영방식을 바꾸는 것이다. 댓글은 속성상 자극적일수록 주목도가 높고 인기를 얻기 때문에 건전한 여론 정서를 해칠 수 있다. 악플이나 허위사실을 올린 누리꾼에 경고한 뒤 독자들이 댓글을 읽기 전에 게시자의 경고 횟수를 미리 보고 스스로 판단할 수 있도록 해야 한다. 댓글을 달기 전, 명예훼손이나 인격모욕으로 이어지면 처벌될 수 있다는 메시지를 먼저 본 경우 비방댓글이 현저히 줄었다는 조사도 있다.

주요 선진국들은 댓글에 대한 엄격한 규제를 자율적으로 시행하고 있다. 뉴욕타임즈, 시카고 트리뷴 등의 언론은 네티즌이 올린 댓글에 대해 사전 검열을 한 후 내보낸다. 이는 언론사 자체 검열이므로 한국의 검열과는 다르다. 자신들의 기사에 대한 책임에서 비롯된 것이다.

3 현재 이뤄지는 인터넷 검열은 충분히 민간인 사찰로 이어질 확률이 높다

우선 검찰의 사이버명예훼손 전담팀에 대해서는 법조계 내부에서조차 납득하기 어려워하는 분위기다. 밖에서 체감할 정도로 갑자기 명예훼손 사건이 늘어난 것도 아니고, 중범죄가 아닌 분야에 별도로 수사팀을 꾸렸다는 것 자체가 말이 되지 않기 때문이다. 더구나 표현의 자유와 알권리는 민주주의의 기본원칙이다. 대통령에 대한 의혹과 의문을 제기하는 국민에 대해 사사건건 관변 단체와 개인의 이름으로 고발하고, 그걸 또 검찰이 받아 기소권을 행사하는 것도 웃기는 일인데, 인터넷을 검열해 이를 감시하겠다니 이는 명백히 법치주의 국가의 민주주의와 배치되는 행위다.

정부는 이번 조치에 대해 인터넷 검열, 민간인 사찰이라고 보는 것은 억측이라고 하지만 그간의 사례를 보면 결코 그렇지 않음을 알 수 있다. 2012년 국경없는 기자회에서는 한국을 인터넷 감시국으로 선정했다. 정부의 입장과 다른 게시물을 삭제하고, 트위터 사용자에 대해 국보법을 적용하는가 하면 선거법을 내세워 정당한 활동들을 규제해왔기 때문이다. 맥락이 조금 다르긴 하지만 정진우 노동당 부대표의 행적을 조사하기 위해 정부는 40일치의 카카오톡 메시지를 압수수색한 바 있다. 이에 수많은 사람들이 텔레그램*으로 사이버 망명을 감행한 것만 봐도 검열에 대한 일반인의 거부감과 공포심을 알 수 있을 것이다. 기본적으로 검열은 위험하고 악용의 소지가 높다. 과거 군사독재 시대의 검열과 사찰이 또다시 재현되고 있다는 우려가 결코 과장은 아닌 것이다.

＊**텔레그램**Telegram
러시아에서 만들어진 메신저. 러시아 최대의 SNS인 VK를 설립한 니콜라이 두로프와 파벨 두로프 형제가 2013년 발표했다. 문자나 사진, 문서 등을 암호화해서 전송할 수 있다. 텔레그램의 가장 큰 장점은 모든 메시지를 암호처리하고 기록을 남기지 않으며 서버가 해외에 있기 때문에 국내 검찰 등 수사기관의 대화내용 열람이 원칙적으로 불가능하다는 점이다. 카톡 검찰수사 이후 국민 메신저 카카오톡을 제치고 앱 다운로드 순위 1위에 오르는 기염을 토했다.

토론해 봅시다 💬

1. 인터넷 상의 악플과 명예훼손, 허위사실 유포가 위험 수위에 있습니다. 이 문제를 해결할 방법으로 검찰은 사이버 전담 수사팀을 구성했습니다. 하지만 한편에서는 다른 방법이 있는데도 인터넷 검열만이 능사가 아니라며 비판합니다. 이에 대해 여러분은 어떻게 생각하는지요? 자신의 입장을 세워보고 발표나 토론을 해봅시다.

2. 검찰이 정진우 노동당 부대표의 행적을 조사하기 위해 40일치의 카톡 메시지를 압수수색했고, 이에 많은 사람들이 텔레그램으로 사이버 망명을 감행했습니다. 이번 카톡 사건을 두고 한편에서는 과장된 호들갑이라고 말하고, 다른 한편에서는 민간인 사찰로 이어질 소지가 크다고 주장하는데요, 이에 대해 자신의 입장을 세워보고 발표나 토론을 해봅시다.

실전 gogo ✏️

일반적인 매체들은 자체 검열 혹은 사후 검열이 이뤄지고 있습니다. 인터넷 역시 매체 역할과 파급력이 크기 때문에 검열을 해야 한다는 주장에 대해서 찬반 입장을 밝히고 근거를 들어 논술해 봅시다. (500자 내외)

SNS가 인간관계를
더 풍요롭게 할까

말 그대로 똑똑한 스마트폰 시대가 열리고 트위터, 페이
스북, 인스타그램 같은 SNS와 맞물리면서 그야말로 SNS
광풍이라고까지 불릴 만한 현상이 벌어지고 있다. 수많은
사람들이 SNS를 통해 언제 어디서든 원하기만 하면 가상
세계의 친구들과 더 폭넓게 '연결'될 수 있는 세상에 살고
있다. 하지만 SNS에 몰입할수록 어떤 사람들은 더 큰 외
로움과 고립감에 시달리기도 한다. 손쉽게 누구나와 인맥
을 만들어갈 수 있는 SNS, 과연 SNS가 인간관계를 더 풍
요롭게 해줄까?

키워드로 읽는
논쟁

1. 스마트폰은 얼마나 확산됐나?

SNS의 영향력이 지금처럼 정치·경제·사회·문화 모든 분야에 가히 혁명적인 파장을 몰고온 배경에는 스마트폰의 보급이라는 기술혁신이 자리잡고 있다. 스마트폰은 휴대전화에 인터넷 통신과 정보검색 등 컴퓨터 지원 기능을 추가한 지능형 단말기를 말한다.

스마트폰은 2009년 아이폰 출시를 계기로 본격적으로 도입되었는데, 인터넷 연결이 가능해 언제 어디서든 시간 장소 구애 없이 원하는 정보에 접근할 수 있게 되었고, 인터넷 기반 소셜네트워크 서비스SNS에 언제 어디서든 접속할 수 있다. 또한 스마트폰은 SNS뿐만 아니라 카톡, 밴드 등 다양한 그룹 채팅을 가능하게 함으로써 가상세계에서 인간관계를 맺어나갈 수 있는 다양한 통로를 마련해주고 있다.

특히 우리나라는 2010년을 기점으로 스마트폰 보급이 급격히 확산돼, 2013년에는 인구 대비 스마트폰 보급률이 67.6%로 전세계 국가 중 가장 높은 상황이었다. 하지만 2015년 3월 기준으로는 아랍에미리트UAE가 90.8%로 1위를 차지했고, 우리나라는 83.0%로 싱가포르(87.7%), 사우디(86.1%)에 밀렸다. 태국, 브라질, 말레이시아, 인도 등 신흥국에서도 보급률이 급격히 증가하고 있다.

2. SNS란 무엇인가?

SNS는 Social Networking Service의 약자로, 역사는 짧은데 비해 서비스의 수가 많고, 그에 따른 특징 또한 다양해서 한마디로 정의하기는 어렵다. 더구나 동일한 서비스라고 해도 사회·문화적 조건에 따라 실제로는 달리 구현되기 때문에 정의하기가 더 어렵다. 하지만 여러 가지 점을 종합적으로 고려해보면, SNS는 웹사이트라는 온라인 공간에서 공통의 관심이나 활동을 지향하는 사람들이 일정한 시간 이상 공개적으로 또는 비공개적으로 자신의 신상 정보를 드러내고, 서로 정보를 교환함으로써 인맥을 형성하게 해주는 웹 기반의 온라인 서비스라고 정의할 수 있을 것이다. 간단히 말하면, 온라인 인맥 구축을 목적으로 하는 커뮤니티형 서비스를 말한다. 이용자들은 SNS를 통해 인맥을 새롭게 쌓거나, 기존의 인맥을 강화하는 데 활용한다.

현재 가장 대표적인 SNS 서비스로는 페이스북과 트위터를 들 수 있는데, 이외에 카카오스토리, 인스타그램, 핀터레스트 등이 있다. 글로벌 시장 조사업체 TNS의 10월 조사 결과 발표에 따르면 중국을 제외한 전 세계에서 페이스북이 가장 인기가 높은 것으로 나타났다. 우리나라 역시 페이스북 이용률이 33%로 가장 높다. 인스턴트 메시징 플랫폼(웹, 모바일 메신저) 부문에서는 위챗이 전 세계 이용률 29%로 1위를 차지했다. 국내에서는 카카오톡이 이용률 73%로 1위를 차지했고, 네이트온, 페이스북 메신저가 그 뒤를 잇고 있다. 스마트폰 이용자의 증가와 무선인터넷 서비스의 확장과 더불어 SNS 사용자수는 급격한 증가 추세에 있고, 사회 전 분야에 획기적인 영향력을 행사하고 있다.

3. SNS 서비스의 특징은 무엇인가?

우선 SNS에서는 신상 정보를 등록하고 공개하게 돼 있다. 구체적으로 이용자의 성별이나 연령, 직업, 문화적 취향, 이데올로기, 종교 등을 전부 또는 선택적으로 공개할 수 있다. 그런데 이와 같은 신상정보는 민감한 부분이라 프라이버시 보호와 관련해 여러 가지 사회문제를 낳기도 한다. SNS의 또 다른 특징은 이용자의 관계망이 드러난다는 점이다. 이용자의 친구 정보를 보면, 어떤 사람과 연결돼 있는지 알 수 있고, 친구 정보를 타고 들어가면 친구의 친구 네트워크를 모두 파악할 수 있다. 즉, 네트워크의 범위를 확대해가며 파악할 수 있는 것이다.

또한 이용자는 SNS를 통해 자신의 의견이나 정보를 게시할 수 있는데, 이 글을 이용자의 친구뿐만 아니라 또 다른 이용자가 읽고 이에 대해 자신의 의견과 정보를 게시할 수 있다. 이것을 일명 게시물의 글줄기post threads라고 부르는데, 이 글줄기는 대인관계망과 마찬가지로 독특한 네트워크 구조를 보여준다. 한편 공개적인 게시물과 달리 '쪽지'처럼 사적인 메시지를 주고받을 수도 있다. 하지만 이와 같은 SNS의 특성은 여러 가지 논란을 초래하고 있다.

4. SNS와 관련해 어떤 이슈가 있는가?

SNS와 관련해 가장 크게 논란이 되는 것은 프라이버시 문제다. 이용자의 사생활이 트위터와 페북, 미투데이 등 SNS를 통해 마치 투명한 유리잔에 담긴 듯 다른 사람들에게 적나라하게 보여지기 때문이다. 신상정보와 사적인 의견교환을 중심으로 하는 SNS의 속성상 불가피한 문제가 아닐 수 없다.

한편 SNS는 미디어로서의 기능도 있지만 인간관계, 인맥형성과 더 밀접한 관련이 있다. 사람들은 SNS를 통해 다양한 인맥을 만들고 있는데, 현상적으로 인맥이 양적으로 늘어난 것은 사실이지만 과연 이 인맥이 실제 인간관계를 더 증진시켜주는지에 대해서는 다양한 견해가 있다. 사람들을 이어주는 매체는 늘고 있지만 오히려 이를 사용하는 십대들과 성인들의 우울증 발병 빈도가 높아지고 있다는 통계가 있는가 하면, 온라인상의 상호 비방으로 인해 심리적으로 취약한 사람들이 트라우마를 겪는 경우도 있고, SNS 인맥관리에 대한 피로감을 호소하는 사람도 늘고 있어 이슈가 되고 있다.

"인간관계 풍요롭게"

1 SNS는 인간관계를 효율적으로 확대, 형성, 강화시켜준다

SNS 경험은 사람마다 다 다르다. 사용자의 친구 수, 성격, 직업 등 여러 가지 변수에 따라 달라진다. 따라서 무조건 SNS가 인간관계를 더 풍요롭게 해준다고 잘라 말하기는 어렵다. 하지만 SNS가 현대인에게 광범위한 네트워크를 형성할 기회를 제공하고 있다는 사실은 부정할 수 없다. SNS는 인맥 만들기를 훨씬 수월하게 해주고, 이미 형성된 관계를 보다 강화시켜 주는데 크게 기여하는 강력한 소통 수단이다. SNS를 통해 본래의 관계가 더 친밀해지는 것은 말할 것 없고, 모르는 사람들과도 쉽게 관계 맺기가 가능하며, 나아가 세계 어느 곳의 사람이든 지리적 거리와 무관하게 교류할 수 있다. 뿐만 아니라 장애인이나 대인기피증 환자 같은 소외계층의 경우 인간관계 형성에 큰 도움을 준다.

물론 한편에서는 SNS로 맺어진 인간관계가 능동적이지 않으며, '허상'에 가까운 관계라고 비판한다. 하지만 이 점이 광범위한 네트워크를 형성하게 해주는 SNS의 장점을 가릴 수는 없다. '친한 관계'의 경우 SNS가 특별히 관계를 증진시켜주지 않을 수 있다. 하지만 '느슨한 관계'*의 경우는 다르다. SNS가 없을 때에는 '느슨한 관계'의 사람들과 오프라인에서 만나기가 쉽지 않았고, 미니홈피나 블로 그 같은 폐쇄적인 공간을 찾아다니기도 어려웠다. 그렇다보니 근황도, 교류도 없었다. 하지만 SNS는 이러한 관계를 획기적으로 바꿔놓았다. 잠깐의 시간만으로도 다양한 사람들의 소식을 들을 수 있게 되었고, 좋은 정보를 얻고 공유할 수 있게 되었기 때문이다. SNS는 현대인의 인간관계를 효율적으로 형성·강화하고, 확대시켜주는 좋은 매개체다.

2 SNS는 소외된 현대인의 외로움을 덜어주는 소통의 장이다

페북을 비롯한 SNS에 대해 일반적으로 하는 말은 다음과 같다. SNS 덕에 친구들의 소식을 알 수 있어서 좋고, 자주 못 봐도 근황을 알고 있어서 오프라인에서 만나게 되면 더 친밀한 느낌이고, 온라인이라는 제한이 있긴 하지만 SNS를 통해 주고받는 위로와 지지가 큰 도움이 된다고. 물론 직접 만나서 마주보고 이야기를 나누며 소통하는 것만큼 친밀할 수 없을지 모르지만, 과거와는 달라진 현재의 우리들의 삶의 방식을 감안해야 한다. 지금 우리는 치열한 경쟁 속에서 살아가고 있고, 관계의 규모는 더 확장되었으며, 그만큼 눈코뜰 새 없이 바쁜 것 또한 사실이다. 그런데도 신뢰할 수 있는 사람을 찾기는 더 힘들어졌고, 이야기를 나눌 시간도, 여유도 없어져서 리스먼이 말한 '군중 속의 고독'에 갇혀 외로움을 겪고는 한다.

이와 같은 조건과 한계 속에 사는 현대인들에게 SNS가 작고 소중한 소통의

＊ 느슨한 관계

사회학자 마크 그라노베터의《느슨한 관계의 힘》(1973년)에 따르면, 느슨한 관계란, 어쩌다 연락이 되는 관계로, 정서적 친밀감은 없고, 과거에 서로 도움을 베푼 일이 없는 관계를 의미한다. 그 사람들이 누구인지는 알지만, 실제로 그들이 어떤 사람인지는 모르는 것이 바로 '느슨한 관계'에 속하는 네트워크라는 것이다. 그 특징은, 우리가 그들에게 아무것도 빚지지 않았고, 그들도 마찬가지라는 것이다. 그라노베티가 규명한 바에 따르면, 우리가 생각한 것 보다 훨씬 자주, 바로 이 '느슨한 관계'에 의존한다는 것이다. 가령 구직 과정에서 대다수의 사람이 친한 친구가 아닌, 느슨한 관계로 맺어진 아는 사람을 통해 취업한다는 연구 결과도 있다고 한다.

《소셜네트워크 혁명》중에서

장이 되고 있는 것은 사실이다. 한편에서는 오히려 IT 기술 발전과 SNS의 확산에 따른 피상적인 커뮤니케이션이 사람들을 더 외롭게 만든다고 말한다. 하지만 이것은 잘못된 지적이다. 현대라는 삶의 조건은 현대인의 외로움을 조장한다. 그리고 SNS는 이들의 외로움을 해소해주는 하나의 방편인 것이다. 트렌드모니터와 이지서베이의 조사 자료에 따르면, 스마트폰 사용자 중 40.9%가 인간관계 유지를 위해 SNS를 사용한다고 말했다. 이 효용성을 섣불리 무시해서는 안 된다.

3 SNS로 인한 관계 단절은 일부 과몰입에 따른 부작용이지 SNS 자체의 문제는 아니다

종종 언론매체에서는 많은 사람들이 온라인 메신저나 SNS 등 가상세계의 인간관계에만 집중하고 그 결과 현실과는 유리된 삶을 산다고 비판한다. 또 SNS 때문에 실제적인 오프라인 관계를 멀리한다면서 SNS을 비롯한 가상세계에서의 친구맺기가 오히려 인간관계에 악영향을 미친다고 우려를 표한다.

그러나 한 가지 짚고 넘어갈 게 있다. 위에서 제기한 문제들은 SNS에 지나치게 몰입한 일부 개인의 문제거나, SNS를 어떻게 사용해야 하는지 모르는 미숙함 때문이지 SNS 자체의 문제는 아니라는 사실이다. SNS의 역사는 짧은 데 반해, 종류는 다양하고 그만큼 각각의 성질에 맞게 사용하는 방법 역시 조금씩 차이가 있다. 미디어 기능을 갖춘 SNS는 사용하기 편리하지만 꽤 까다롭고 조심스러운 면도 가지고 있다. 따라서 각각의 SNS에 대해 정확하게 이해하고, 이를 토대로 자신에게 맞게 잘 사용한다면 인간관계의 단절이 아니라 자신의 관계와 경험을 더 확대시켜나갈 수 있는 소통의 장이 될 수 있다.

"인간관계 도움 안돼"

1 SNS 인간관계는 얕고, 오히려 SNS로 인한 스트레스는 많다

SNS가 효율적으로 인맥 만들기를 할 수 있게 해주는 등 인간관계의 확장을 가져온 것은 사실이다. '풍요롭게'를 양적인 측면에서만 본다면 그렇다고 대답할 수 있다. 온라인 인맥이 몇백명, 몇천명에 이르는 사람들이 부지기수다. 하지만 그렇다고 해서 SNS가 인간관계의 질적 성장을 보장한다고 말할 수 있을까?

SNS의 인간관계는 형식적이며 얕고, 파편화된 것이다. SNS에서의 관계는 클릭 또는 터치 한번으로 만들어지는 손쉬운 관계다. 따라서 약간의 견해 차이, 취향 차이만 생겨도 손쉽게, 언제든 끊을 수 있다. 2011년 한 기업에서 임직원 400명을 대상으로 '직장 내 커뮤니케이션 채널' 설문조사를 한 바 있다. 'SNS의 발달로 인한 인간관계의 변화'에 대한 질문에, 응답자의 54%가 SNS와 스마트폰의 보급으로 인간관계의 폭은 넓어졌지만, 깊이는 얕아졌다고 응답했다.

〈헤럴드경제〉 기사에 의하면 직장인의 34%가 SNS로 인해 스트레스를 겪고 있다고 한다. 개인정보 유출도 그렇지만, 상대 메시지에 꼬박꼬박 답해야 하는 부담감, 포스팅하는 부담 등 소통을 위한 SNS가 지나치게 발달하면서 오히려 사람들의 스트레스를 가중시키고 있다는 것이다. SNS로 인해 소통의 시공간적인 제약이 없어졌고, 의사소통의 양이 늘었으며, 온라인 인맥이 확장된 것은 사실이다. 하지만 정작 주고받는 내용을 보면 어디를 갔는지, 뭘 먹었는지 등 의미 없는 일상의 나열인 경우가 태반이다. SNS를 통한 인맥이 진정한 관계로 발전하기는 어렵다.

2 SNS는 소통의 편리함을 주지만, 감정전달이 어렵고 오해의 소지가 있는 등 진정한 소통으로 보기 어렵다

경쟁과 속도로 숨가쁘게 돌아가는 현대사회에서 SNS가 현대인의 외로움을 덜어준다고 말하는 사람들이 있다. 물론 시공의 제약을 넘어•소통의 기회를 주는 것은 사실이다. 하지만 그 소통의 내용을 보면 그렇다고 대답하기 어렵다. SNS는 온라인의 장이다. 자신의 외로움이나 괴로움을 진솔하게 털어놓을 수 없으며, 수많은 불특정 다수의 시선을 의식해야 한다. 그 안에서 이루어지는 소통이 많다한들 과연 얼마나 큰 도움이 되겠는가. 더구나 SNS를 통한 감정전달은 쉽지 않다. 짧은 글 속에 담긴 내용을 맥락에 대한 진지한 고려 없이 읽을 때 오히려 오해를 불러일으킬 수도 있다. 우리의 외로움은 여러 사람의 위로가 필요한 것이 아니다. 단 한 사람이라도 진실하게 공감해주는 깊은 관계야말로 우리가 살아가는 데 큰 도움이 된다.

SNS 뿐만 아니라 IT 기술발전으로 문자 메시지, 온라인 메신저 등 가상세계에서 사람들을 이어주는 매체가 늘어났다. 그런데 이런 가상매체를 사용하는 십대와 성인들의 우울증 발병 빈도는 오히려 높아지고 있다.

물론 이것이 SNS 때문은 아닐 것이다. 하지만 그렇다고 SNS가 이러한 소외감과 외로움을 위로해주는 소통이라고 말하기도 어렵다. 오히려 SNS 소통이 원활한 친구들의 모습을 보면서 상대적으로 더 큰 외로움을 느끼는 경우도 많다고 한다.

3 SNS는 현실 관계의 단절을 초래하는 경향이 있다

스마트폰의 보급과 SNS의 확산은 언제 어디서나 원하는 사람과 소통할 수 있는 편리성을 주었다. 하지만 편리성의 결과, 직접 대면이 현격히 줄었다. 만나서 의논해야 할 일들도 기능적으로 처리해버리는 경우가 허다하다. 몇 년 동안 외부 거래처 사람들의 얼굴도 모르는 채 일하는 경우는 얼마나 많은가. 사회 분위기가 이렇다보니, 점차 현실의 관계보다는 가상의 관계에 머무는 시간이 많아지고, 이 것이 습성화되었다.

어느덧 누군가를 만나서 상대의 표정변화나 반응을 감지하고 이를 통해 진정한 관계를 만들어나가는 일이 성가셔졌다. 프랑스의 소통학자 도미니크 볼통은 인간은 사회적 동물이기 때문에 직접 만나 말하고, 만지고 보는 것이 중요하다고 했다. 또한 모니터나 휴대폰으로 하는 가상의 소통은 빈약한 소통일 뿐, 진정한 소통은 직접 만나 대화할 때 시작된다고 역설했다. SNS는 현실 관계의 단절을 초래하는 경향이 있다. 이에 대한 경각심을 일깨워줘야 한다.

토론해 봅시다 💬

1. SNS는 과연 사람들의 외로움을 달래줄 수 있을까요? 자신의 경험을 바탕으로 친구들과 이야기를 나눠봅시다.

2. SNS를 이용한 관계 맺기에는 어떤 장단점이 있는지 정리해봅시다.

실전 gogo ✏️

SNS가 인간관계를 풍요롭게 해준다고 생각하는지, 그렇지 않다고 생각하는지 자신의 생각을 정한 뒤 근거를 들어 자신의 의견을 정리해봅시다. (500자)

_____

_____

_____

_____

_____

_____

_____

_____

_____

_____

_____

_____

_____

**TABLE
6**

환경과
생태

DISH

원자력 에너지
찬성 vs 반대

후쿠시마 원전 사고가 일어난 후 방사능 오염수가 바다로 유출되고 있다는 사실이 알려지면서 우리나라에도 '방사능 괴담'이 걷잡을 수 없이 퍼져나갔다. 이에 정부는 후쿠시마를 포함한 인근 8개 현의 수산물 수입을 전면 금지하겠다고 밝혔다. 하지만 우리 원전 역시 노후화와 원전 부품 비리 사건으로 불안한 형편이고, 고리 원전 1호기는 폐쇄되었다.

화석 연료의 고갈과 온실가스의 폐해라는 인류가 당면한 에너지 문제에 원자력은 값싸고 안전한 에너지로 각광받고 있다. 하지만 원자력 에너지는 멀리는 체르노빌, 가깝게는 일본 원전 사고에서 보듯 인류에게 돌이킬 수 없는 재앙을 불러오고 있다. 원자력 에너지, 과연 계속 인류가 써도 무방할까? 원전을 포기하고 신재생 에너지 개발에 몰두해야 하는 건 아닐까?

키워드로 읽는 논쟁

1. 원자력 발전, 원자력 에너지

핵분열 반응에서 발생하는 에너지를 전기에너지로 변환한 것이 원자력 에너지다. 발전發電이란 역학에너지나 열에너지 등을 전기에너지로 변환시키는 것을 말하는데, 화력발전은 화석연료를 연소시켜서 얻는 열에너지를, 수력발전은 물의 낙차를 크게 해서 생기는 운동에너지를 전기에너지로 변환시킨 것이다. 원자력발전 역시 물을 끓여서 증기를 만들고 이 증기로 터빈을 돌려 발전을 한다는 점에서는 원리가 같지만, 물을 끓이는 에너지원을 핵분열반응에서 얻는다는 게 특징이다. 1942년 핵분열 연쇄반응이 발견된 이후 원자력 발전이 가능해졌고, 1954년 구소련이 세계 최초로 원자력발전소를 세우면서 전 세계에 원자력 발전 기술이 퍼져 나갔다.

2. 원자력 에너지의 장단점

원자력 에너지는 연료비가 월등히 싸서 경제적이라는 인식이 강하다. 실제 우라늄 1g으로 석탄 3t은 있어야 얻을 수 있는 에너지를 만들어낸다. 물론 이를 두고 한편에서는 원자력발전을 위한 건설, 운용, 폐기물 처리 등을 감안하면 경제적일 것도 없다고도 말한다.

뿐만 아니라 원자력발전은 온실가스를 배출하지 않아 에너지 대안으로 급부상한 것. 하지만 원자력 에너지는 처리과정에서 사람과 동식물에 치명적인 해를 입히는 방사능을 유출하는데, 체르노빌이나 후쿠시마 원전 폭발 같은 방사능 유출 사고는 대참사를 초래한다. 체르노빌 사고 당시 수만명이 피폭해 사망했고, 25

년이 지난 지금까지 피해가 계속 되고 있다.

후쿠시마 사고의 피해 상황도 심각하게 나타나고 있는데, 한편에서는 현재까지도 현재진행형이라고 말하고 있다. 원전의 피해가 얼마나 계속되는지 분명하게 말할 수는 없지만 핵연료가 원자로 건물 외부로 새 나와서 주변에 방사성물질을 흩뿌리는 '멜트아웃melt-out'에 대한 우려도 깊다. 핵연료가 지하로 파고 들어가는 상황은 아직 인류가 겪어본 적이 없기 때문이다. 특히 일본 사회에서는 여전히 후쿠시마 사고의 후폭풍을 겪고 있는 실정이다.

3. 세계 각국과 우리나라의 원자력 발전 현황은?

2017년 10월 26일 현재, 전세계 31개국에서 448기의 원자로를 가동 중이다. 지역별로는 북미 지역이 118기로 가장 많다. 이중 미국이 99기의 원자로를 보유, 세계 최대의 원자력 발전국이다. 서유럽 113기, 극동지역 110기로 그 뒤를 잇고 있다. 한편 57기의 원자로가 건설 중에 있어 세계 원전수는 500기를 넘을 것으로 전망되고 있다.

우리나라 원전 현황을 보면, 보유중인 원전은 23기로(이중 고리 1호기 폐쇄), 세계에서 다섯 번째로 원전이 많은 국가이다. 1978년에 고리1호기가 가동되면서 본격적인 원자력발전의 시대에 들어섰고, 이후 원자력사업은 초고속으로 성장했다. 2014년에 수립된 에너지 계획에 의하면, 원자력 에너지의 경우 32.3TOE(1TOE는 1000만kcl. 석유 단위는 배럴, 무연탄 단위는 톤, 가스 단위는 갤런 등으로 각 에너지원의 단위가 다르다. TOE는 이를 합계할 때 쓰는 단위)(2011년) 수준을 70TOE(2035년)까지 끌어올릴 예정이라고 한다. 하지만 국내 원전은 2040년 설계 수명이 끝나감에 따라 노후화가 안정성을 위협하고 있고, 여기에 원전부품 비리 문제까지 겹쳐 불안감을 증폭시키고 있는 상황이다. 노후화로 고리 1호기 폐쇄 결정을 내리자 환경단체에서는 원자력 폐기의 원년으로 삼자고 주장하고 있다.

4. 일본 후쿠시마 원전 사고 이후 세계의 대응은?

일본의 원전 사고 전까지만 해도, 기술 발달로 원전의 안정성이 높아졌고, 이산화탄소 감축을 위해서라도 원전을 확대하는 추세였다. 그러다 2011년 안전 기준이 최고 수준인 일본 후쿠시마에서 원전 사고가 발생하자, 전세계가 원전 정책을 폐기 또는 수정해야 한다며 목소리를 높였다. 독일은 운영중인 17개 원전을 2022년까지 폐쇄하기로 결정했고, 스위스는 신규 원전 건설을 중지하기로 하는 등 유럽의 원전 선진국들이 방향 수정을 하겠다는 계획을 내놓았다. 중국 역시 원전 추가 계획을 재검토 중이라고 밝혔다.

하지만 현재 원전에 대한 이러한 대응에 변화가 일고 있다. 원자력발전량도 후쿠시마 사고 이후 감소세를 보이다가 회복세로 돌아섰다. 원전 추가 계획을 재검토한다는 중국에서는 원전 건설이 활발히 이뤄지고 있고, 아시아 자역에서는 중국의 영향으로 원전 건설이 늘어나고 있다. 후쿠시마 사고 후 원전 가동을 중단했던 원전은 2017년 현재 80%가 재가동 중으로, 원전 체제로 복귀하고 있다.

5. 미국, 중국, 일본의 원전 정책

•미국| 세계 최대의 원자력 발전국으로 99기의 원자로를 보유하고 있으며, 2016년 원자력 발전량은 총발전량의 20%를 차지한다. 현재 2기의 신규 원자로가 건설 중으로 2020년 이후 완공될 예정이다.

•중국| 2017년 10월 기준 가동 중인 원자로는 총 37기이며, 약 20기가 건설 중이다. 한편 정부의 해외 진출 지원에 힘입어 다른 국가보다 자금조달 측면에서 유리한 조건을 제시할 수 있어 해외시장 진출을 빠르게 확대하고 있다.

•일본| 2017년 10월 기준 원자력 규제위원회에 원자력 발전소의 가동을 위한 심사(적합성심사)를 신청한 원전은 건설 중인 오마 원전을 포함 26기이며, 심사를 통과한 원전은 14기(수명연장 노후 원전과 재가동 승인 원전 포함), 재가동을 달성한 원전은 5기다. 2015년 결정한 '2030년 장기에너지 수급전망'에서 원전 비

율을 20~22%로 설정했는데, 비율을 달성하기 위해서는 42기 원전 중 30기 이상의 원전 재가동이 필요한 상황.

6. 신재생에너지

신재생에너지는 신에너지와 재생에너지를 합쳐서 부르는 말로, 재생에너지에는 태양광, 태양열, 바이오, 풍력, 수력 등이, 신에너지에는 연료수지, 수소에너지 등이 속한다. 우리나라에서는 8개 분야의 재생에너지(태양열, 태양광발전, 바이오매스, 풍력, 소수력, 지열, 해양에너지, 폐기물에너지)와 3개 분야의 신에너지(연료전지, 석탄액화가스화, 수소에너지), 총11개 분야를 신재생에너지로 지정하고 있다. 현재 신재생에너지 중 가장 각광받는 것은 바이오디젤과 바이오에탄올을 아우르는 바이오연료다. 2012년 기준 신재생에너지는 전 세계 에너지원의 19%를 차지하고 있으나, 우리나라의 보급률은 2013년 기준 약 3.52%에 불과하다.

플러스 상식 ✚ _____

후쿠시마 원전, 세슘·스트론튬 하루 600억Bq 배출

일본 후쿠시마 제1원자력 발전소에서 지금도 하루에 600억 Bq(베크렐)에 달하는 방사성 물질이 태평양으로 배출되고 있다는 분석이 나왔다. 교토통신 등 일본 언론은 후쿠시마 제1원전 1~4호기의 원자로 건물 쪽에서 원전 내 항만으로 배출된 세슘 137과 스트론튬 90이 5·6호기 쪽 취수구로 들어갔다가 항만 외부로 연결된 배수구를 따라 태평양으로 흘러나간다고 설명했다. 후쿠시마 원전 사고 직후인 2011년 3월 26부터 같은 해 4월 7일에는 배출구에서 세슘 137이 하루에 약 100조Bq씩 배출됐고 차츰 감소해 지금은 300억Bq 정도 나오는 것으로 파악됐다. 그럼에도, 원전 운영업체인 도쿄전력은 기준치 이하이므로 문제가 없다는 견해를 보이고 있다. 아오야마 연구원이 해양 관찰을 한 결과도 1ℓ에 1Bq 이하라서 기준치 이하인 것으로 나왔다. 그러나 이는 바닷물에 의한 희석 효과라는 지적이 나온다. 아오야마 연구원은 "후쿠시마 앞바다에 어류가 서식하면 방사성 물질이 농축돼 일본이 정한 규제치를 초과할 것"이라고 우려를 표명했다. 그는 배출되는 세슘 137과 스트론튬 90의 비율 등으로 미뤄볼 때 원자로 건물 지하에서 용융 연료와 직접 접촉한 물이 흘러나오는 게 틀림없다고 분석했다.

출전_<연합뉴스> 2013.09.19

"원전 멈출 수 없어"

1 원자력은 에너지 위기의 경제적 대안

전 세계가 에너지 위기에 직면해 있다. 50년 내에 석유가 고갈될 것이고 석탄은 반 이하로 줄어들 것이라고 한다. 이미 유가가 천정부지로 높아져가고 있다. 이에 에너지 전쟁이 올 것이라는 경고의 목소리도 높다. 하지만 석유 수요를 비롯해 동력 수요는 무서운 속도로 치솟고 있고, 대체 에너지 개발은 더디고 효율성이 낮은 상황이다.

이와 같은 상황을 감안할 때 원자력만이 에너지 수요를 충족시킬 수 있는 현실적인 대안이다. 무엇보다 원자력 발전은 다른 발전에 비해 초기 투자비용이 다소 비싸긴 하지만 장기적으로 볼 때 운영비용이 매우 싸서 경제적이다. 원료인 우라늄은 석유나 천연가스에 비해 싸고 적은 연료로 많은 전력을 생산할 수 있다. 100만kw급 발전을 일 년간 운전할 때 석유는 150만t, 천연가스는 110만t이 필요하지만 원자력은 30만t이면 충분하다.

물론 재생에너지 기술이 좋아져 현실적으로 활용 가능하다면, 원자력 폐기에 찬성할 수 있다. 하지만 재생에너지 기술은 비용대비 효율성을 얻을 만큼 발전하지 못하고 있는 상황이므로 대안이라고 볼 수 없다.

2 원자력, 지구온난화를 해결할 수 있는 친환경적 대안이다

지구온난화로 인해 생태계가 위협받고 있다. 이산화탄소를 비롯해서 각종 온실가스를 다량으로 배출하는 화석연료를 사용하는 것이 주원인이다. 화석연료는 많은 오염물을 배출하는데, 이산화황을 비롯한 오염물질들은 대기 하층부에서 스모그를 형성, 산성비를 내리게 하고, 대기 상층부에서는 일산화탄소층이 온실효과를 상승시켜 지구의 기후변화를 초래한다.

원자력 발전은 이와 같은 온실가스를 줄이기 위한 현실적인 대안이다. 우선 우라늄을 원료로 하는 원자력 발전에서는 오염물질이 거의 배출되지 않는다. 전력 1kWh를 생산할 때 배출되는 이산화탄소량의 경우, 석탄은 891g, 천연가스는 356g인데 반해 원자력은 16g에 불과하다. 온실가스 방출로 보면, 해안풍력과 비슷할 정도로 청정에너지다. 일각에서는 신재생에너지가 친환경적이라고 주장하지만, 현재 세계적 화두인 바이오에탄올 때문에 세계 곡물가격이 천정부지로 상승하고 있다며, 오히려 세계적인 환경학자들이 식량위기를 초래할 바이오에탄올 공장 건립을 당장 중단해야 한다고 주장할 정도다. 이와 같은 문제점들을 비교할 때, 통제 가능한 소량의 오염물질만을 배출하는 원자력이야말로 지구온난화를 해결할 수 있는 친환경적 에너지라고 볼 수 있다.

3 원전사고와 방사능에 대한 위험성은 과장된 것으로, 원자력은 안전하다

대부분의 사람들이 원자력 발전의 필요성에 동의하면서도 막연한 불안감을 가지고 있다. 방사능에 대한, 원전 사고에 대한 과도한 두려움 때문이다. 우선 방사능은 자연에도 존재하는 물질이다. 흙, 공기, 음식물에서도 방사능이 나오고, 새 건축물 등에서도 배출된다. X-레이 촬영을 받는 경우, 회당 100~500mg의 방사능을 쏘이고, 위 촬영시에는 1500mg의 방사능을 쬔다. 이렇게 보면, 원전수거물

처리장의 방사능 배출 제한치 1mg은 인체에 거의 영향을 주지 않는 수준이다.

한편 원전에 반대하는 사람들은 체르노빌 사고와 후쿠시마 사고를 앞세우지만, 과장되고 왜곡된 면이 많다. 체르노빌 사고 후 어떤 미국 학자는 향후 100년 내 전 세계에서 100만명이 암에 걸리고, 그중 절반이 사망할 것이라고 발표해 일반인들에게 '원전=대재앙'이라는 공포를 심어주었다. 하지만 2005년 중반까지 이 사고로 직접 원인이 돼 숨진 사람은 56명이고, 어린이와 청소년 약 4천명이 갑상샘 암에 걸렸으나 생존률이 99%에 이른다. 후쿠시마 원전에 대한 것도 이와 유사한 행태라고 볼 수 있다. 뿐만 아니라 나날이 기술이 발전해 원전의 안정성을 획기적으로 향상시키고 있으므로 안심하고 사용해도 좋다.

"원전, 멈춰"

1 원전의 발전원가를 종합적으로 따져보면, 결코 경제적이지 않다

일반적으로 원전은 경제적인 에너지라고 말한다. 하지만 이는 우라늄 가격만 고려한 허상에 가깝다. 우선 원자력 발전은 다른 발전에 비해 초기 투자비용이 비싸다. 특히 재앙을 대비한 엄격한 안전규정을 준수해서 원전을 건설하자면 건설비용이 어마어마하다. 원자력 발전 원가에는 연료비나 운영비뿐만 아니라 원전 건설비용, 원전 폐쇄 후 관리 및 해체비용, 핵폐기물 처분비용까지 포함해야 한다. 더구나 사고라도 나면 보상비용은 상상을 초월한다. 게다가 원자력은 필요할 때만 운용할 수 있는 다른 발전과 달리 일년 내내 가동해야 하기 때문에 비효율적이다. 이를 종합할 때 원자력은 결코 경제적이지 않다.

실제로 원자력의 종주국인 미국에서조차 비용문제로 신규 원전의 수주가 중단된 상태고 원전의 4분의 1 가량이 폐쇄 위기에 놓여 있다. 미국은 스리마일 원전사고 때 복구 작업과 보상 등으로 12억 달러 정도를 지출했는데, 이는 원전 건설비용 7억 달러를 상회하는 액수였다. 선진국에서 원자력 발전이 쇠퇴한 것은 더 이상 경제성이 없다는 판단 때문이다.

2 원자력은 방사능 물질을 배출하는 등
친환경 청정에너지와는 거리가 멀다

원자력이 온실가스를 배출하지 않는 청정에너지라는 주장은 에너지 발전과 정만을 단순 비교한 오해다. 우선 우라늄을 채굴하고, 발전소를 건설하고 운영하는데 막대한 양의 화석연료가 쓰인다. 폐기물 처리 과정 등에도 화석연료를 사용한다. 더구나 점차 농도가 낮은 광맥에서 우라늄을 추출해야 하는 상황이기 때문에 앞으로는 더 많은 화석연료를 소모하게 될 것이다.

더구나 원자력은 다른 에너지원과 큰 차이가 있다. 원자력을 제외한 생물자원, 풍력, 수력, 화석연료 등 다른 에너지원은 모두 태양에너지로부터 변형된 것이다. 하지만 핵에너지는 물질 자체의 내부구조를 변형해서 에너지를 생산한다는 점에서 전통적인 에너지원과 근본적으로 다르다. 핵에너지를 사용한다는 것은 지구 에너지의 총량을 인위적으로 증가시킨다는 것을 의미한다. 그리고 그 결과 지구의 온도평형이 파괴되고, 이로 인해 기후 변화가 일어나는 등 예측하기 힘든 심각한 환경파괴를 불러올 것이다. 게다가 원자력은 대량의 방사능과 핵폐기물을 유발한다. 이산화탄소는 지구 환경문제의 주범이다. 그렇다면 방사능은 별것이 아니란 말인가? 방사능이냐, 온실가스냐는 비교할 성질의 것이 아니다.

3 방사능과 원전은
전혀 안전하지 않다

원전은 대기를 오염시키고, 몇 세대에 걸쳐도 사라지지 않는 방사능을 방출하는 치명적인 시한폭탄이다. 방사능의 위험은 우라늄 채광에서부터 정제, 발전, 폐기물에 이르기까지 모든 과정에 상존한다. 인공방사능은 이미 수없이 분열을 거듭한 자연방사능과는 달리 일단 사람의 몸 안에 흡수되면 배출되지 않고 신체 조직과 밀착되어 치명적인 결과를 낳는다. 방사선에 의해 변형된 세포는 암이나 유전 장애를 일으키지만 이런 증상이 확인되기까지 오랜 시간이 걸려 직접적인 인과관계를 밝히기 어렵다. 바로 이 점 때문에 원자력 발전에 의한 방사능 피해가 거의 없다는 주장이 나오는 것이다.

방사성 원소의 반감기는 짧게는 몇백 년, 길게는 몇만 년이다. 이런 원전 폐기물들이 언제까지나 안전하게 관리되리라고 누가 장담할 수 있는가? 방사성 폐기물 문제는 현 세대의 독극물 쓰레기를 미래 세대에게 떠넘기는 행위와 다름없다. 더구나 체르노빌과 후쿠시마 원전 사고는 대참사의 잠재성을 보여주었다. 일본 원전 사고는 뛰어난 기술과 최상의 안전기준이 존재해도 재앙을 불러올 수 있음을 명백히 보여주고 있다. 이러한 위험에도 불구하고 경제적 논리로 원전 발전을 계속하는 것은 위험천만한 일이다.

토론해 봅시다 💬

1. 방사성폐기물 처리장을 선정하는 과정에서 우리 사회는 많은 갈등과 논란을 겪었습니다. 만약 여러분이 살고 있는 지역에 정부의 파격적인 지원을 전제로 한 방폐장이 들어선다면 찬성하시겠습니까, 반대하겠습니까?

2. 현재 후쿠시마 원전 사고 이후 원전에 대한 불안감이 고조되고 있습니다. 이것은 원전에 대한 근거없는 편견일까요, 아니면 원전이 잠재하고 있는 위험성에 대한 이유 있는 공포일까요? 자신의 생각을 말해봅시다.

실전 gogo 🖊

원자력 발전에 대해 여러분은 어떤 견해를 갖고 계신가요? 찬성과 반대의 견해를 정한 후 근거를 들어 자신의 견해를 펼쳐봅시다. (500자)

세계의 물 위기, 현실인가

"20세기 전쟁이 석유를 차지하기 위한 전쟁이었다면 21세기의 전쟁은 물을 차지하기 위한 전쟁이 될 것이다."
세계은행의 부총재였던 이스마일 세라겔딘의 말이다. 인류가 물 위기에 직면할 것이며, 세계가 '물 전쟁'을 벌일 것이라는 경고의 목소리가 높다. 세계기상기구는 지금처럼 물을 소비할 경우 2050년에는 3명 중 2명이 물 부족 상태로 생활할 것이라 전망한다. 우리도 예외는 아니어서 OECD는 한국이 2050년이면 회원국 가운데 물 부족으로 가장 큰 고통을 겪게 될 것이라고 말한다. 하지만 한편에서는 세계의 물 위기는 현실이 아니며, 신화처럼 부풀려진 것이라 주장한다. 하지만 물 위기를 다루는 진짜 이유가 현재의 물 소비 행태에 대해 전 세계가 되돌아봐야 할 필요성이 커져서라는 데는 양측 모두 동의할 것이다.

키워드로 읽는 논쟁

1. 인간이 사용할 수 있는 물은 어느 정도 될까?

흔히 지구를 푸른 별이라고 부른다. 우주에서 보면 지구 표면의 71%가 물로 덮여 있기 때문이다. (물의 총량은 대략 136억km^3일 것으로 추정된다.) 지구상에 이렇게 물이 많은데 왜 물 부족 사태를 염려하는 걸까? 그 이유는 인간이 이 물을 다 사용할 수 있는 게 아니어서다. 지구의 물 전체 총량 중에서 바닷물이 97.2%를 차지하는데, 바닷물은 염분이 많아서 사용이 불가능하다. 이를 제외한 2.8%가 소금기 없는 담수(민물)인데, 또 이 대부분이(2.15%) 빙하와 만년설이라 인간이 사용할 수 있는 범위에 있지 못하고, 여기에 사용하기 힘든 지하수, 대기 중의 물을 제외하면 남은 0.65% 중에서도 극히 일부인 0.0075%만이 인간이 실제 사용할 수 있는 수자원인 셈이다. 이처럼 수자원은 귀한데 인구는 증가하고 산업 활동에 따른 수질 오염 등으로 인류가 사용할 양질의 물이 점점 줄어들고 있는 상황이다.

2. 세계의 물 부족, 얼마나 심각한가?

전 세계 물 부족 사태는 일일이 열거하기가 어려울 정도다. 만성적 가뭄에 시달리는 아프리카 외에도 미국 캘리포니아의 경우 몇년째 물 부족에 시달려 휴경 농지가 늘고 있는 등 타격이 극심하다.

경제협력개발기구^{OECD}는 한 보고서에서 전 세계적으로 현재 28개국 3억 4000만명이 충분한 물을 구하지 못해 어려움에 처해 있으며, 2025년에는 52개국 약 30억명이 물 부족을 겪게 될 것으로 내다보았다.(2015년 세계 인구는 약 72억명) 국제원자력기구^{IAEA}의 2003년 보고서에 따르면 500만명 이상이 수인성 질병으로 사망하고 있고, 비위생적인 물로 인한 사망자가 전쟁으로 인한 사망자의 10배에 달한다고 밝혔다. 이러한 물 위기에 따른 갈등이 폭력과 전쟁을 유발할 수 있다고 경고하고 있다. 실제 물을 둘러싼 분쟁은 세계 곳곳에서 일어나고 있는데, 중국이 티베트에 관심을 갖는 이유가 히말라야의 수자원에 대한 지배권 때문이라는 견해도 있고, 아프리카 일부지역에서는 우물 하나를 얻기 위해 살육전마저 벌어지고 있는 게 현실이다. 나아가 물 위기는 생태계를 악화시켜 후세대의 생존 자체를 위협할 수 있다.

3. 한국, 물 부족 국가?

우리나라가 물 부족 국가라는 말은 쉽게 납득이 되지 않는다. 개울과 강도 많고, 수돗물 공급도 원활하고, 연평균 강수량이 세계평균 강수량의 1.6배에 달해 수자원이 풍족한 느낌이다. 하지만 강수량의 경우 인구밀도가 높아서 1인당 강수량을 따지면 세계평균의 6분의 1 수준이며, 계절별 강수량 편차가 심해 홍수 때 바다로 그냥 흘러가는 물이 많아서 수자원 전문가들은 실제로는 훨씬 열악하다고 평가하고 있다.

현재 우리나라는 유엔에 의해 물 부족 국가로 분류돼 있다. 유엔의 물 부족 여부는 강수량으로만 따지지 않고, 국토면적과 인구수를 함께 고려하는데, 이 기준에 따르면 우리나라는 소말리아, 케냐 등의 아프리카 나라와 함께 물 부족 국가에 속한다. 뿐만 아니라 경제협력개발기구는 오는 2050년에는 한국이 OECD 회원국 중에서 물 부족으로 인해 가장 큰 고통을 겪게 될 것이라고 경고하고 있다. 우리의 물 부족의 원인 중에 노후 상수도관도 한몫하고 있다. 새는 물만 6억 5600만t, 돈으로 환산하면 연간 5570억원에 이른다. 여기에 국민 한 사람이 하루 쓰는 수돗물 양이 2013년 기준 282*l*로 세계 최고 수준이다.

4. 바닷물을 담수로 바꾸다

바닷물에는 약 3.5%의 염분이 들어 있어 바닷물을 마시면 몸 안의 염분 농도를 희석하려고 더 많은 물을 필요로 해 오히려 갈증을 느끼게 만들고, 염분 배출을 위해 마신 바닷물의 양보다 약 1.5배 많은 소변을 배출해야 한다. 따라서 바닷물을 마시면 마실수록 우리 몸 안에는 수분이 부족해져 탈수 현상이 일어난다. 바닷물은 생활용수나 공업용수로 사용하기 힘든데, 담수화란 바닷물로부터 염분을 포함해 용해물질을 제거해 순도 높은 담수를 만들어내는 일련의 과정을 말한다.

옛 선원들은 바다 위에서 갈증 해소를 위해 놋쇠로 만든 항아리에 바닷물을 담아서 이를 불로 끓이고 항아리 주둥이에 걸쳐 놓은 스펀지에 증발된 수증기를 모은 후 이 스펀지를 짜서 그 물을 마셨다고 한다. 현재 담수화 기술의 최강국은 이스라엘로, 11개 담수화 기업이 사막을 옥토로 바꾼 주역들이다. 우리나라는 1989년 후반 보령화력에 담수화 설비를 설치했다. 2007년에는 진해시 연도, 보령시 고대도, 군산시 어청도, 신안군 홍도, 울릉군 독도, 제주시 추자도 등 69곳에 설치되어 하루 $5563m^3$(급수 인구 1만 8000여명)의 식수를 공급하고 있다.

"물 위기, 온다"

1 물, 21세기의 위기로 떠오를 것이다

물 위기라고 하면 으레 식수조차 구하지 못해 수인성 질병을 앓는 아프리카와 아시아의 아이들을 떠올린다. 물론 물 재난은 주로 아프리카(29%)와 아시아(35%)를 중심으로 발생하고 있는 게 사실이다. 그러나 물 사태가 세계 곳곳에서 터지고 있다.

스페인의 바르셀로나는 극심한 가뭄으로 자기 집 정원에 있는 꽃에 물을 주다 적발되면 벌금 1만 3000달러를 내야 한다. 농업지역인 미국의 캘리포니아에는 물 사정 악화로 농장을 폐쇄한 곳이 늘고 있고, 급기야 인근 네바다에서 물을 사들이기로 결정했다. 우리나라도 예외는 아니다. 이미 물 부족 국가로 분류돼 있고, 2050년이 되면 OECD 국가 중에서 물 때문에 가장 고통을 받게 될 것이라는 경고를 듣고 있다.

2015년 유엔 세계 물 개발보고서에 따르면 전 세계의 지하수가 이미 고갈 상태에 이르고 있고, 강유량은 기후 변화에 따라 불규칙적으로 변하게 되며, 그 결과 물 부족으로 세계가 극심한 고통을 받을 것으로 전망된다. 더구나 세계 인구는 2050년까지 90억명에 이를 것으로 조사돼(2015년 현재 세계인구는 72억명) 물 사용을 지금처럼 하다가는 15년 후에 필요한 물의 60%밖에 사용하지 못할 것이라고 전망하고 있다. 이미 중국과 미국을 비롯한 전 세계 곳곳에서 물 부족으로 심각한 어려움을 겪고 있다. 우리나라 역시 예외가 아니다. 경제협력개발 기구OECD는 오는 2050년에는 우리나라가 OECD 회원국 가운데 물 부족으로 인해 가장 큰 고통을 겪게 될 것이라고 경고하고 있다. 물 위기는 부풀려진 신화가 아니고 이미 도래한 현실이다. 위기에 비해 이를 과소평가할 때 〈인터스텔라〉〈매드 맥스〉 같은 영화에서 펼쳐진 것과 같은 비극적인 미래가 현실이 될 것이다. 생존을 위해서 수자원에 대한 새로운 인식을 가져야 한다.

2 물 부족, 전쟁과 같은 갈등을 초래할 것이다

물은 인간의 생존을 위해 필수불가결한 반면에 사용할 수 있는 양이 한정적이어서 세계의 물 전쟁은 예고돼 있는 셈이다. 거기다 기상이변과 인구 증가, 식량 확보를 위한 담수 필요량 증가로 물 위기는 심화될 것이다. 이에 많은 학자들이 20세기에 석유를 둘러싸고 수많은 전쟁을 치렀듯, 21세기에는 물 쟁탈전이 급증할 것이라고 말한다.

물 부족으로 인한 갈등은 전쟁을 점화 중이다. 이라크의 주요 도시들은 유프라테스강과 티그리스 강 사이에 있는데, 물값이 석유값보다 비싼 상황이다. 〈가디언〉은 시리아·이라크 분쟁의 승패는 티그리스·유프라테스 강물과 댐, 수로 등 물 공급을 누가 통제하느냐에 달려 있다고 보도했다. 영국 왕립국방안보연구소[RUSI] 카타르 지부의 마이클 스티븐 부국장은 "우리는 지금 물 통제권을 둘러싼 전투를 목격하고 있다. 물은 현재 이라크 내 모든 세력의 전략적 목표물이다. 그것은 죽느냐 사느냐의 문제다. 물을 통제하면 바그다드를 장악할 수 있고, 많은 문제를 야기할 수 있다"고 말했다.

또한 요르단 강은 이스라엘과 시리아, 팔레스타인 해방기구 등에는 생명수나 다름없다. 1967년 시리아가 요르단 강 상류인 단(현재 이스라엘 지역)에 댐을 건설하려고 하자 이스라엘의 강으로 물이 흘러들어오지 않을 것을 걱정한 이스라엘의 위기의식이 3차 중동전을 촉발시켰다. 나일강을 둘러싸고 케냐, 우간다, 탄자니아, 에티오피아 등도 마찰을 빚고 있다.

중국 상황도 좋지 않다. 아시아개발은행이 중국이 물 문제를 해결하지 못할 경우 GDP의 5.5% 경제손실을 입을 것이라고 전망하는 가운데, 다급해진 중국이 티베트령 히말라야의 수자원을 호시탐탐 노리고 있는 상황이다. 중국이 티베트에 관심을 기울이는 이유가 티베트의 수자원 지배권 확보를 위한 것이라는 얘기다. 이런 예는 부지기수다. 다뉴브 강, 겐지스 강, 인더스 강 등 전 세계 곳곳이 물 분쟁을 겪고 있다. 물 위기가 미래의 전쟁을 촉발할 것이라는 예견은 결코 과장된 것이 아니다.

3 민영화, 담수화 물 위기 해법이 되기 어려워

'물은 금세기의 석유'라는 말이 있다. 물이 미래에는 석유만큼 비싼 자원이 될 것이라는 전망이다. 더구나 석유는 대체에너지가 있지만 물의 경우 대체가 불가능하다. 물 부족, 물 위기에 대한 논쟁이 벌어질 때마다 민영화, 담수화가 해법으로 거론되고 있다. 물이 너무나 값싸게 소비되고 있기 때문에 소비량을 줄일 수 없다고 판단되기 때문이다. 우리의 경우를 보면 하루 물 사용량이 독일의 세 배에 이른다. 세계에서 1인당 하루 평균 물 사용량이 가장 많은 나라는 미국이다. 이 소비량만 조절해도 물 위기를 극복할 수 있으므로, 물 산업을 민간기업에게 맡겨 적정한 수준으로 값을 매긴다면 물 소비가 줄어들 것이라고 말한다. 물론 물이 공짜여야 한다고 생각하지는 않는다. 그러나 물 산업을 민영화할 경우 경제적인 가격으로 물을 공급하겠다는 애초의 약속이 지켜지지 않을 확률이 높다. 볼리비아의 경우를 보자. 볼리비아는 IMF와 세계은행으로부터 구제금융을 받는 조건으로 민영화를 약속했고, 이에 따라 미국의 벡텔이 코차밤바 시의 물을 관리했다. 하지만 물값이 너무 치솟아 결국 볼리비아는 벡텔을 내쫓았다. 민간이 담수 접근법을 독차지할 경우 미래는 어두울 수밖에 없다.

담수화의 경우, 이론적으로는 분명하다. 바닷물이 97.2%를 차지하니 이를 담수로 만들면 물 위기가 극복될 수 있을 것처럼 보인다. 문제는 해수담수화 비용이 높고, 기술, 전문인력, 시설 등 인프라 구축이 선진국 중심이라는 점과 해수담수화 기술이 에너지 소비가 많은 증기를 이용한 증발법을 쓰므로, 결국에는 환경문제로 이어질 수밖에 없다는 점이다. 따라서 민영화, 담수화는 물 위기의 해법이 되기 어렵다.

"물 위기,
걱정 NO"

1 물은 재생가능한 자원이다

'물 위기' '물 부족 시한폭탄' 같은 아우성이 가득하다. 세계의 물 보유량은 앞으로 몇십 년 후면 수요를 감당할 수 없어 심각한 문제를 낳고, 해결책도 없다고 호들갑이다. 그러나 이 주장들은 대개 여러 가지 오해를 기반으로 한 것이다. 물은 현명하게 사용해야 하지만, 기본적으로 충분하다. 왜냐하면 물은 재생가능한 자원이기 때문이다. 보통 우리는 물의 총량 중 담수 0.65%에 의존해 있고, 그 가운데 0.62%를 지하수가 차지한다. 우리가 명심해야 할 것은 지하수는 바다, 공기, 땅 호수의 물 순환운동을 통해 계속 다시 채워진다는 점이다.

태양은 바닷물을 증발하게 하고, 바람은 수증기의 일부를 움직여 비와 눈을 배출하게 한다. 그러면 물은 다시 강과 호수를 통해 바다로 흘러들게 된다. 육지의 총 강수량이 약 11만 3000km^3가 증발한다고 고려할 때 매년 4만 1000km^3의 담수가 새로 유입된다. 강수의 일부는 오지에 유입된다는 점을 감안하면 접근 가능한 물의 양은 3만2900km^3로 추산된다. 그런데 하나 더 감안할 게 있다. 상당수의 접근 가능한 물이 홍수 기간에 하천을 따라 유출된다는 점이다. 이 유출량 중에서 약 9000km^3가 수거되고, 여기다 댐을 통해 수거하는 3500km^3을 감안하면 우리가 쓸 수 있는 총 강수량은 1만 2500㎢에 이른다. 이는 1인당 매일 약 5700*l*씩 사용할 수 있는 물이다. 또 지구온난화는 언뜻 더 많은 물을 증발시켜 물 부족을 일으킬 것 같지만, 더 많은 물의 증발은 더 많은 강수량을 뜻하기도 한다는 점을 알아야 한다. 물은 재생가능한 자원이다. 너무 펑펑 쓰지만 않는다면 아무 문제가 없다.

2 물부족에 대한 걱정이 너무 과하다

미래가 아닌 현재에 기반해 말해보자. 2000년 기준 만성적인 물 부족 국가는 15개국, 전 세계 인구의 3.7%이다. 나머지 96% 가량의 인구가 수자원을 확보하고 있다는 뜻이기도 하다. 또 흔히 물 부족을 말할 때 '물 스트레스 지표'를 기준으로 삼는다. 인간에게 하루에 얼마만큼의 물이 필요하냐가 기준. 인간은 식수용, 가정용, 개인 위생용으로 하루에 약 100*l*의 물이 필요하다. 농업용, 산업용, 에너지 산업용으로 500~2000*l*가 더 필요하다. 이 지표에 의하면, 1인당 사용 가능한 물이 4669*l*가 되지 않으면 주기적으로 물 스트레스를 경험할 확률이 높고, 2740*l* 미만이면 만성적인 물 부족을 경험할 확률이 높다고 말한다. 1370*l* 미만이면 절대적으로 물 부족을 경험하게 되고.

우리는 하루에 얼마만큼의 물이 필요할까? 위의 물 스트레스 지표에 의하면 최소 1인당 1일 물 사용량이 2740*l*는 넘어야 한다. 그런데 과연 이 기준은 맞는 걸까? 용도별로 일일이 따져볼 수 없으니 개인용 물사용에 국한해보자. 10분간 샤워하는데 120*l*, 양치질 하는 데 6*l*를 써서 1인당 보통 337*l*가량을 쓴다. 하지만 인간 생존에 필요한 최소량은 1인당 7*l*면 되고(이는 생명유지를 위한 것) 건강유지를 위한 최소 필요량은 1인당 20*l*라고 한다. 물론 이렇게 극단적으로 물을 적게 사용하기란 쉬운 일이 아니다. 지금의 물 스트레스 지표가 높은 것도 사실이다. 하지만 이 기준으로 지구 전체가 심각한 물 부족 문제에 직면해 있다고 볼 수 있을까?

이스라엘은 1인당 1일 물사용량이 969*l*로 절대적인 물 부족 국가에 든다. 하지만 이스라엘은 점적관수(점적관수기술은 적정 양의 물을 일정하게 공급하는 점적 호스를 가지고 최소한의 물을 이용하여 최대한의 수확물을 얻도록 하는 시스템)를 이용해 사막을 푸르게 가꾸고, 가정에서 나오는 하수를 관개용으로 재활용해서 잘 쓰고 있다. 물 전쟁 운운은 과장된 호들갑일 확률이 높다.

3 물 부족, 얼마든지 해결할 수 있다

물 공급을 둘러싼 우려는 시간이 지날수록 상황이 악화될 것이라는 불안감에서 비롯된다. 인구가 늘면서 물 스트레스가 느는 것은 당연하므로 이러한 전망은 예측도, 예고도 아니다. 물을 현명히 다루지 않으면 물이 부족해질 것이라는 의미로 받아들여야 한다.

무분별한 물 사용은 물 위기를 초래할 수 있다. 하지만 물에 대한 인식은 좀처럼 바뀌기 어렵다. 물 낭비 문제는 물값이 지나치게 싸게 책정돼 있기 때문이다. 그래서 경제학자들은 영리를 추구하는 민간 기업이 생산비에 근거해 가격을 책정해서 물을 팔 경우 물값이 비싸져 물 소비가 줄어들 것이라고 말한다. 물을 민영화하는 것도 한 방법이란 소리다. 이를 두고 물은 생명과 직결되는 것이라 누구나 물에 접근할 권리를 가져야 한다고 말하는데, 그렇다고 공짜로 줄 수는 없다. 생산 원가가 반영된 가격으로 물을 공급하고, 물값을 감당하지 못하는 사람들에게 보조금을 지급하면 된다. 좀더 현명하게 물 가격을 책정하는 것은 미래의 물 공급을 안전하게 지켜줄 뿐만 아니라 사회 전체의 물 효용을 높일 것이다.

담수화도 좋은 방법이다. 재정이 뒷받침되는 국가에서는 얼마든지 쓸 수 있는 해결책으로, 현재 담수화 기술이 좋아져 생산 원가도 낮아지고 있다. 특히 담수화는 식수를 사실상 무한정 사용할 수 있게 해준다. 이밖에 농업용수 비율이 높은데 기술의 발달로 농업용수로 묶여 있던 물을 좀 더 많은 가치를 생산하는 산업용수나 가정용수로 돌릴 수 있다. 물 부족, 물 위기의 해법은 얼마든지 있다는 얘기다.

토론해 봅시다 💬

1. 2050년 우리나라는 OECD 국가 중에서 가장 물 부족 문제를 심각하게 겪을 것이라고 전망합니다. 이런 상황을 가정해 향후 물 부족 문제를 해결하기 위해서 우리는 무엇을 해야 할까요? 물 부족 문제를 해결할 방안으로 어떤 것들이 있는지 알아보고, 가장 효율적인 방안이 무엇일지 말해봅시다

2. 물의 민영화가 물 낭비 문제를 근절해 물 부족 위기를 타개할 해법이라고 말합니다. 물 민영화에 대해 찬반으로 나누어 토론해봅시다.

실전 gogo ✏️

세계의 물 위기가 과연 도래할지, 과장되고 부풀려진 신화인지 자신의 입장을 정한 다음 자신의 생각을 근거를 들어 적어봅시다. (500자)

GMO 식품,
개발해야 하나

제초제와 살충제에 강한 콩, 냉해를 덜 입는 토마토와 딸기 등 유전자 조합 기술로 만든 GMO 식품이 미래 식량 위기의 대안으로 떠오르고 있다. 나아가 시력을 잃어가는 아이를 구하기 위한 비타민 A를 강화한 벼, 백신 유전자를 넣은 바나나 등 GMO의 출현을 두고 먹거리의 혁명이라고도 한다. 하지만 한편에서는 유전공학이 펼치는 장밋빛 미래에 대해 강력하게 문제를 제기하고 있다. GMO에 반대하는 사람들은 이를 '프랑켄푸드'라고 부르며 식탁에서 몰아내야 한다고 주장한다. GMO 식품, 개발을 중단해야 할까, 계속해야 할까?

키워드로 읽는 논쟁

1. GMO 혹은 GMO 식품이란?

GMO는, Genetically Modified Organism의 약자로, 유전공학기술을 이용해 유전자를 분리하고, 이를 다른 생물체의 유전자에 결합시켜 특정 목적에 맞도록 개량한 농산물을 말한다. 무르지 않는 토마토, 수박만한 감자, 살충제에 강한 콩 등이 대표적. 기존에는 원하는 특성을 얻으려고 육종(품종 개량) 방식을 썼는데, 육종은 수정이 가능한 종 사이에서만 가능하고 몇 세대를 거쳐야 하는 데 비해 유전공학기술은 종의 한계를 초월해 원하는 특성을 빠르게 얻을 수 있어서 계속 발전해왔다.

한편 GMO에 대한 입장에 따라, GMO의 modified를 각각 다르게 번역하고 있다. GMO 반대 측에서는 '유전자조작식품', 농림축산식품부는 '유전자변형식품', 식품의약품안전처는 '유전자재조합식품'이라고 부르는데, 미디어에서도 세 가지를 혼용하고 있다. 최근 우리말 통일작업이 진행중이라고 하는데, 반 GMO 진영인 '소비자시민모임'도 '조작'이란 표현은 쓰지 않는 데 동의하고 있다.

2. GMO 식품을 만드는 이유

GMO는, 알레르기성 체질에 맞춘 작물, 특정 영양소를 강화한 작물, 질병 치료 기능이 있는 작물, 백신 기능을 갖춘 작물 등 유용성이 무궁무진하다. GMO 옹호론자들은 특히 GMO가 식량위기와 환경문제의 대안이라고 주장하고 있다. 2005년~2010년 동안 세계 인구는 한해 8000만명 가량 증가한 데 반해 농지면적과 곡물재고율은 줄어들고 있는 추세라 어떤 환경, 기후에서도 자랄 수 있는 작물,

저장성이 좋은 작물 등을 유전자변형을 통해 만들어냄으로써 식량위기로부터 인류를 구해낸다는 것. 또한 농약과 제초제 등에 강한 작물을 만들어 환경을 보호하는 역할도 할 수 있다고 한다. 하지만 GMO 식품이 장기적으로 인체에 해로울 우려가 크고, GMO 작물이 생물다양성과 생태계 순환구조를 파괴할 우려도 제기되고 있다.

3. GMO 식품에는 어떤 것들이 있나?

최초의 GMO 식품은 1994년 미국 칼진사가 만든 무르지 않는 토마토이다. 그러다 1996년부터 미국 몬산토사의 GMO 콩이 대규모로 재배되기 시작했다. 그후 옥수수, 감자, 토마토 등 11개 품목으로 급속하게 늘어났다, 이들 작물은 대부분 제초제나 해충에 잘 견디고 오래 유통되도록 변형한 것들이다. 이외에도 비타민이 강화된 쌀, 전염병 예방 기능이 있는 바나나 등 다양한 맞춤 작물이 늘고 있다. 현재 GMO 농산물의 품종은 주로 몬산토, 듀폰, 신젠타, 바이엘크롭사이언스 등 다국적기업에 의해 공급되고 있으며, 미국에서 재배되는 양이 48%로 가장 많다. 콩의 경우 세계 콩 재배면적의 77%가 GMO 콩인 상황. 2015년경에는 GMO 농작물 종류가 약 124종에 달할 것으로 예측하고 있다.

4. 우리나라도 GMO 식품 재배하고 있나?

지금까지 전 세계에서 콩과 옥수수, 밀 등 21개 작물 181종이 GMO 작물로 승인되었다. 우리나라의 경우 GMO쌀 등 수십 종을 개발했지만 GMO에 대한 반대 여론에 밀려 시험 재배도 못하고 있다. 대신 많은 양의 GMO 식품이 원재료로 수입되고 있는데, 식용유나 두부 등 상당수 제품에 원재료가 들어가 있는 상황이다. 한편 소비자의 선택을 위해 제조식품의 성분 중 GMO가 3% 이상 섞여 있을 경우 표시해야 하는 GMO표시제를 실시하고 있고, 현재 식품위생법으로 안전성

평가를 의무화한 상태이며, 승인된 제품만 유통되도록 하고 있다. 국내에 수입이 허가된 GMO 농산물(2013년 4월말)은 콩, 옥수수, 카놀라, 면화, 감자, 사탕무, 알팔파 등 모두 91종으로 미국, 일본, 캐나다 다음으로 높은 편이다.

5. GMO 식품에 대해 다른 나라의 입장은?

전 세계적으로 GMO에 대한 반대 목소리가 거세지고 있는 추세다. 특히 유럽의 경우 90년대 중반부터 농민, 소비자, 환경, 사회단체들이 GMO 식품 반대운동을 펼쳐 식품회사와 대형 유통업체들이 앞다투어 GMO 작물을 자사제품과 매장에 사용하지 않겠다고 선언했다. 일본의 경우, 생협을 중심으로 반대운동을 꾸준히 펴온 결과 된장 등의 장류는 비 GMO로 만들게 되었고 유수의 회사들(기린, 아사이, 삿포로)과 식품회사들이 GMO 작물을 사용하지 않기로 선언했다. 종주국인 미국은 전혀 문제 삼지 않았는데 미국 소비자들이 점차 GMO의 문제점을 제기하고 있지만 한편으로는 GMO 재배면적이 지속적으로 증가하는 추세에 있다.

"GMO, 개발해야"

1 GMO 식품은 인류가 겪을 식량위기의 현실적인 해결책이다

인류는 기아와 식량위기라는 문제를 안고 있다. 전 세계 인구의 절반 가량이 영양결핍 상태고, 해마다 600만명의 어린이가 기아로 목숨을 잃고 있다. 식량위기 역시 점차 격화될 조짐을 보인다. 기후변화로 공급량이 감소하고, 중국 인도 등이 산업화되면서 경작지가 감소하고, 바이오연료 사용이 늘어난 탓이다. 식량위기란 식량가격이 상승해 안정적으로 식량 수급을 받는 데 위협을 느끼는 것이다. 식량은 가격이 올라도 수요를 줄일 수도, 공급을 확대할 수도 없다. 쌀값이 두 배가 되었다고 밥을 절반만 먹을 수도, 쌀이 부족하다고 금세 생산량을 두 배로 늘릴 수도 없어서 식량위기는 폭동이나 전쟁으로 이어질 수 있다.

이러한 식량위기와 기아를 해결할 수 있는 현실적인 방법은 GMO 식품을 개발과 확산이다. 아프리카처럼 척박한 땅에서도 재배할 수 있는 GMO 작물이 보급된다면 현지의 식량 문제를 해결할 수 있고, 특정 영양소를 강화한 GMO 식품은 영양결핍으로부터 아이들을 지켜줄 수 있다. 또한 기후변화에도 영향받지 않는 작물, 단위면적당 수확량이 높은 작물을 개발해야 하는데, 이는 육종 기술로는 불가능하다. GMO 식품 개발만이 기아와 식량위기의 유일한 대안인 것이다.

2 지구온난화로 인한 기후변화에 대응하려면 GMO 개발에 박차를 가해야 한다

지구온난화의 영향이 심각하게 드러나고 있다. 극지방의 빙하가 녹아 해수면이 상승하고, 전 세계가 각종 기상이변에 시달리고 있다. 당연히 기후변화는 작물 재배에 심각한 영향을 미친다. 특히 온난화가 계속되면 병충해 피해가 극심해질 수밖에 없다.

우리나라만 해도 매년 이상저온과 일조량 부족으로 채소, 화훼, 과수 재배 면적이 큰 피해를 입고 있다. 지금과 같은 상황이 계속된다면 2050년에는 세계의 식량 생산 능력이 3분의 1가량 줄어든다고 한다.

이러한 상황을 극복할 수 있는 길은 환경변화에 잘 적응하고 병충해에 내성을 가진 GMO 작물의 개발에 있다. 육종 기술로는 어렵없다. 지금과 같은 기후변화에 내성을 가진 유전자원이 없기 때문이다. 사막이나 추운 냉대에서 재배할 수 있는 작물, 가뭄을 견디는 작물 등을 GMO로 개발해야 한다. 한편 GMO 작물은 환경을 보호하는 데도 도움이 된다. 근대 농업은 생산성과 수익성을 높이기 위해 농약과 제초제, 화학비료의 사용을 늘려왔다. 이는 농산물 자체와 토양에 그대로 잔류하여 광범위한 오염을 일으킨다. 그런데 병충해에 내성이 강한 GMO 작물을 재배하면 농약과 화학비료의 사용을 크게 줄일 수 있다.

3 GMO 식품의 위해성은 과장된 것이다

GMO에 반대하는 사람들이 가장 크게 내세우는 것은 안전성 문제로, GMO 식품에 대한 과학적 검증이 불완전하다는 것이다. 하지만 GMO의 안전성은 세계적인 학자들의 의견이 갈리고 있기 때문에 일치된 판정을 내리기란 불가능하다는 점을 감안해야 한다. GMO 식품에 대한 우려가 크지만 이미 GMO 식품은 생활의 일부분이 되어 있다. 그리고 아직까지 GMO 식품이 인체에 해롭다고 입증된 사례가 없다. 물론 위해성 논란을 불러일으킨 사례는 많지만, 실제 조사를 해보면 GMO 식품 자체가 아닌 다른 요인 탓인데 GMO의 위해성으로 부풀려진 경우가 많다. 2000년 스타링크 사건*이 그런 경우다. 즉, 과학적으로 검토되고 안전성이 확인된 사료용 옥수수가 유통과정에서 일부 식용 옥수수에 섞인 관리상의 문제인데도 마치 GMO 생물체가 우리 몸에 해롭기 때문에 일어난 사건으로 인식되는 대표적인 경우다.

또한 국제기구를 중심으로 전 세계는 GMO 식품의 안전성 문제에 만전을 기하고 있다. GMO 작물이 개발되었다고 곧바로 상품화되지는 못한다. 환경 및 식품 안전성 검사를 통과해야만 실용화되도록 제도적 장치를 마련해두었다. GMO 식품의 안전성은 엄격한 심사와 안전한 식품가공 기술을 확보하는 방향에서 충분히 확보될 수 있다. 또한 GMO 표시를 엄격히 시행하여 소비자가 선택할 수 있도록 조치하고 있다.

---

* 스타링크 사건

2001년 우리나라 및 일본에 수입되었다가 반송된 유전자변형 옥수수 '스타링크'는 생명공학 기술을 이용해 이식한 유전자가 만드는 살충성 Bt 단백질이 사람 소화효소인 펩신에 분해되는 시간이 약간 길어서 알레르기를 일으킬 가능성이 있어 사료로만 사용하도록 했다. 그런데 2000년 9월 미국의 타코벨이라는 외식 체인업체의 '타고쉘'에서 사료용으로 승인된 스타링크 옥수수가 검출되는 사건이 발생했다. 유통과정에서 일부 식용 옥수수에 혼입되어 멕시코식 레스토랑에서 타코를 만드는 데 사용된 것이다. 개발사는 급히 리콜 조치했으며, 스타링크 옥수수의 판매는 중단되었다.

GMO 식품, 개발해야 하나

"GMO, 개발 말아야"

1 식량위기는 원인이 구조적이고 복합적이므로 단순히 GMO 작물을 통한 생산량의 증대로 해결할 수 없다

　제3세계 기아 문제는 부족한 식량이 아닌, 불공정한 분배 때문이다. 현재 지구촌 식량은 전 세계 인구의 1.5배를 부양할 수 있을 정도다. 또한 현재의 식량위기는 선진국의 과도한 음식섭취, 곡물 소비가 많은 가축을 기르는 육식 문화, 선진국의 단일작물 수출로 떨어진 식량자급률 저하, 다국적 기업의 횡포 등이 원인이다. 따라서 해법은 이 문제들을 하나씩 풀어가야 하는 것이지 단순히 GMO 식품을 개발해 공급한다고 해결될 문제가 아니다.

　더구나 GMO 식품은 다국적기업의 이윤을 높여주는 상품일 뿐이다. 그들은 수익을 중심에 놓고 움직이지 인류의 식량문제를 해결하려고 만들어진 단체가 아니다. GMO를 개발하는 다국적기업들이 GMO 작물의 씨를 다시 받지 못하도록 조작하고 해마다 씨와 관련 농약을 함께 사도록 유도하는 것만 봐도 알 수 있다. 또한 대부분의 GMO 작물은 수확량을 높이기 위한 게 아니라, 제초제 내성이나 해충저항성을 높이는 것인데, 이는 생산자, 유통업자를 위한 것이다.

　실제로 GMO 작물은 선진국에 공급할 가축(육식)의 사료나 바이오연료용 작물에 생산량을 맞추고 있다. 오히려 GMO 작물이 확산되면서 정작 사람을 위한 곡물 생산지가 부족해지고 있는 현실을 직시해야 한다.

2 기후변화에 대응하기 위해 만든 GMO 작물이 생물의 다양성을 위협하고, 생태계를 무너뜨릴 수 있다

유전자 변형으로 가뭄이나 홍수, 냉해에 잘 견디는 품종을 개발해 기후변화에 대응하면 된다는 주장은 설득력 있어 보인다. 하지만 이것은 눈앞의 것만 보고, 본질적인 문제를 보지 않는 행위다. GMO 작물이 늘어나면 오히려 더 큰 자연 재앙을 불러올 가능성이 높다. 병충해나 제초제에 강한 GMO 작물은 이를 능가할 슈퍼해충이나 슈퍼잡초를 낳을 위험성이 크다. 해충에 강한 몬산토사의 GMO 목화는 인근에 서식하던 벌의 30%를 몰살시켰다. 이처럼 GMO 작물이 늘면 오히려 생태계 사슬을 위협할 수 있다는 사실을 알아야 한다.

지구의 생태계는 무려 45억년 동안 진화과정을 거치며 조절되어 왔다. 유전자변형 기술이 지닌 위험성은 이처럼 오랜 시간 변화해온 것을 몇 개월 만에 인공적으로 이뤄낸다는 데 있다. 실제 야생종보다 생존력이 강한 GMO 작물은 급속히 확산되어 다른 일반 작물의 생존을 위협할 것이다. 그리고 생물 간에는 교배가 가능하고 가능하지 않은, '종과 종 간의 벽'이 있다. 이러한 벽은 생물의 다양성을 유지시켜주는 역할을 한다. 종 간의 벽을 뛰어넘는 유전자 조작은 필히 예상치 못한 돌연변이를 출현시킬 것이고 생물의 다양성을 위협하여 생태계의 근간을 무너뜨릴 위험이 크다.

3 GMO 식품의 안정성을 검증했다고 해도 실제 안전한지 여부는 단언할 수 없다

GMO 식품을 섭취하면 항생제에 대한 내성이 커지는 위험이 있다. 유전자조작이 의도대로 이뤄졌는지 확인하기 위해 항생물질에 내성을 갖는 유전자를 함께 넣는데, 이 유전자가 이전될 가능성이 높기 때문이다. GMO 식품은 한마디로 '프 랑켄푸드'라 할 수 있다. 우리 몸에서 언제 어떤 결과를 일으킬지 누구도 장담할 수 없다. 1998년 쥐를 이용해 실험한 결과, GMO 감자가 면역계 손상을 일으킨다 는 결과를 얻기도 했다. 이 실험 결과는 지금도 논란이 되고 있는데, 이를 연구한 박사는 연구소에서 해고됐고, 해당 연구소는 지금도 한 생명공학회사로부터 자금 을 지원받고 있다.

GMO의 안전성을 국제기구나 선진국에서 충분히 검증하고 있다고 하는데, 설사 안전성이 입증되었다고 해도 실제 안전한지는 단언할 수 없다. 화학물질인 DDT나 석면이 한때 기적의 물질이라며 안전하다고 했지만 수십 년이 지나서 유 해성이 드러났다. 더욱이 유전자와 관계된 문제는 대개 수십 년에 걸쳐 드러나기 때문에 당장 문제가 없다고 안심할 수 없다. 국제기구가 제시하는 '실질적 동등 성'(유전자 변형 작물과 기존 작물을 비교, 차이점을 찾아내 그 차이점에 대한 독성, 알레르기 성, 영양성 등을 평가해 문제 없을 경우 기존 작물과 동일한 것으로 간주한다는 개념)이라는 기준도 안전성 평가의 원칙으로 삼기 어렵다. 성분이 유사하더라도 미세한 유전자 가 전이되어 의도치 않은 결과를 유발할지 모르기 때문이다.

플러스 상식 ⊕ _____

GMO의 안전성 문제를 제기한 사례

2006년 임신부가 유전자변형 식품을 먹을 경우 태아가 위험해질 수 있다는 러시아 과학아카데미의 연 구 결과가 나왔다. 연구팀은 미국의 다국적 곡물기업인 몬산토가 개발한 '살충제에 강한 콩'을 섞어 먹 인 쥐와 그렇지 않은 쥐를 임신 전부터 관찰한 결과, 몬산토 콩을 먹은 쥐의 새끼 55.6%가 생후 3주 안 에 죽어, 자연 콩을 먹은 쥐의 새끼 사망률 9%에 비해 여섯 배나 높은 것으로 나타났다. 또 몬산토 콩 을 먹은 쥐 새끼의 36%가 심각한 저체중 상태를 보였다. 이는 나머지 그룹의 6%에 비해 훨씬 높게 나 온 것이다. 유전자 변형식품이 인체에 해롭다는 연구가 잇따르는 가운데 태아에 미치는 영향을 처음으 로 조사한 이 연구는 지금까지 큰 반향을 일으키고 있다.

1. GMO 식품 옹호론자들이 가장 크게 내세우는 것은 GMO 식품이 식량문제를 해결한다는 것입니다. 하지만 이를 둘러싸고 찬반 의견이 첨예하게 맞서고 있습니다. GMO 식품이 식량문제의 대안이 될 수 있는지 찬반을 나누어 토론해봅시다.

2. GMO 식품 개발을 찬성해야 할까요, 반대해야 할까요? 찬반의 이유를 각각 정리한 다음 자신의 입장을 정해 찬반으로 나누어 토론해봅시다.

실전 gogo ✏️

GMO 작물이 생태계에 어떤 영향을 미칠까요? GMO 작물이 전면 허용되었다고 가정하고 100년 뒤 생태계의 변화상을 상상하여 적어봅시다. (300자 이내)

온실배출권거래제,
시기상조인가

2015년부터 본격적인 온실가스배출권거래제가 시행되었
고, 온실가스배출권거래시장도 개장했다. 지구온난화의
주범인 온실가스 배출을 줄이자는 의도로 시작된 제도지
만 정착까지는 많은 어려움이 예상된다. 비용이 발생하므
로 기업 경쟁력이 약화된다는 산업계와 국제사회의 신뢰
를 얻고 새로운 성장동력으로 활용해야 한다는 정부, 제
도에는 찬성하지만 실효성에 의문을 제기하는 환경단체
들 사이에 시작부터 논란이 계속되고 있기 때문이다. 온
실가스를 줄여 지구의 환경도 살리면서 기업의 이익까지
도모할 수 있는 방법은 없는 것일까. 다양한 주장과 반론
을 통해 새로운 지혜를 모색해보자.

키워드로 읽는 논쟁

1. 온실가스배출권거래제

기업이나 국가가 온실가스 배출량을 미리 정하고 배출량을 초과하거나 남은 부분을 다른 기업이나 국가와 거래할 수 있도록 한 제도. 가령 연간 10t의 온실가스 배출권을 부여받은 기업이 한 해 8t의 온실가스를 배출했다면 남은 2t은 배출권이 부족한 기업에 팔거나 혹은 이듬해에 사용하도록 이월할 수 있는 제도인데, 이는 나라와 나라 사이의 관계에서도 마찬가지다.

1992년 브라질 리우에서 발표한 UN기후변화협약^{UNFCCC}은 지구온난화의 주요인으로 이산화탄소^{CO2}, 메탄^{CH4}, 아산화질소^{N2O}, 수소불화탄소^{CFCs}, 과불화탄소^{PFCs}, 육불화황^{SF6}를 6대 온실가스로 지정했고, 이 중 이산화탄소의 배출량이 가장 많아서 탄소배출권거래제라고도 부른다. 현재 유럽연합^{EU} 28개국과 뉴질랜드, 스위스, 카자흐스탄 등 모두 38개국이 이 제도를 시행하고 있는데, 미국(캘리포니아와 동부 9개주), 일본(도쿄 등 3개 지방자치단체), 캐나다(퀘벡), 중국(베이징, 상하이 등 7개 성) 등 4개국은 국가가 아닌 지역 단위로 시행하고 있다.

2. 온실가스 감축을 위한 국제협약-교토의정서

유엔기후변화협약을 이행하기 위해 만들어진 국가 간 협약으로, 교토기후협약이라고도 한다. 1997년 12월 일본 교토에서 개최된 유엔기후변화협약 제3차 당사국 총회에서 채택되었으며, 미국과 오스트레일리아가 비준하지 않은 상태로 2005년 2월 16일 공식 발효되었다.

유럽연합 미국, 일본 등 지구온난화에 역사적으로 책임이 많은 선진국은 제1

차 의무감축 기간인 2008~2012년에 1990년 배출 수준과 대비하여 평균 5.2%의 온실가스를 줄여야 한다는 것이 주요 내용. 의무감축국가로 38개국을 지정했고, 한국과 중국을 포함한 대부분의 개발도상국은 의무감축국가에 포함되지 않았다.

온실가스 감축을 위한 구체적인 실행방안으로 배출권거래제도Emission Trading 와 공동이행제도Joint Implementation, 청정개발제도Clean Development Mechanism를 도입했는데, 이를 교토메커니즘이라 한다. 공동이행제도는 의무감축국가가 다른 선진국의 온실가스 감축사업에 투자하여 얻은 온실가스 감축분을 자국의 온실가스 감축에 사용할 수 있도록 했고, 청정개발제도는 선진국이 개발도상국의 감축사업에 투자하여 발생한 감축분을 자국에 사용하는 방법이다.

3. 온실가스 배출량과 각 나라의 입장

의무감축국가 38개국에서 배출하는 온실가스양은 전 세계 배출량의 66%다. 문제는 가장 많이 배출하는 중국과 인도는 개발도상국으로 의무감축국가에 포함되지 않았고, 미국은 "온실가스 감축은 각 나라의 자율에 맡겨야 한다"는 입장을 밝히며 교토의정서에 서명하지 않았다. 러시아와 일본, 캐나다, 뉴질랜드도 탈퇴를 하면서 교토체제는 붕괴에 직면했다.

그러나 2012년 12월 카타르 도하에서 열린 18차 유엔기후변화협약 당사국총회에서 그 해 만료되는 교토의정서의 실효시점을 2020년까지 연장하는 데에 합의했고, 참여에 부정적이던 중국과 미국이 2014년 11월 정상회담을 통해 온실가스 감축에 합의하면서 새로운 국면을 맞고 있다.

4. 우리나라, 준비에서 시행까지

우리나라는 온실가스 배출량 7위, OECD 국가 중 온실가스 배출 증가량 1위 국가지만 중국, 인도와 함께 개발도상국으로 분류돼 의무감축국가 명단에는 오르지 않았다. 하지만 녹색성장을 강조한 이명박 정부는 자발적으로 2008년 주요 7개국G7 확대 정상회의에서 온실가스 감축 목표를 발표하겠다고 약속하고, 2009년 "2020년까지 온실가스 배출량을 30% 줄이겠다"는 목표를 국제사회에 제시했다. 기업들의 강한 반대 속에도 2012년 5월 여야 합의로 '온실가스 배출권의 할당 및 거래에 관한 법률안'이 국회를 통과했고, 같은 해 11월 구체적인 시행방안이 나오면서 제도 시행의 법적 근거를 갖추게 되었다.

2014년 11월 석유화학 84개, 철강 40개, 발전·에너지 38개 등 모두 525개 업체를 확정하고 할당량을 통보했으며, 2015년부터 본격적으로 온실가스배출권거래제를 시작했다. 그럼에도 불구하고 기업의 반발은 수그러들 기미가 보이지 않는데다가 할당 대상업체 중 절반에 가까운 243개 업체가 배출권 할당에 대해 이의신청을 하는 등 전망이 불투명한 실정이다.

"시기상조다"

1 기업의 지나친 부담이 경쟁력을 약화시킬 수 있다

환경에 대한 관심이 높아지는 상황에서 산업계가 동참해야 한다는 것은 누구도 부인하지 못한다. 하지만 국내외 경제여건이 지금처럼 좋지 않은 상황에서 새로운 제도의 도입은 기업에게 큰 부담이 아닐 수 없다.

정부는 2009년에 다음해 배출될 온실가스배출량을 6억 4400만t으로 예상했지만 실제는 6억 6900만t이었다. 2012년의 실제 배출량도 7억 190만t으로 정부 예상치인 6억 7400만t을 초과했다. 이런 추세라면 2020년의 배출량이 8억 1300만t일 것이라는 정부의 예측과는 달리 8억 9900만t에 이를 전망이다. 그럼에도 불구하고 정부는 이를 무시하고 2020년 온실가스배출 목표를 6억 6900만t으로 잡았는데, 이는 사실상 달성이 불가능한 수치다.

현행 제도대로 초과분에 대해서 배출권을 산다면, 2010년 EU 배출권의 평균가격을 기준으로 6조원 가량의 추가부담을 져야 될 것이다. 만약 판매자가 없어 과징금을 내야 할 경우, 추가부담액은 무려 28조원까지 늘어나게 된다. 여기에 EU에서는 규제대상이 아닌 전기·스팀 등 간접배출까지 포함한다면 산업계의 부담은 더 커질 수밖에 없다. 이는 기업의 경쟁력을 하락시켜 생산과 고용의 저하를 초래할 뿐 아니라, 기업의 부담이 소비자에게 전가되는 부작용을 낳을 수 있다. 오히려 친환경기술개발에 더 많은 지원을 하는 것이 효과적이다.

2 탄소가 지구온난화의 주범이라는 과학적인 근거가 부족하다

일반적으로 지구온난화가 이상기후나 자연재해의 원인이고, 지구온난화의 원인은 이산화탄소를 비롯한 온실가스라고 알려져 있다. 주로 환경관련 국제기구나 환경론자들의 주장이다. 하지만 그에 대한 반론 역시 만만치 않다. 그동안의 지구 역사에 비춰보면 주목할 만한 큰 변화도 아니며, 분석과정에서 환경론자들이 특정 변수를 지나치게 많이 계산에 넣거나, 정확하지 않은 통계를 사용했기 때문이라는 목소리다.

덴마크의 통계학자요 세계적인 환경단체 그린피스에서도 일한 경험이 있는 비외른 롬보르 같은 이는《회의적 환경주의자》라는 책에서 "환경에 대한 우리의 지식이 잘못된 통계 자료와 선입관에 기초하고 있다"며 "환경론자들이 연구비를 더 타내기 위해 통계조작이나 왜곡을 통해 지구온난화 등을 과장하고 있다"고 비판했다. 더욱이 지난 100년 동안 인간의 수명이 두 배 이상 늘었고, 선진국 영유아 사망률이 지난 60년간 6%에서 1%로, 개발도상국에서는 18%에서 6%로 줄었다며 "환경 파괴 때문에 세상이 멸망할 것이란 식의 주장은 옳지 않다"고 비판했다.

지구온난화가 본격적으로 제기된 것은 1980년대 후반부터인데 이렇게 짧은 기간의 분석으로는 평가 자체가 불가능하다는 주장도 있다. 지구는 수세기에 걸쳐 한랭기와 온난기를 반복해왔다. 가령 1940~1970년대의 평균기온은 이전보다 낮았지만 이후에는 반대가 됐다. 또 지난 100년간 대기 중 이산화탄소 농도가 줄곧 높아졌는데 기온은 낮아졌다. 누구도 이 현상을 명쾌히 설명하지 못한다. 지구온난화의 이유가 이산화탄소 때문이라는 사실을 부정하는 것은 아니다. 그것이 산업화에 의한 인위적 요인 때문이라는 주장은 온전히 납득하기 힘들다.

미국 등 다량배출국이 참여하지 않는 감축은 실효성이 없다

온실가스 감축에 합의를 했다고는 하지만 배출국 1, 2위를 차지하고 있는 중국과 미국도 실효성 논란으로 온전한 시행을 못하고 있는 것은 모두가 아는 사실이다. 일부 지역에서 시행하고 있다고는 하지만 다른 지역으로 옮기면 적용을 받지 않게 될 것이고, 이는 시행할 의사가 없다는 것을 의미한다.

3위인 인도 역시 개발도상국이라는 이유로 의무감축국가에 포함되지 않았으며 참여할 의사가 없음을 거듭 밝혔다. 러시아, 일본, 캐나다 등도 교토의정서에서 탈퇴를 선언하며 온실가스배출권거래제를 유보하고 있는 입장이다. 거론된 이들 나라의 온실가스배출량을 합치면 전 세계의 60%에 육박한다.

백 번을 양보해서 지구온난화의 책임이 산업화로 인한 온실가스의 증가에 있다는 데 동의한다고 해도, 이것은 적반하장이다. 산업화로 인한 열매는 고스란히 챙긴 국가들이 지금에 와서는 그 책임을 회피하고 개발도상국이나 저개발국들에게 그 뒤처리를 미루거나 분담하자는 요구이기 때문이다. 정작 책임 있는 나라들이 효율성을 이유로 뒷짐을 지고 있는 마당에 겨우 1%대의 온실가스 배출량을 기록하고 있는 우리나라가 온실가스배출 감축에 앞장서는 것은 그야말로 '오염물질을 뿜어내는 공장 옆에 공기청정기를 트는 격'이 아닐 수 없다. 또한 점차 연착륙하고 있는 발전, 철강, 석유화학 등 주요 분야에 큰 부담이 아닐 수 없다.

따라서 현재로서는 우리 기업의 경쟁력을 높이는 데 주력하고, 2020년 이후 신기후체제의 출범에 맞춰 추진을 검토하는 것이 현명한 판단이다.

"시기상조 아니다"

1 기업의 비용 부담은 지속적 성장을 위한 투자다

온실가스배출권거래제에 대한 산업계 반응은 냉랭하다. 가장 큰 이유는 경제적 부담 때문이다. 예상 배출량을 너무 적게 잡았고, 그것이 고스란히 기업 부담으로 온다는 논리다. 물론 기업 부담이 발생할 수밖에 없다. 그래서 정부는 기업의 요구에 따라 2020년까지 배출량 30%를 감축하겠다는 약속을 수정해 16.6%로 낮춰 잡았다. 시행시기도 당초 2013년에서 2015년으로 늦췄고, 1차 계획기간(2015년 1월 1일~2017년 12월 31일) 동안 무상으로 할당하는 배출권의 비율도 97%에서 100%로 확대했다. 배출권 할당량도 요구대로 늘렸다. 그밖에도 배출권 부족으로 인한 가격 급등에 대비해 거래가격 상한선을 설정하고 배출권 예비분을 늘리는 등 시장 안정화 조치 방안을 마련했고, 전기사용 시 발생하는 온실가스 등 간접배출 할당량 확대 방안도 검토하고 있다.

기업 부담을 줄여주기 위한 이런 다양한 조치는 오히려 정부의 지나친 배려라는 지적이 나올 정도여서, 부담해야 할 액수에 대한 산업계의 주장은 과장된 면이 있다. 그리고 그 비용 역시 지속적 성장을 위한 투자라는 인식의 전환과 전략적 접근이 필요하다. 그럼에도 불구하고 기업의 비용 증가가 소비자에게 가중된

부담으로 돌아갈 것이라는 산업계의 주장은 시민을 볼모로 한 협박이요, 환경보호에 대한 기업의 그릇된 윤리의식이라는 비판에 직면하게 될 것이다.

2 온실가스 감축, 더 이상 미룰 과제가 아니다

공상과학영화 〈인터스텔라〉가 우리나라에서 1000만명의 관객을 기록했다. 영화 자체의 재미가 관객을 모았겠지만 인류 생존을 위협하는 기후변화에 대한 위기감에 공감한 것도 한몫을 했을 것이다.

온실가스에 의한 지구온난화 현상은 심각한 수준에 이르렀다. 2014년 3월에 발표된 유엔 정부간기후변화위원회^{IPCC}의 보고서에 따르면, 1901년부터 2012년에 이르는 최근 112년간 지구의 평균기온이 0.89℃ 올랐고, 평균해수면은 19cm 상승했다. 또 온실가스가 지금처럼 증가한다면 2081년~2100년 지구의 평균기온은 1986년~2005년에 비해 3.7℃, 평균해수면은 63cm 상승할 것이란 전망이 나왔다. 재해감소를 위한 유엔 국제전략기구^{UNISDR}는 전 세계가 기후변화에 대해 체계적으로 대응하지 않으면 21세기에 입을 경제적 손실은 최소 전 세계 국내총생산의 3분의 1 수준인 25조 달러에 이를 것이라고 경고했다.

온실가스 감축에 이의를 달 사람은 아무도 없다. 가장 좋은 방법은 당장 공장 가동을 중지하고 자동차를 멈추고 조금 불편해도 과거의 생활을 재현하는 것이겠지만, 현실적으로 불가능한 얘기다. 차선책은 강제로라도 온실가스 배출을 줄이는 일이다. 온실가스배출권거래제는 그런 공감대 속에 탄생했다. 지구온난화가 산업화에 따른 온실가스의 발생 때문이 아니라는 주장에 대해서도 한마디 하자. 원인과 결과의 타당성이 아직 과학적으로 입증되지 않았다 해도, 그것이 기후변화나 인간의 활동에 어떤 영향을 미치는지 불확실하고 또 문제제기가 공론화되었다면, 규제하는 것이 옳다. 그것이 밝혀질 때까지.

3 신뢰회복과 신성장동력의 선점효과 있다

온실가스배출권거래제는 국제사회와의 약속이다. 이미 2020년까지 온실가스 배출량 30% 감축을 약속했고, 국회에서 여야 합의에 의해 2015년부터 시행하도록 법까지 제정해놓았다. 국제사회에서의 신뢰도를 감안해야 하고, 법을 고쳐가며 시행 이전으로 되돌아가기에는 부담도 클뿐더러 너무 늦었다.

이미 제도가 시행된 마당에 산업계는 온실가스 감축을 위한 자발적인 노력을 하지 않을 수 없게 되었다. 친환경기술개발에 박차를 가해야 하고, 대체에너지 개발에도 힘쓰지 않을 수 없다. 이를 통해 보다 적은 비용으로 온실가스를 감축하고, 급격한 산업화 과정에서 형성된 기존의 탄소집약적 경제구조를 개선해 기후변화 위기에 대응하는 새로운 성장동력을 창출할 수도 있다.

현재는 기업 간의 거래만 용인되는 실정이지만 이후 개인도 마치 지금의 증권투자를 하듯이 배출권 거래에도 뛰어들어 수익을 창출하는 또 하나의 시장이 형성될 것이다. 선진국을 중심으로 배출권거래제 시장을 또 다른 국가 신성장동력으로 활용하려는 움직임이 활발한 것도 이런 이유 때문이다. 현재 시행되고 있는 목표관리제(정부로부터 배출량을 할당받고 이를 지키지 못하면 벌금을 내야 하는 직접규제)보다 시장 기능을 활용하는 게 절반 이상 온실가스의 감축 효율이 높기 때문에 시행을 미룰수록 손해다. 실제로 온실가스배출권거래제 시행 후 유럽연합은 저탄소 기술 특허건수가 시행 전에 비해 2배 증가했고, 영국은 저탄소산업이 연간 4% 성장했다. 관련 일자리 또한 100만개나 창출됐다는 보고가 있다.

"탄소배출권거래제는 미국과 유럽의 통화전쟁이다"

연세대 백광열 기후금융연구원장은 탄소배출권 거래제를 환경이라는 새로운 영역에서 일어난 미국 달러화와 유럽 유로화 간의 통화전쟁이라고 해석한다. 19세기 영국이 당시 가장 중요한 자원인 석탄을 자국 화폐인 파운드로 거래하며 세계 경제의 중심이 됐듯이, 석유수출국기구가 대금을 미국 달러로만 받은 탓에, 1971년 브레턴우즈 체제(미국 달러를 주거래통화로 삼고 고정환율제를 골격으로 하는 2차 세계대전 이후 국제금융 질서)의 붕괴에도 불구하고 미화가 계속해 실질적인 기축통화의 지위를 유지했다는 것이다. 즉 가장 중요한 자원을 독점하는 통화가 기축통화가 된다는 뜻이다. 그런 의미에서 유럽연합ᴱᵁ이 유로를 기축통화로 만들기 위해 찾아낸 자원이 온실가스배출권이다. 유럽은 유엔을 이용해 교토의정서를 끌어내고, 탄소배출권을 유가증권화해 유로로만 거래하는 제도를 만들었는데, 그 제도가 온실가스배출권거래제였다. 미 달러를 약화시키기 위한 견제책인 셈이다. 그러나 미국은 교토의정서를 거부했고, 이후 러시아와 일본, 캐나다, 뉴질랜드 등이 탈퇴하며 교토체제는 사실상 붕괴됐다. 그 결과 유럽에서 사용하던 배출권은 30유로에서 0.05유로까지 폭락했고 거래는 사라졌다.

소비자가 유도하는 온실가스 감축, 탄소성적표지

탄소성적표지제도는 이산화탄소 배출량을 라벨에 표시함으로써 소비자의 선택을 유도하는 제도다. 이는 소비자의 선택을 통해 기업으로 하여금 저탄소제품 생산을 유도하는 역할을 함으로써, 규제를 통하지 않고도 온실가스를 줄이도록 하는 효과가 있다.

우리나라의 탄소성적표지는 탄소발자국(사람들이 일상생활에서 얼마나 많은 탄소를 만들어 내는지를 양으로 표시한 것)의 발상지인 영국에 이어 가장 활발하게 운영되고 있다. 2009년에 도입된 이래로 지금까지 189개 기업의 1667개 제품이 인증을 받았다. 지금까지 저탄소제품을 통해 줄인 온실가스만 약 256만t이 된다. 이는 서울시의 네 배 면적에 소나무를 심었을 때 일년간 흡수하는 이산화탄소 양과 같다.

토론해 봅시다 💬

1. 온실가스배출권거래제가 시행되었습니다. 지구온난화 문제와 신성장동력으로서 더욱 적극적으로 추진해야 할지, 아니면 충분한 시간을 들여 제도를 보완해서 천천히 시행하는 것이 맞는지 친구들과 토론해봅시다.

2. 온실가스배출권거래제 외에 온난화 문제의 해결을 위해 개인이 할 수 있는 노력으로는 어떤 것들이 있을지, 세 가지 이상 나열해 봅시다.

실전 gogo ✏️

온실가스배출권거래제 시행이 시기상조라고 하는 사람들은 지금처럼 배출국 1, 2위를 차지하는 선진국이 참여하지 않으면 실효성이 없다는 주장을 내세웁니다. 이 주장에 대한 반론을 적어봅시다. (500자)

지구온난화,
인류의 미래를
위협할까

2015년 소양강댐과 충주댐이 바닥을 드러낼 정도로 최악의 가뭄을 겪었다. 백여년만의 가뭄이라는 말이 나올 정도다. 이런 기상이변은 우리나라뿐이 아니다. 태국, 필리핀 등도 가뭄을 호소하고 있고, 인도 남부에서는 폭염으로 인한 사망자가 1000명을 넘었다. 전문가들은 엘리뇨 현상을 주원인으로 지목하지만 그 밑바닥에는 지구온난화로 인한 기후변화가 있다. 지구온난화를 두고 인류의 생존이 걸린 지상 최대의 과제라는 주장과 주기적으로 반복되는 자연스런 현상이라는 주장이 맞서고 있는데, 여러분은 과연 어느 편의 손을 들어줄 것인가?

키워드로 읽는 논쟁

1. 지구온난화^{Global Warming}란 무엇인가?

말 그대로 지구표면의 평균온도가 상승하는 것을 말한다. 지구의 연평균 기온은 400~500년을 주기로 약 1.5℃ 범위에서 오르내림을 거듭해왔는데, 상승하는 시기를 온난화라고 불렀다. 하지만 최근의 온난화는 1970년대 기온상승을 주로 일컬으며, 기상관측이 시작된 19세기 후반 이후의 기온상승을 그 대상으로 한다.

온난화의 원인은 아직 명확하게 밝혀지지 않았지만, 온실효과를 일으키는 온실가스가 가장 유력한 원인으로 꼽힌다. 지구에 도달한 태양에너지 중 일부가 적외선 형태로 방출되는데, 온실가스가 이 에너지를 흡수해 지구의 온도를 높이는 것을 온실효과라 부른다. 인류가 산업화를 거치며 화석연료의 사용을 늘리는 과정에서 그 양이 크게 증가하고 있는 이산화탄소가 대표적이다.

1985년 세계기상기구^{WMO}와 국제연합환경계획^{UNEP}에서는 전체 온실가스 배출량의 77%를 차지하는 이산화탄소를 지구온난화의 주범이라고 공식적으로 선언했다. 여기에 메탄, 아산화질소, 수소불화탄소, 과불화탄소, 육불화황을 더해 6대 온실가스라 부른다. 또 산업화 과정에서 숲이 파괴되면서 이산화탄소를 흡수하는 나무들이 줄어든 것이라든지, 오존층의 파괴, 태양 흑점의 변화 등을 지구온난화 가중 요인으로 거론하는 학자들도 있다.

세계는 '유엔기후변화협약'이나 '교토의정서'와 같은 합의를 통해 온실가스 방출량 감소를 위한 지구적 노력을 기울이고 있다.

2. 한반도 온난화 속도, 세계보다 2~3배 빠르다

'한국 기후변화 평가보고서 2014'에 따르면, 한반도의 기온과 해수면 상승 속도가 점점 빨라지고 있다. 지구의 평균 변화 속도보다 2~3배 빠른 수치. 1954년부터 1999년까지 45년간 한반도의 평균 기온은 1℃ 가량 상승, 10년마다 0.23℃ 정도 오른 것으로 분석됐다. 하지만 2001년부터 2010년까지 10년간에는 0.5℃ 정도 올라 상승폭이 2배 이상 커졌다. 참고로 최근 30년(1981~2010)간 한반도 기온은 연평균 1.2℃ 가량이 올라 10년마다 0.41℃씩 상승한 것으로 나타났다.

한반도 주변 해양의 수온과 해수면도 지속적으로 상승하고 있다. 19세기 산업혁명 시기를 기점으로 한국 근해의 표층수온은 1℃ 이상 상승했고, 겨울철 남해 수온은 1.5℃ 가량 상승했다. 이 상승폭은 지구 평균수온의 상승 속도보다 3배 가량 빠른 것이다. 연간 해수면 상승폭은 지구 평균인 1.4mm보다 2.5배 가량 높은 3.5mm로 관측됐다. 동해의 표층 이산화탄소 증가 속도도 지구 해양 평균보다 2배 가량 빨라 해양산성화가 급속도로 진행되고 있는 것을 알 수 있다.

환경부와 기상청은 이 보고서에서 2001~2010년 서울지역에서 폭염에 의해 사망한 사람의 숫자는 연평균 10만명당 0.7명이었던데 비해, 2036~2040년에는 1.5명으로 2배 이상 증가할 것으로 예상했다. 덧붙여 한국의 연평균 기온과 해수면 상승은 화석연료 연소와 토지이용 변화로 인해 이산화탄소 방출이 늘어나는 등 인위적인 온실가스가 증가한 데 따른 것이라고 분석했다.

3. 지구가 더워지면 생명체가 작아진다

2012년 미국 네브래스카대학과 플로리다대학 합동 연구진은 5600만년 전 대기와 바다의 일산화탄소 양이 늘면서 지구의 온도가 5~10℃ 정도 높아졌을 때, 지구상 최초의 말이 지금의 미니어처 슈나우저와 비슷한 5.3kg에 불과했다가 기온이 다시 낮아지면서 6.8kg까지 몸집이 커졌다는 연구결과를 발표했다. 연구진은 몸집이 작아야 더운 날씨에 체온 조절이 더 쉽기 때문에 적도 근처 등 더운 곳에 서식하는 동물의 몸집이 더 작다고 설명했다.

또한 2011년 영국 퀸스매리대 연구진은 실험실에서 키운 물벼룩이 수온 1℃가 오를 때마다 몸무게가 2.5%씩 줄어드는 사실을 확인했다. 수온이 올라가면 생리작용도 활발해지고 성장도 빨라져 물벼룩 역시 성장이 빨라져 '성체'가 되기 전 번식을 시작한다는 것. 다 크지 않은 몸으로 번식하려니 새 생명의 크기가 작아질 수밖에 없다는 것이 연구진의 주장이었다. 미국 하버드대와 이스라엘 네게브 벤구리온대 합동 연구진이 신생아 체중과 대기 온도 연관관계를 연구한 결과, 임신 중 외부 기온이 높아질수록 신생아들의 몸무게나 줄어든다는 사실을 밝혀냈다. 임신 마지막 3개월 동안 기온이 평균 8.5℃ 높아지면 신생아의 몸무게가 17g 감소한다는 것. 태아는 외부기온 변화에 민감해 급격히 기온이 상승하면 스트레스로 조기출산의 위험이 높아지고 몸집이 작아지는 등 성장에 문제가 발생한다.

4. 85년 뒤의 지구 '온도 지도'

최근 미국 항공우주국^{NASA}은 기후변화에 대한 예측 데이터를 수집해 만든 85년 후 지구의 기후가 담긴 지도를 공개했다. 이 지도는 강수량과 기온 변화 데이터를 기반으로 최악을 가정해 제작한 것으로 2100년 7월의 기후를 보여주고 있다. 온도가 높을수록 붉은색으로 표시했는데, 전 세계가 빨갛게 표시된 것을 확인할 수 있다. NASA는 적도 지역들이 현재 7월 평균 기온 30도에서 2100년에는 45℃까지 치솟을 것으로 전망했다. 한국을 비롯한 동아시아 국가들도 평균 기온이 35℃ 이상 될 것으로 보고 있다. 또한 현재 400ppm 정도인 대기 중 이산화탄소 수치도 2100년에는 935ppm까지 증가할 것으로 추정된다.

NASA 관계자는 "지구 온난화로 인해 지구의 기온이 계속 올라간다면 2100년에는 가뭄이나 홍수를 넘어서 더 끔찍한 재앙이 올 수도 있다"며 "이번 분석은 세계 각국 사람들이 지구 온난화로 인한 재난에 대비하기 위한 것이며 최악의 경우를 대비해야 한다는 것을 기억해야 한다"고 말했다.

찬성
PROS

"인류 미래, 위협"

1 지구의 안정적 순환은 깨졌다

지구의 기온변화가 자연적으로 오르내리는 주기성을 띠는 것은 사실이다. 문제는 지구의 온도가 기후 시스템에 의해 일정한 패턴으로 상승하거나 하락하지 않고, 온실가스라는 요인에 의해 상승세가 가중되고 있다는 점이다. 이산화탄소 배출량은 1800년대에 280ppm, 1958년에 315ppm, 2000년에 367ppm으로 계속 증가하는 추세이며, 다른 온실가스들 역시 마찬가지다.

이산화탄소의 양과 기온은 지구 역사상 늘 같은 방향으로 움직였다. 하지만 지난 60만년 동안 평균 증감량이 22ppm에 그쳤던 이산화탄소의 양이 이렇게 크게 변동한 적은 일찍이 없었다.

지구의 평균기온이 상승하면 땅이나 바다에 있는 각종 기체가 더 많이 흘러나오고 수증기 역시 증가해 온실효과를 가중시킬 것은 자명한 사실이다. 여기에 산업시설을 비롯한 자동차의 증가 등 지구에서 벌어지는 다양한 인위적 변화가 피드백 효과로 이어져 온난화를 더욱 빠르게 진행시키리라는 것은 짐작하기 어렵지 않다.

실제로 기상관측이 시작된 이래, 근래에 가장 더웠던 해가 몰려 있다. 해마다

0.2℃ 정도씩 평균기온이 오르고 있다. 북극이 녹아 그 면적이 점점 줄어들고 있으며, 이로 인해 해수면의 높이가 해마다 상승하고 있다.

세계 각지의 홍수, 가뭄, 폭설, 해일 등을 몰고 오는 엘리뇨 현상*도 잦아졌다. 이는 인류의 산업화와 그에 따른 대량 에너지 소비로 인해 지구의 안정적 순환이 깨지고 있음을 의미한다. 2015년 5월의 세계 평균 온도가 지난해에 이어 다시 사상 최고치를 갈아치웠다. 지구온난화의 속도가 빨라지고 있다는 증거가 아니고 무엇인가.

2 인위적인 변화는 지구의 자정능력을 넘었다

지금 인류가 겪고 있는 지구온난화는 과거 수만년에 걸쳐 경험했던 어떤 온난화보다도 더욱 강력하다. 지구의 자정능력을 넘어선 인위적인 변화가 가중되고 있기 때문이다. 이미 따뜻해진 대기로 인해 수증기가 급증하면서 폭우와 폭설 피해가 늘고 있다. 폭우나 폭설 횟수가 20세기 들어서 6% 가량 늘어났다. 지구의 한편에서는 폭염이, 다른 한편에서는 한파가 몰려왔다는 뉴스도 심상치 않게 들을 수 있다. 그린란드의 빙하는 매년 2m씩 그 두께가 얇아지고 있다는 보고를 듣는다. 이는 해마다 500여t 이상의 물이 바다로 흘러들어간다는 것을 의미한다. 그린란드처럼 지구에 존재하는 얼음은 서서히 녹게 될 것이고, 그것이 해수면 상승에

---

*엘리뇨현상

남아메리카 열대지방의 서해안을 따라 흐르는 바닷물이 몇 년마다 한 번씩 유난히 따뜻해지는 이례적인 현상을 말한다. 에콰도르나 페루 북부지방에서 몇 배로 늘어난 강우량으로 홍수를 일으키고, 토양을 침식시켜 운송과 농업에 큰 어려움을 주었다. 인도네시아와 오스트레일리아 및 남아메리카 북동부에는 심한 가뭄과 열대 폭풍우를 일으키고 북아메리카와 남아메리카의 고위도 지역에는 이례적으로 추운 겨울 날씨를 유발한다. 오스트레일리아의 심한 가뭄, 타히티의 태풍, 칠레의 기록적인 호우와 홍수, 북아메리카 서해안의 이례적인 겨울 폭풍 등을 일으킨 주요인이 바로 이 엘리뇨 현상이다.

직접적인 영향을 끼칠 것이라는 사실은 의심의 여지가 없다. 실제로 이 해수면 상승으로 인해 투발루공화국은 국토의 대부분이 물에 잠겼고, 키바라시공화국의 섬 두 개는 이미 지도상에서 자취를 감췄다.

　지금도 이런 형편인데 지구의 온도가 더 올라간다면 그것이 인류에게 어떤 해악을 끼칠 것인가. 과거의 온난화는 수십만년에 걸쳐 자연의 법칙에 의해 서서히 진행된 것이라는 사실을 기억할 필요가 있다. 오늘날의 온난화는 그때와 양상이 다르다. 인류가 개입해 급격하게 진행되고 있다는 점이 문제다. 지구 스스로 적응하고 대처할 시간적 여유가 없다. 1℃만 높아져도 킬리만자로의 만년설이 사라지고 생명체의 10%가 멸종한다. 2℃가 높아지면 그린란드의 빙하가 급속도로 녹아 해수면에 눈에 띄는 영향을 미치고, 극심한 가뭄으로 농업생산량이 치명적으로 감소해 아프리카 인구의 75%가 굶주리는 상황이 벌어진다. 3℃가 오르면 해양 대순환이 멈춰 지구가 사막화되고 전염병이 창궐하는 한편, 생물의 멸종으로 인류가 더 이상 살아갈 수 없는 지경에 이르게 된다. 이런 보고는 과장이 아니다.

3 온실가스 감축만이 인류를 살린다

　온난화에 대한 세계적인 대처가 필요하다는 인식으로 1997년 유엔기후변화협약UNFCCC은 교토의정서*를 채택했고, 2005년 2월 16일 공식 발효되었다. 각국이

＊ 교토의정서

유엔기후변화협약UNFCCC을 이행하기 위해 만들어진 국가간 협약으로, 교토기후협약이라고도 한다. 1997년 12월 일본 교토에서 개최된 유엔기후변화협약 제3차 총회에서 채택되었으며, 2005년 2월 16일 공식 발효되었다. 의무이행 대상국은 오스트레일리아, 캐나다, 미국, 일본, 유럽연합EU 회원국 등 총38개국으로, 이들 국가는 1990년을 기준으로 2008년부터 2012년까지 평균 5.2%의 온실가스를 감축할 것을 목표로 하고 있다. 온실가스의 효율적 감축을 위해 배출권거래제도와 공동이행제도, 청정개발제도를 도입했다. 한편 전 세계 이산화탄소 배출량의 28%를 차지하고 있는 미국은 "교토의정서 식으로 온실가스 배출을 줄이면 세계 경제가 퇴보한다"면서 2001년 3월 탈퇴하여 세계적인 비난을 받은 바 있다.

배출하는 온실가스를 줄이자는 약속이다. 물론 이 같은 대응으로 감축할 온실가스의 양이 한계가 있는 것은 사실이나, 현재로서는 이것만이 유일한 방법이며 지구의 자정능력을 되살리는 길이다. 이에 따라 각국은 신재생에너지 개발에 박차를 가하고 있고, 에너지 효율 향상 기술도 날로 발전해가고 있다. 태양열을 이용한 발전이 현실화될 때까지 한시적으로라도 원자력을 이용하는 것도 한 방법일 수 있다. 원자력에 대해 반대하는 사람들도 많지만 굳이 이런 의견까지 제시하는 것은, 온난화로부터 지구와 인류를 구할 방법은 아직 남았다는 것을 강조하기 위해서라는 점을 이해해주기 바란다.

온난화에 따른 지구촌의 공동대처에 대해 비판적인 관점이 있다는 점도 안다. 하지만 온난화가 지속될 경우에 생기는 악영향을 고려한다면 현 상황을 그대로 방치할 수는 없다. 당분간 인류 최대의 관심사인 미래의 기후문제, 즉 온난화를 야기한 온실가스의 감축을 위해 모든 산업과 기술, 자본을 집중해야 한다. 인류의 생존이 달린 문제이기 때문이다.

산업화를 통해 화석에너지를 슬기롭게 사용하는 방안을 깨우쳐 산업혁명을 이끈 인류인 만큼, 지구온난화 문제도 환경혁명을 통해 지혜롭게 대처해나갈 것이라는 믿음이 있다. 현재의 산업발전 속도에 비해 온실가스 감축을 위한 노력은 더디고 경제성이 없어 보일지도 모르겠지만, 이것이 결국 인류 전체의 미래를 위한 길이라는 사실을 잊지 말았으면 좋겠다.

"위협하지 않아"

1 온실가스의 기온상승 효과는 미미하다

지금의 지구온난화는 기후변화라는 커다란 추세 속에서 벌어지는 다양한 과정 중의 하나다. 지구의 기온은 높아지기도 하고 낮아지기도 하면서 반복적인 변화를 겪고 있고, 겪어 왔다. 이는 기온변화에 일정한 주기가 있다는 말로, 지구의 역사가 이를 증명한다. 10세기에서 12세기에 걸쳐 지구는 지금처럼 1.7℃ 정도 기온이 높았다.

그린란드에 푸른 초원이 있어서 농장을 경영할 정도가 되었다고 한다. 그러던 것이 16세기에서 17세기 동안 지구의 온도가 낮아졌고, 그때의 얼음이 지금도 남아 관측되고 있다. 그러다가 19세기 후반부터 다시 상승하기 시작해 지구온난화라고 부르는(심하게 표현하자면 호들갑떠는) 현재에 이른 것이다. 결국 지금의 온난화는 소빙기 이후의 반등이거나 활발한 태양활동에 의한 자연스러운 현상인데도 불구하고, 몇몇 학자들에 의해 '지구온난화=인류의 위기'라는 과장된 구호와 위협 속에 살고 있는 것이다.

1900년 이후 지금까지 지구의 온도는 0.7℃ 상승했다. 온난화를 지구나 인류의 위기라고 주장하는 사람들은 이를 산업화 때문에 생긴 부작용이라고 말하지만, 이 기온상승의 대부분은 산업화 이전에 이루어졌다. 또 이산화탄소의 증가속도가 기온의 상승속도보다 느리다.

한편 1970년대에는 지구냉각화설*이 주류를 이뤘다. 1940년대부터 1970년대까지는 산업화로 인한 온실가스의 배출이 이전보다 더 많이 늘어난 시기였지만, 오히려 지구의 평균기온은 낮아지는 '기현상'을 보였는데, 이를 지구냉각화설로 해석했다. 낮아지면 냉각화설로, 높아지면 온난화로 해석하는 것은 일단 일관성에 문제가 있다.

각종 연구에 의하면 온실가스가 초래하는 기온상승 효과는 4% 미만이다. 따라서 지금의 기온은 태양활동과 수증기에 의한 변화일 뿐이다.

2 온난화는 인류 발전에 이롭다

지구온난화가 가져올 위기를 주장하는 측에서는 평균기온이 올라가면 당장 큰일이라도 날 것처럼 말하지만, 실제 온난화는 인류에게 위협이 아니라 편익을 가져다줄 가능성이 크다. 만약 지구온난화가 지구 환경과 인류에게 생존을 위협할 만큼 해로운 것이라면-이미 경험했을 지금과 같은 시기에-지구상의 생명체는 멸망하고 없어졌어야 옳다. 하지만 여전히 존재하고 번성해왔다. 더불어 기억해둬야 할 것이 인류는 지금껏 더위가 아니라 추위와 싸워왔다는 점이다. 지금도 한파로 죽어가는 이들이 혹서로 죽어가는 이들보다 훨씬 더 많다. 이는 온난화로 인해 사망률이 감소할 수 있다는 것을 말해준다. 나아가 식물의 성장이나 작물의 수확량도 그만큼 증가할 수 있으니 오히려 온난화란 풍요와도 통하는 말이라고 할 수

---

*지구냉각화설

성층권이 먼지로 오염되고 대기오염으로 구름이 많아져 지표면에 도달하는 태양에너지가 감소함으로써 지구가 식어간다는 이론이다. 1980년대 들어서 지구온난화설이 다수설로 대두되기 전까지 주류를 이뤘다.

있겠다.

지구의 기후변화에 대한 인류의 대응을 보면, 따뜻한 시기에 문명이 발달하고 경작이 활발하게 이루어졌다. 온난화로 인해 북극과 남극의 얼음이 녹아내려 해수면이 높아질 것이고 그로 인해 인류의 터전인 육지가 점점 줄어들 것이라는 주장도 있지만, 거꾸로 더워진 대기로 인해 수분의 증발량이 많아져서 해수면이 하강하고 극지방에는 눈이 많이 내려 얼음이 더 증가할 것이라는 가설도 있다. 잦은 기상이변이 온난화 때문이라고 주장하기도 하지만, 이 역시 그대로 받아들이기에는 무리가 있다. 지구상에는 어느 시기든지 또 어디서든지 기상이변이 존재해 왔기 때문이다. 지나친 우려는 인류 발전에 어떤 도움도 되지 못한다.

3 온실가스 감축효과 경제성 없고 미미하다

지구온난화의 위험이 사실이라고 해도 인류의 공동 대응이 미칠 영향이나 효과는 미미해 보인다. 교토의정서를 이행할 경우, 매년 1800억달러라는 엄청난 비용이 들지만 이는 2050년까지 지구의 온도를 겨우 0.6℃ 낮추는 데 그친다. 또 온실가스 감축으로 살릴 수 있는 북극곰의 수가 매년 0.06마리에 불과한데, 현재 사냥으로 죽어가는 북극곰의 수는 매년 49마리에 달하는 실정이다.

현 시점에서 인류가 똘똘 뭉쳐 화석연료의 소비를 절제한다고 해도 이미 대기에 흩어져 있는 이산화탄소가 공장에서 내뿜는 이산화탄소와 결합하여 소멸되지 않는 상태라서 지구온난화는 피할 수 없는 현실이기도 하다. 더욱 심각한 문제는 2050년까지 지구의 인구가 100억명으로 불어나고 여기에 후진국의 산업화가 가속화될 수밖에 없다는 사실이다. 그렇다면 편리성을 추구하는 인류의 활동과 생산성을 추구하는 산업화는 더욱 더 많은 온실가스를 배출해낼 수밖에 없는 구조가 된다. 지구온난화를 인류의 위협으로 주장하는 사람들은 앞으로 100년 동안 해수면의 높이가 56cm 정도 상승하리라 전망하지만, 이는 하루아침에 높아지는 게 아니다. 해수면은 해마다 서서히 높아질 것이고 이런 추세의 증가는 그때그때 충분히 대처할 수 있는 수준이다.

1800억달러를 들여 겨우 0.6℃가 낮아지는 건 약속을 이행하는 대가치고는 너무나 보잘 것 없는 결과인 것이다. 그런 비용이 있다면 차라리 현재 닥친 시급한 문제들에 투자하는 게 훨씬 나아 보인다. 예를 들어 기아를 해결한다든지 에이즈를 퇴치한다든지 깨끗한 물을 공급한다는지 하는 용도로 일부분만 사용하더라도 수백만명의 목숨을 구할 수 있다. 또 환경론자들의 주장처럼 조만간 온실가스의 주범인 화석연료가 고갈된다면 벌써부터 굳이 100년 후 온실가스의 증가를 염려할 필요가 없지 않은가.

토론해 봅시다 💬

1. 이산화탄소 배출량 세계 1, 2위를 차지하고 있는 중국과 미국이 온실가스 감축을 위해 어떤 태도와 노력을 기울이고 있는지 인터넷에서 찾아보고 서로 토론해봅시다.

2. 지구온난화의 원인을 두고 온실가스 때문이라는 주장과 지극히 자연적인 지구의 주기적 현상이라는 주장이 팽팽합니다. 여러분의 생각은 어떻습니까?

실전 gogo ✏️

지구온난화가 화제가 되는 이유는 인류의 미래가 위협받기 때문입니다. 지구온난화처럼 인류의 미래를 위협하는 것에는 무엇이 있는지 생각해보고 그 이유를 적어보세요. (400자 내외)